ちくま学芸文庫

ナチズムの記憶

日常生活からみた第三帝国

山本秀行

筑摩書房

【目次】ナチズムの記憶　日常生活からみた第三帝国

ナチズムの記憶——日常生活からみた第三帝国

第一章——褐色の農村と赤い炭鉱町

1　褐色の農村——ケルレ村

フルダ川のほとり

ドイツの地図をみると、中央部をほぼ南北に流れている川がある。これがヴェーザー川である。この川を北海の河口から、ブレーメン、ハーメルンなどを通って、南へ四四〇キロメートルほどさかのぼると、中部ドイツのミュンデンにつく。ここは、中部山岳地帯をぬうように流れる二つの川、ヴェラ川とフルダ川が合流してヴェーザー川となる地点である。

南に向かって左手の支流がフルダ川だ。これをさらに二〇キロメートルあまりさかのぼると、ヘッセン州北部の中心都市カッセルにつく。カッセルは中世以来の都市で、ヘッセン方伯（一八〇三年に選帝侯となってからはクーアヘッセン）の都としてさかえた。このカッセルから、フルダ川をさらに南へ約二〇キロメートルほど、さかのぼった川沿いに小さな村がある。そこがケルレ村である。

このあたり、フルダ川の海抜は一五五メートル。ケルレ村は、東は海抜二六〇メートルの丘陵、西はフルダ川にはさまれた山がちの農村地帯に位置していた。村のなかをニュル

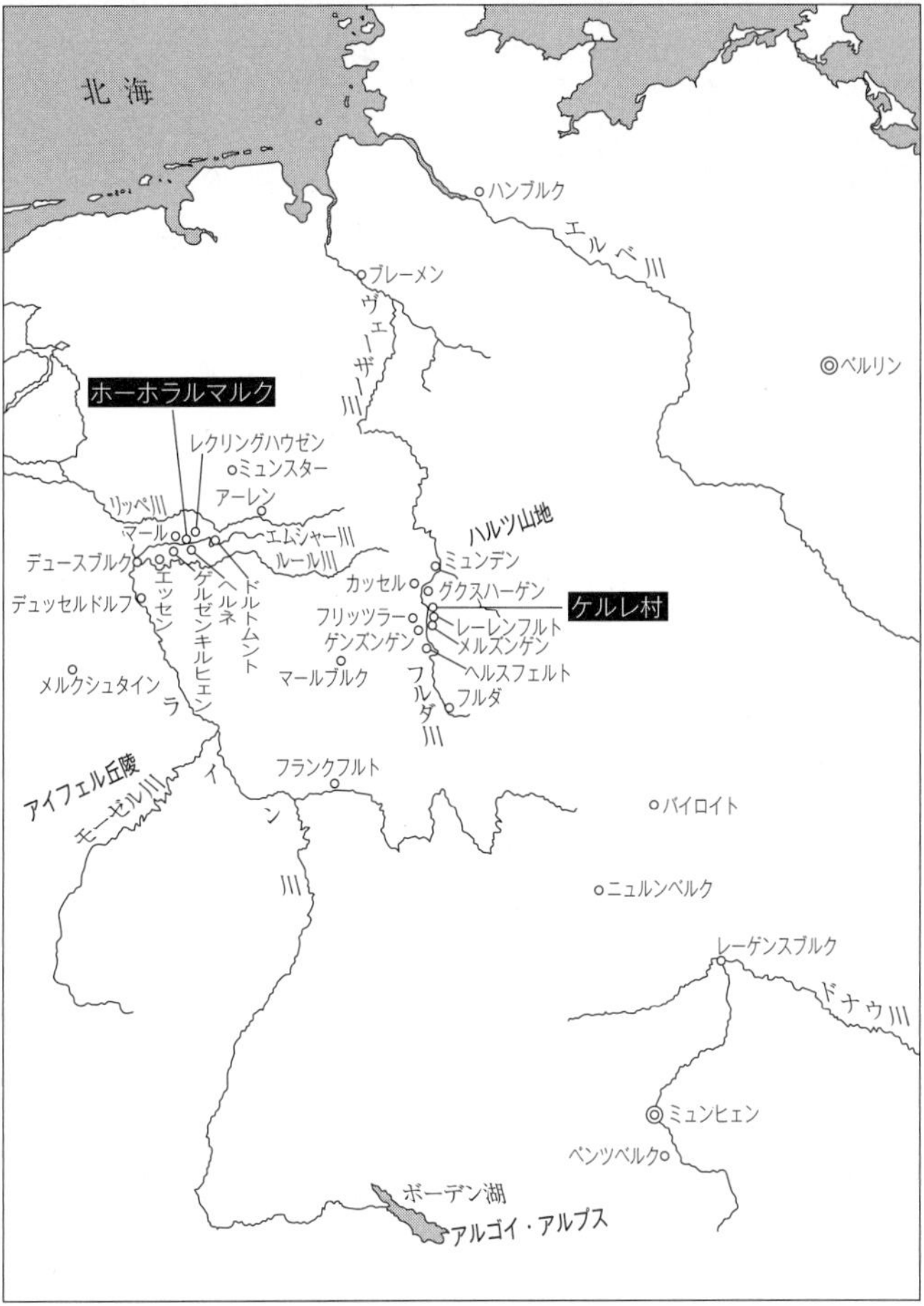

図１　ケルレ村とホーホラルマルク

ンベルク街道がはしっている。この街道は、ヘッセンのカッセル市と、バイエルンのレーゲンスブルク市やアウクスブルク市とを結ぶ重要な交通路であった。

ケルレ村は、中世以来、この街道筋で馬力を提供して、それをひとつの収入源としていた。その反面、戦時には軍隊の通路となり、略奪にみまわれることもあった。フルダ川の水運はあまり利用されなかったようだ。しかし、十八世紀にこの地方でリンネル生産がさかんになると、アメリカやイギリスに向けて、リンネル製品がこのフルダ川をくだって、ブレーメンの港に運ばれるようになった。ところが、この家内工業がイギリスとの競争に敗れて、十九世紀なかばに衰退すると、こんどは繊維製品にかわって移民が、ブレーメンなどの港からアメリカへ旅立ってゆくことになる。

ケルレ村が属したクーアヘッセンは、一八六六年、普墺戦争に敗れて、プロイセンに併合され、あらたにプロイセンのヘッセン・ナッサウ州、カッセル県に再編された。ケルレ村は、行政的にはメルズンゲン郡に属する。郡都メルズンゲンは、フルダ川をさらにすこしばかりさかのぼった所にある。

ケルレ村の人口は、一九二〇年で八六三人。ナチスが政権を獲得した一九三三年には九七五人であった。人口一〇〇〇人にも満たない小さな農村である。村の中心にはルター派の教会が建っている。小高い丘の上に建つこの教会は、あたりににらみをきかし、村を支配しているようにみえる。信仰の面では、このあたりヘッセン北部は、プロテスタント

（ルター派）が圧倒的に優勢な地域であった。

一九三三年のメルズンゲン郡における宗派分布をみると、プロテスタントが九六・七％、ユダヤ教徒が一・七％、カトリックが一・四％、その他が〇・二％である。この宗派構成で注目されるのは、ユダヤ教徒の数が、カトリックを上まわっている点である。メルズンゲン郡は、ヘッセンのなかでも、ユダヤ人が比較的多い地域であり、反ユダヤ主義の中心地であった。

ところが、ケルレ村には、一九三三年当時、ひとりのユダヤ人も住んでいなかったようだ。村には第一次世界大戦前に、ユダヤ人が一家族だけ住んでいたが、その後よそに移っていったという証言がある。カトリック教徒の実数は不明であるが、選挙統計をみると、ごく少数であったらしいことが推察される。ケルレ村のカトリックは五、六家族といったところだったと考えられる。

本書の二つの舞台

おそらくドイツで、ケルレ村のことを聞いても、知っている人はほとんどいないであろう。それほど小さい、ごく普通の農村が、本書のひとつの舞台である。もうひとつの舞台は、ルール工業地帯にある炭鉱町ホーホラルマルクである。われわれは、これから、この二つの町村でナチズムがどのようにして登場し、人びとが、ナチズムをどのようにうけとめ、どう対応していったかを観察してゆくことになる。ナチズムと第三帝国を、ごく普通の人びとの目の高さから考えてみるのが、本書のテーマである。おもな材料には、聞き取り調査の記録を使うことにする。[1] それではまず、ケルレ村から、舞台の特徴をもうすこし詳しくみておこう。

ケルレ村の馬農家

小さな村といっても、ケルレ村には、馬農家、牛農家、山羊農家とよばれる三種類の農家があった。経営規模からすれば、それぞれ中農、小農、零細農にあたる。所有している家畜の種類によって、こうよばれていたのである。このあたりは、一子相続制が一般的で、ドイツのなかでは中農地帯に入る。おもな作物は、小麦、ライ麦、燕麦《えんばく》、ジャガイモ、飼料作物などで、生産高は、土地の広さに左右される。土地がひろければ、収入もふえるわけで、富は、土地所有規模に比例していた。つまり、村の住民はけっして均一ではなく、身分差というか、貧富の差があり、馬農家、牛農家、山羊農家という呼び名が、それを象徴していたことになる。

ここに、一九二八年の統計がある（表1・表2）。それをみると、馬農家の戸数は一三戸、牛農家は六六戸、山羊農家は七五戸である。全体の戸数は一五四戸であった。約一〇〇年前の一八二五年の統計とくらべると、全体の戸数は、八四戸ほどふえている。しかし、馬

図2　ケルレ村の全景　右上すみの帯状のものがフルダ川。ついで鉄道と街道がみえる。黒く写っている森のかたちから、このあたりが丘陵地であることがわかる。ナチ時代までのケルレ村は、中央に密集してみえる部分。

図3　馬農家　ケルレ村の農家は、所有する家畜にちなんで、それぞれ馬農家、牛農家、山羊農家とよばれていた。馬農家は山羊農家に馬力を提供し、山羊農家はかわりに働き手を提供した。

	1825 年	1928 年
10 ha 以上の馬農家	13	13
2〜10 ha の牛農家	22	66
2 ha 未満の山羊農家	35	75

表１　土地の所有状況の変化（単位：戸）

年次	馬農家	牛農家	山羊農家
1882	9	3	
1890	9	3	
1898	8	2	2
1904	8	2	2
1912	5	4	3
1920	5	3	4
1924	3	4	5
1928	3	3	6
1933	1	4	7

表２　村議会議員の出身階層（単位：人）

農家の戸数は一三戸でかわらない。ふえたのは、牛農家と山羊農家である。村の耕作地の面積は、十六〜十七世紀に開墾がピークにたっしたのちは、ほとんどふえていない。人口が増加すれば、戸数がふえ、零細化が進行したであろう。こうしたなかで馬農家だけが、もとの戸数を維持している。馬農家は、とくに経営規模の維持を重視し、それに執着していた階層であったことが、ここからみえてくる。

馬農家は、市場向けの穀物生産をおこなう専業農家で、馬を飼育して、耕作用に用いていた。馬農家の土地所有規模は、ケルレ村では一〇～三一ヘクタールのあいだに分布している。平均で約二〇ヘクタールであった。畜産には飼料をつくる畑や牧草地が必要で、このあたりではすくなくとも一五ヘクタールの土地が、必要とされていた。ちなみに、ケルレ村に隣接するカッセル郡では、一五ヘクタール以上の農家は、一九二五年の段階で二一三戸あった。その平均保有家畜数は、馬八頭、牛一二頭、豚二〇頭である。ケルレ村の馬農家の家畜も、そんなところであったと推測される。

二〇ヘクタール以上の大きな農場では、たいてい男性農業労働者ひとりと、女性奉公人二人がやとわれていた。こうした常雇いの労働者のほかに、馬農家は、農繁期には、複数の山羊農家から臨時に労働力の提供をうけていた。一般に、二〇ヘクタール以上の農場では、一〇戸の山羊農家が季節労働力として必要とされていたといわれる。馬農家は、山羊農家から労働力の提供をうける。そのかわりに馬農家は、山羊農家がもっていない馬力を提供して、農地を耕作したり、肥料や収穫物の運搬などをおこなう。ヘッセン北部では、この畜力と労働力の提供関係は「アルバイツロイテ（働き手）関係」と呼びならわされていた。

馬農家は、また、村長や村議会で要職をしめる村の名望家層でもあった。土地所有が、村での富や権力のあり方を規定していたため、馬農家は、農場の維持拡大につとめたのであろう。それが結婚のあり方にもあらわれている。馬農家の結婚相手は、ほぼ例外なく村外の馬農家で、しかも特定の家どうしのあいだで婚姻をくりかえすことが多い。村の内部では結婚しないというのは、各家がライヴァル関係にあったためと考えられている。また、特定の家どうしの婚姻というのは、二つの家が代々婚姻関係を結ぶことで、結婚によって財産が他家に流出することを防ぐための戦略と考えられる。

牛農家と山羊農家

牛農家は、二～一〇ヘクタールの土地をもつ。一九二八年の統計では、このうち五ヘクタール以上の農家はわずかに七戸にすぎない。専業農家は五戸で、残りは村内で手工業を営んだり、工場につとめるなど副業をよぎなくされている第一種兼業農家である。大部分の牛農家は、土地が少ないため、牛一頭を維持するのがやっとであった。そのため、おなじような状況にある牛農家のあいだで、耕作に必要なもう一頭の牛を貸し借りして、やりくりしていた。こうした牛農家どうしの協力関係は、「耕作共同体」(シュパンゲマインシャフト)とよばれている。

しかし、牛農家間の関係は、外からみるほど協調的ではなかったようである。耕作は、どの農場でもおなじ時期におこなわれるので、天候との関係で、どの農家も自分の畑を優先したいため、もめごとや不和がうまれやすかった。そのため牛農家は、結婚や、土地購入、土地の借入などによって、できるかぎり土地を拡大し、二頭目の牛をもてるように努力したといわれる。

牛農家は、馬農家への従属をきらい、独立性をたもつことを重視していた。一九二〇年代に、馬農家と「働き手関係」にあった牛農家は、二戸にすぎない。また牛農家は、賃労働に依存する山羊農家へ没落することをおそれていた。そのためもあってか、牛農家と山羊農家のあいだには、特別の協力関係は成立していない。牛農家は、馬農家と山羊農家にはさまれた中間層といえる。

山羊農家は、農業を副業とする第二種兼業農家である。農家といっても、文献によっては、土地もちの農民と区別して、農民にはかぞえていないものもある。一九二八年の統計によれば、山羊農家の男性の職業は、労働者が五一人、非自営の手工業職人が一三人、自営職人が七人、サラリーマンと、鉄道員などの現業公務員があわせて四人である。労働者の三分の二はカッセルに通勤している。

村に鉄道の駅が開設されたのは、一八九二年である。これにより貧農層は、都市に移住しなくとも、村に生活の基盤をおきながら通勤する可能性がひらけた。こうした山羊農家のことを、労働者農民とか、「モーントシャインバウアー」とよぶこともあったようである。モーントシャインとは月あかりであるから、早朝、勤めにでる前や、夕方、仕事から帰ってきてから畑仕事をする兼業農家のことである。そこには、正式な農民ではない「ヤミ農民」という意味もあったかもしれない。

副業に農業をいとなんでいると、飢えないですむという利点があった。けれどもそのかわりにマイナス面もあった。馬農家から土地を借りたり、畑を耕してもらうかわりに、山羊農家は、とくにその女性や子どもたちは、農繁期に馬農家の手伝いをしなければならなかったからである。山羊農家の娘は、婚資とする財産がなかったから、結婚相手になるのは労働者が多かった。ちゃんとした農家の息子との結婚なんて、とても考えられないことだったといわれる。

「働き手関係」

馬農家が馬力を、山羊農家が労働力を提供しあう関係は、「働き手関係」とよばれていた。たがいに足りないものを補いあうこの関係は、農民たちの生き残り戦略と深くかかわっていた。現物をだしあうことで、できるだけ現金をつかわないですますことができたからである。

歴史的にみると、この「働き手関係」の起源は、そう古いものではない。馬農家は、十九世紀後半の農民解放によって、領主にたいする耕作奉仕義務から解放され、その馬力を他に使用できるようになった。一方、小農民は、共有地の分割によって放牧地や牧草地を失い、大型の家畜を飼うことがむずかしくなった。そのうえさらに、この地域の農民たちは、十九世紀なかばには、リンネル生産の衰退と、農民解放による代償金の支払いもかさなって、貧窮化していった。こうした事情が、この協力関係の成立に一役買ったといわれる。

この「働き手関係」は、いっけんすると、うるわしい協力関係のようにみえる。しかし、そもそも「働き手関係」という呼び方が示すように、この呼び方は馬農家に労働力を提供する山羊農家をさすものである。だからこの表現は、馬農家からの呼び方が定着したものである。そこに、この「働き手関係」では、馬農家が主導権をもっていたことが暗示されている。

じっさい、毎年、農作業が一段落した秋、ケルレ村ではクリスマスから新年にかけて、馬農家は、山羊農家をまねいて一年の清算をおこなう。おたがいが提供したものを金に換算するのだが、その決定権は馬農家がもっていた。馬農家は、自分の馬力を高くみつもり、山羊農家に不足金数マルクの支払いを要求するのが普通だったといわれる。したがって、この「働き手関係」は、不平等なもので、馬農家に支配される不等価交換という側面をもっていたことになる。

しかし、興味深いのは、「働き手関係」が馬農家による搾取という点にあるのではない。山羊農家は、それを承知のうえでこの関係を結んでいたからである。山羊農家にとってみれば、農村をはなれて、都会で不安定な労働者の生活を送るよりは、まだましだと考えていたにちがいない。そのうえ馬農家が、自分の子どもの名づけ親になってくれたり、娘を家事奉公人にやとってくれたりして、なにかと見返りを期待することもできた。注目すべきは、馬農家による経済的な搾取が、疑似親族関係と家父長的な関係につつまれていて、あるていど互恵的な側面をもっていた点である。こうした関係においては、馬農家は、家父長としての配慮を要請される。逆にいえば、馬農家には、目下の者を保護し、みずからの名誉と体面をたもつ義務が課せられることになるのである。

「名誉」による社会的コントロール

馬農家は、家父長らしくふるまうことが社会的に要請されていた。また、彼らは、村の一体性をたもつよう気をくばらなければならなかった。馬農家が、豚を屠殺して肉やソーセージ、ハムをつくるときには、村の貧困家庭はそのおこぼれにあずかることができた。金や物をだしおしんだり、搾取しすぎることは、馬農家としての名誉を傷つけ、村内での声望の失墜をまねくことにつながる。

ケルレ村を調査したヴァーグナーは、興味深い事例を掘りおこしている。馬農家にやとわれた農業労働者や、牛農家にやとわれた職人たちが、なにに不満をもったかといえば、それは食事についてであったという。使用人たちの不満の中心は、労働条件や賃金ではなく、食事にあったと、ヴァーグナーは述べている。彼は、その理由として、食事が給与の中心をなしていたからだと解釈している。[2]

はたして、食事が給与の中心をなしていたから、食事に文句をつけたのだろうか。一般に、食べ物や飲食にまつわることがらは、社会の規範や、上下関係、人間関係のあり方などを、象徴的に表現するものである。たとえば、当時、ケルレ村では、農業労働者や職人との契約は、文書によらず、口頭で結ばれていた。十一月の村の祭り（キルメス）の時期に、雇用者は、被雇用者をうちつれて村の酒場にでかけ、食事をし、勘定をはらう。これでだれが主人で、だれがやとわれたのかが、村の衆に公にされ、確認される。食事は、雇用関係と、主人の寛大さを示す象徴としての意味をになっていたとみることができる。

そうすると、使用人が食事に文句をつけるのは、それが給与の中心をなしていたからというよりも、その家での待遇や序列に不満を表明するためと考えられる。使用人たちのほうでも、雇い主の家に自分たちがどのていど組みいれられているか、主人の使用人にたいする態度はどうかなどを、食事から判断していたのである。面子《メンツ》や名誉が重視されている社会では、紛争を解決するには、なにも暴力や、法的手段に訴える必要はなかった。悪いうわさを流すだけで、十分なことがあった。だからこそ、食事への不満を訴えることが、雇い主の名誉と体面を傷つける効果的な手段であった。

たとえば、つぎのようなエピソードがある。村のたいていの馬農家では、家族と雇い人とが、おなじ食卓でいっしょに食事をとっていた。ところが、一九二〇年代に、こうした慣習をやぶった馬農家が二軒あった。家族と使用人たちが別々に食事し、しかも家族のほうがいい食事をとっていたのだ。このうちの一軒で、何日かひどい食事をだされた使用人が、食事中に席をけって立ちあがり、「くそくらえ」といって、食事を壁にぶちまけて、仕事をやめていったという。

この話にはまだつづきがある。村の若者たちは、あるとき、このケチな馬農家の地下室にしのびこんで、貯蔵してあったソーセージを盗みだした。若者たちは、略奪品を村の居酒屋にはこびこみ、そこにいあわせた人びとにふるまい、みんなで食べてしまった。こうしてこの馬農家のことは、村中の話題になり、彼はおおいに面目を失うことになった。[3]まさにこうした若者の行動は、シャリヴァリにほかならない。シャリヴァリとは、村の規範を逸脱した者にたいする、儀礼化された制裁のことで、ヨーロッパでは古くからおこなわれていたものである。

外からみると、農村は、さまざまな協力関係で結ばれた理想的な共同体のようにみえる。しかし、一歩内部に踏みこむと、ねたみや対立、反目などがなかったわけではない。むしろ、そうしたものに満ちていたといえる。だからこそ、そうした紛争は、日常生活のなかのやりとりのなかで、村人各人が、それぞれの役割の意味を解釈しながら、参加し、演じることをつうじて、再交渉されていったのである。言葉をかえれば、村は、うわさというチャンネルや、シャリヴァリという儀礼化された制裁、それに名誉というモラルをつうじてコントロールされることで、比較的安定をたもっていたのである。これから検討することになるのは、こうしたメカニズム、価値観、社会的論理が、ナチスの権力掌握とナチスによる支配とどのように関係していたのかという問題である。

2　すっきりしない状況の成立

村の内と外の区別

ケルレ村の社会関係が、「名誉」という観念によってコントロールされていることが明らかになったが、村の歴史を観察してゆくと、村の社会的論理はこのほかにも、まだ二つほどあることがわかる。そのうちのひとつは、村人の投票行動に注目するとみえてくる。ある山羊農家の共産党員は、ヴァイマル共和国末期の、社会民主党と共産党の対立という文脈のなかで、こう述べている。

形のうえでは、社会民主党は、村を支配することができただろう。なんたって社会民主党は、第一党で、一九二〇年代の末ごろには、村議会で多数をしめていたからだ。だけど、そうはゆかなかった。政治をすることにかけては、馬農家のほうが上手だった。馬農家は、社会民主党員の助けをかりて、自分たちの利害をつらぬいたんだ。だって社会民主党員の大多数は、小さな土地しかもっていなくて、馬農家にその土地を耕してもらっていたんだから。道具をもっているのは、馬農家しかいなかったんだ。それに家族は村にいて、村で生活していたわけだし。それは、一種の貸し借りの関係で、そうした家族間の関係〔働き手関係〕は、もう何世代もまえからつづいていたんだ。[4]

社会民主党と支配層との癒着《ゆちゃく》、その根拠としての経済的従属が語られている。ここにはナチスよりも、支配層に協力する社会民主党こそが、主要な敵であるとした、当時の共産党による「社会ファシズム論」を思わせる響きがある。もっとも、そういう共産党員のほうも、馬農家と「働き手関係」にあったわけであるが。しかし、いずれにしても、村の内部での政治というものが、政党のイデオロギーや勢力関係をそのまま反映するのではなく、ある別の論理にもとづいていたらしいことが、この発言から浮かびあがってくる。

そこで、村議会選挙と、国会選挙での、村人の投票行動を比較してみよう。革命期の一九一九年一月におこなわれた憲法制定国民議会選挙で、社会民主党は、八一％というきわめて高い票を獲得した。翌二〇年の国会選挙では、同党の得票は、急減しているが、それでも五二％もある。ところが、このおなじ二〇年におこなわれた自治体選挙では、ケルレ村の社会民主党は、一二議席のうちのたった四議席しか獲得していない。もし過半数の住民が、社会民主党を支持していたのなら、同党は村議会でも、すくなくとも半数近くの議席をとってもよいはずである。ところが、そうはなっていない。国政レヴェルと、村会レヴェルは、明らかに連動していない。村人の投票行動は、村の内と外では、別個の判断基準にもとづいていたと考えられる。

それにしても、国会選挙での社会民主党の得票率は、ケルレ村では一九二〇年から二八年までの選挙をみると、だいたい五〇％台である。社会民主党の一九一九年の得票率は、全国平均でも三七・九％にすぎない。これをみても、あの八一％はいかにも異例である。この異常ともいえる高得票率はなにを意味しているのだろうか。村人の証言は、この点にはふれていない。

たまたまヘッセンの北部で、ケルレ村とおなじような投票行動を示した村がある。ヘッセン最北端のホーフガイスマール郡のリポルツベルク村がそれである。ヴェーザー峡谷沿いの小さな村で、土地はやせていた。農民たちは、副業をよぎなくされ、零細農民は、山羊を飼育する労働者農民であった。彼らは、土地もち農民と「働き手関係」にあった。ケルレ村とよく似た村といえる。

この村で社会民主党は、一九〇三年の国会選挙では、約四〇％の票を集めていた。そして一九一九年の国民議会選挙では、七二％もの票を獲得している。ケルレ村とおなじように、異例ともいえる高い数字である。

村人の証言によれば、彼らが、社会民主党を支持したのは、ひとつには、村を支配してきた有産階級（農民）への反発からである。「おれたち若者はみんな社会民主党だった。

おれたちはもっと金がほしかった。金持ちは気にいらなかった。農民も気にいらなかった」というのが、それである。[5]革命期には、このリポルツベルク村にも、近くの町から労働者兵士評議会のメンバーがやってきて、社会民主党と労働組合への支持を訴えてまわった。その結果、社会民主党に入党する者が急増したといわれる。ドイツ革命は、古い時代を清算し、新しい時代をひらくものとして、労働者農民の期待を集めたようである。

もうひとつは、「労働組合が登場し、社会民主党が大勢力になった。だからおれたちも参加したんだ」というものである。[6]これは、新しい時代への期待というよりも、とりあえず、革命で権力をにぎった社会民主党に同調しておこうとする態度といえる。

この大勢順応的な態度は、ケルレ村でもあてはまるだろう。戦争や災厄は、外から村にふりかかってくる。小さな村は、自分たちの手にはおえない外の世界の、大きな動きに翻《ほん》弄《ろう》される。そうした事態には、首をすくめて、じっと嵐が通りすぎるのをまつしかない。異議を申し立てて、へたに注目されたり、めだったりするのはさけなければならない。いちおう外の世界の大勢には、同調しておこう、という考え方がそこにはみられる。

そうした態度は、あの八一%の票のように、えてして外の世界への過剰反応につながりかねない。いずれにしても、大勢順応的な考え方は、村の内と外の区別という考え方を前提にしている。内と外という二分化的な枠組もまた、村の社会的論理の一端をになっていたのである。

すっきりしない状況の成立

ドイツ革命を境に、ケルレ村のような片田舎にも、社会主義の文化が流入してきた。社会民主党のケルレ村支部をはじめとして、一九一八年から二〇年代はじめにかけて、労働者スポーツ協会、労働者合唱協会といった余暇団体が設立された。また、消費協同組合が結成され、生産協同組合の設立も試みられている。さらに、労働者の文化を象徴するメーデーのパレードが、村でもおこなわれるようになった。社会主義の文化が、ワンセットとして、村に入ってきたのである。

村では、おなじようなことが、まえにもあった。十九世紀の末に、都市のブルジョワ文化が入ってきたのがそれである。そのときにも、さまざまな協会が設立された。最初につくられたのが、一八八二年の合唱協会で、村の教師と馬農家が設立の音頭をとった。この年には、資金の貸付を目的とする信用金庫協会も設立され、八四年には在郷軍人会、九六年にはスポーツ協会（正式名称は不明）などが設立されている。

第一次世界大戦がはじまると、兵士の出征などにより、これらの団体の多くは活動を停止した。その空白をつくように、戦後の革命期に、一連の社会主義系の余暇団体が設立されたのである。すると、これに対抗して、一九一九年にドイツ男性合唱協会が、二〇年にはドイツ体操協会が設立された。社会民主党の文化の流入によって、それまでは一本であった村の余暇組織が、二つに分裂したわけである。一方が「労働者」という名称をつけたネットワークとして独立したことによって、これに対抗するものが、「ドイツ」という名称にアイデンティティを求めて、ネットワークを形成していることが注目されよう。

労働者系の協会には、おもに社会民主党員が加入していました。ドイツでは「赤」とよばれていた連中です。そしてドイツ系の協会には、「黒」、つまりドイツ国家国民党の連中が入っていました。だから政治的な志向によって、きれいに分かれていたことになります。[7]

労働者スポーツ協会には、いくらかしっかりした財産のある者はひとりもいませんでした。そこに参加していたのは、貧乏人、つまり山羊農家でした。別の協会には、金持ち、つまり馬農家、牛農家たちが属していました。[8]

したがって、こうした分裂は、政治的な立場と階級にもとづくもので、しかも両者が連動していたことになる。ということは、たとえば労働者系の協会に属せば、社会民主党系で山羊農家出身であると、他の人びとの目にはうつることになる。どちらの協会に属するかは、しがたって、その人のアイデンティティに直接かかわる問題になる。そうなると牛農家の息子で、山羊農家の子弟とともに、カッセルの工場に通勤しているような者の立場はどうなるであろうか。職場やつきあいは、山羊農家といっしょであるが、協会はどちらに属したらよいのだろうか。党派性と階層性とが連動しているだけに、やっかいな問題で

図4　労働者スポーツ協会の楽隊のパレード　1920年代なかばのもの。「社会主義」という新しい文化の流入により、村のつきあいは対立する二つの陣営に引きさかれていった。

図5　「紡ぎの部屋」で語らう若者たち　まだまだ伝統的な余暇の慣習は、根づいていたが、やがて少女たちが村外に働きにでるようになったナチスの時代には、消滅してゆくことになる。

ある。

ケルレ村の聞き取り調査からは明らかにならないが、選択をせまられたのは、牛農家だけではなかったようである。カッセルのドイツ金属労働者組合は、一九二〇年六月十八日、「ブルジョワ協会」に属している組合員を、組合から排除することを提案している。すると、組合員は、これに猛烈な抵抗を示した。組合員の多くは、労働者農民で、農民とのあいだで耕作共同体や「働き手関係」の結びつきをもっていたからである。彼らは、そうした関係を維持するために、元の協会にとどまることを希望したのである。[9]

このエピソードは、社会民主党の側から、労働者文化の分離と陣営の形成の動きがあったことを裏づけている。しかし、そうした動きは、小さな村に住む人びとにとっては、それまでのつきあいの世界に亀裂をうみだしかねないものであった。

一九二五年以前、村は政治的いさかいで、まったくひどいありさまだった。ドイツ体操協会や農民の息子たちは、メーデーに堆肥をまき、他方、ほかの者たちはメーデーを祝ったからだ。労働者は村中を行進し、最初は、ほかの村からも加勢をよんで人数をふやした。さまざまな党派がいがみあい、堆肥フォークをたがいにまじえることもよくあった。[10]

こうしてケルレ村にも、ドイツ革命をきっかけにして、労働者文化が流入することで、村の社会関係に大きな変化がおきた。労働者文化の分離の試みは、村を二つの陣営に引きさくことになった。それによって、政治的な対立や争いが生じるようになっただけでなく、牛農家や山羊農家の子弟は、どちらの協会に帰属すべきか、選択をせまられることになった。クラブや団体が党派的に囲いこまれ、日常のつきあいが政治にからめとられていくことで、人びとは、いろいろなディレンマをかかえこむようになったわけである。これを「すっきりしない状況」の成立とかりによんでおこう。

自転車スポーツ協会

一九二〇年代の後半、ケルレ村では、団体のあらたな分裂が進行した。社会民主党と共産党の対立が深まり、社会主義陣営が二つのネットワークに引きさかれていったからである。この時代は、一般に、政治化が進展した時代といわれ、それがナチスによる権力掌握に直接つながっていったと理解されている。たしかに、政治はますます人びとの日常生活をからめとっていったが、ここではそのかげで進行していった脱政治化とでもいうべき動向に注目してみたい。

ケルレ村に共産党の支部が結成されたのと、あい前後して、自転車スポーツ協会「フルダタール」(フルダ峡谷)が設立された。一九二六年のことである。いまでもヨーロッパでは、トゥール・ド・フランスをはじめとして、自転車スポーツがさかんであるが、一九二〇年代は自転車競技が人気のまとであった時代である。労働者たちも、お金を出しあって自転車を購入し、サイクリングを楽しんだり、党や組合の伝令に利用した。

ケルレ村の自転車スポーツ協会には、共産党員の多くが加入していた。全国的には、この時期、社会民主党系の余暇団体が分裂して、共産党系のクラブが独立する動きがみられる。この自転車スポーツ協会も、そうした共産党による余暇団体の系列化につらなるものだったのだろうか。村人も、このクラブを共産党のクラブとみなしている。

ところが、自転車スポーツ協会のメンバーの回想をみると、かならずしもそうとはいえないようである。むしろ系列化=政治化というよりは、脱政治化のニュアンスが強くでている。たとえば、山羊農家の共産党員はこう語る。当時、村の労働者系のクラブでは、社会民主党員が幹部のポストを独占していて、少数派の共産党員はなにかにつけて圧迫をうけた。「クラブのなかでは政治的な対立がたえず、共産党員は追いだされてしまった。残っていてもしかたなかった。そこでわれわれは、自転車スポーツ協会に移った。そこには社会民主党員がひとりもいなかったからだ」[11]。もっとも共産党員全員が移ったわけではなく、労働者スポーツ協会にひきつづき残る者も数人いたとされる。

積極的に共産党系のクラブをつくろうとしたのではなく、社会民主党員のいじめにたえかねて、別のクラブに避難したというのである。彼らをうけいれた自転車スポーツ協会の会長もこういう。「だれでも好きな党に入ればよい。だが、クラブでは政治は禁物だ。そんなことがおこらないように、十分気をつけた。……政治が入りこんでくると、争いがおこり、仲間うちのハーモニーが失われることになる」[12]と。政治とスポーツの分離をモットーとするこの会長は、いかなる政治党派にも属していなかったようである。

こうした脱政治化の動きの背景には、すでにみたように政治党派の進出と分立によって、政治的な対立が激化して、村の人間関係にきしみを生じたという状況があった。この政治化の進展が、脱政治化の動きを引きおこしているのである。ケルレ村では、こうした脱政治化の動きは、つぎにみるように、よりモダンなスポーツへの熱中と結びついて表面化している。

大衆文化としてのスポーツ

「わたしは左翼の協会と右翼の協会の両方に属していた。自分にとっては、なんのちがいもなかった。関心があるのはスポーツだけだった[13]」。こう語るのは、牛農家の息子である。彼は、一九一九年に労働者スポーツ協会に参加したが、ハンドボールがしたくて、一九二六ないし二七年にドイツ体操協会に移った。それとともに彼は、一九二六年からはドイツ男性合唱協会に所属している。

一九一六年生まれの山羊農家の息子で、一九三三年にドイツ体操協会に鞍替《くらが》えした人物も、こう述べている。「わたしはいつも、政治は政治、スポーツはスポーツ、ということをモットーとしていた。政治とはあまりかかわらなかった。……われわれがしたかったのはスポーツで、それ以外のことはどうでもよかった」と。[14]

一九二〇年代の後半、村では、労働者スポーツ協会から、ドイツ体操協会へ鞍替えする者があいつぐようになった。こうした鞍替えは、外からみれば、右傾化という時代状況のなかのひとこまとみえるかもしれない。じっさい、ナチスのシンパとして知られる牛農家が、労働者スポーツ協会の切りくずしをはかっていた。建築業を兼業する彼は、失業中の若者たちに、ナチ突撃隊（SA）に入り、労働者協会からドイツ系の協会に移れば、仕事をやると勧誘していたからである。そして一〇人以上が、これに応じたといわれる。

しかし、クラブの鞍替えは、右傾化や、職をえるためのものだけであったのだろうか。いまあげた二人の証言に共通するのは、スポーツは政治をこえるものだという主張である。これは、所属するクラブをかえた後ろめたさの弁明として、読めなくはない。スポーツは政治をこえるものだといえば、だれもが納得して、裏切り者といわれないですむ、と考えていたかもしれない。しかし、若者たちのスポーツへの熱中には、右傾化という文脈をはみだす要素があったことも、たしかである。

その点を示すのが、在郷軍人会の動向である。保守的な愛国団体であるこの会は、従軍兵士の会であったが、戦争未参加者にも参加を認め、北部ヘッセンの小さな農村では、二十歳以上の男性住民の三分の一から四分の一を組織していた。会長は、たいてい農場経営者で、村長などの役職についている名望家が多かった。活動の中心は、一月十八日の第二帝制建国記念日や、一月二十七日の皇帝ヴィルヘルム二世の誕生日、会の設立記念日などに、松明《たいまつ》行列やパレードを挙行することであった。

制服に着飾ったこうしたパレードは、ケルレ村でも、若者たちのあこがれのまとであった。ところが、村にスポーツ団体が登場すると、在郷軍人会は、若者のあいだで魅力を失っていった。会が森でおこなう射撃訓練も、若者をそれまでのように引きつけなくなったといわれる。そのため在郷軍人会のほうでも、より魅力的な手立てをせまられることになった。それが一九三〇年に設立された市民射撃協会であった。この協会は、牛農家の村会議員に率いられていた。この人物は、一九三一年にナチ党に入党し、第三帝国では村長をつとめることになる。

こうしてみると、若者たちには、在郷軍人会をつうじて、ナチズムに導かれていったとは、かならずしもいえなくなる。若者たちには、在郷軍人会の政治理念や活動が、古くさいものと感じられはじめていたからである。さきの、スポーツは政治をこえるものだという主張を、こうした感性の変化と重ねあわせみると、たんなる弁明にとどまらないものを聞きとることができるであろう。

スポーツは、一九二〇年代の大衆社会化現象のひとつのシンボルといわれる。新しい大衆文化は、ケルレ村のような片田舎にも、確実におよんでいたことになる。人びとは、こうした新しい文化、すなわちスポーツを梃子《てこ》にして、政治党派のしがらみにからめとられていた余暇の領域に、なんとか自由な空間をつくりだそうとした。スポーツは政治をこえるものだという主張を、そう読むこともできるであろう。

モダンなスポーツは、二つの固定化した陣営のあいだで、メンバーの移籍を引きおこしたり、政治的中立性をモットーとする新しいクラブをうみだした。こうしてみると、大衆文化は陣営ごとに分かれていた村のカルチャーをつきくずし、平準化するモメントをもっていた、といえるであろう。人びとが、大衆文化に熱狂するのも、あるいはそうした点にひかれたからかもしれない。もっとも、ケルレ村では、そういう萌芽はあらわれたが、ただちにそれが全面化して、既成の陣営ごとの文化が力を失ったわけではなかった。

勤労のエートスの成立

名誉という観念、村の内と外の区別につづく、もうひとつの村の論理は、こうした脱政治化の動きに注目することでみえてくる。ある馬農家は、こう語っている。

だれにもプライベートなことはある。余暇になにをしようとも、わたしには関係ないことだ。仕事をきちんとしさえすれば、それで十分だ。わたしは、X〔社会民主党の活動家〕と長年いっしょに製材の仕事をしているが、意見のくいちがいなどは経験したことがない。仕事をするうえで、政治党派がどうこうということは、およそまったく問題にならない。おたがい良好な関係にあれば、政治向きのことも冷静に話しあえる。……働き手関係は、それは親密なもので、うまくいっている。だから政治的な争いごとが介入する余地はまったくない。やつが政治以外の点できちんとしていれば、やつがどんな政治的立場なのか、たずねたことは一度もなかった。[15]

どの政党を支持するかは、個人の問題で、それとつきあいの世界は別であるというものである。これは、政治を個人の問題や、私的な領域に送りこむことで、脱政治化をはかるものといえる。村人にとっては、自分の家と家族が生き残ることこそが、最大の関心事であった。各家が生き残ってゆくためには、それぞれの家の協力関係が不可欠とされ、そこには「政治的な争いごとが介入する余地はまったくない」。なによりも優先されるべきなのは、生き残ることで、政治向きのことは、二義的、従属的な意味しかない、という形での脱政治化の論理をここにみてとることができる。

山羊農家も、おなじように述べている。「わたしたちは農民の手助けをし、農民はわたしたちの手助けをしてくれました。政治はまったく問題とはなりませんでした。だれもがそうでした。……みんなが、それぞれに依存しあっていたのです。それが村の生活でした」と。[16]

ところで、さきの馬農家は、「仕事をきちんとしさえすれば、それで十分だ」、「きちんとしていれば、やつがどんな政治的立場なのか」は問題にならないといっていた。この「きちんとした」という表現も、脱政治化の論理と関係しているのではないか。つぎの、山羊農家による証言をみてみよう。

Xは、村では最大の馬農家に数えられていました。そのXが、わたしの牧草地にやってきて、わたしの肩をたたいて、こういいました。「おまえは、きちんとしたやつだ。おまえの義父がまだ生きていれば、おまえが彼の土地をどんなによく耕しているか、みることもできたろうに。おまえさんの義父は、こんなに念入りに畑を耕したことは一度もなかったよ」。Xもほかの農民たちも、わたしの政治的立場ではなく、仕事ぶりをみていました。彼らは、わたしが町の生まれで、農業には素人なのをよく知っていました。また、わたしが、妻の父からうけついだ土地を、素人にもかかわらず、一所懸命によくしようとしていることも承知していました。それから二、三年後、数人の農民たちが、どうしたらいいクローバーをつくることができるか、わたしのところに教わりにやってきました。農民たちが、わたしを政治的な立場ではなく、仕事ぶりから判断していたのが、おわかりになるでしょう。農民たちは、わたしの人柄だけをじっくりとみていたのです。その点では、後ろ指をさされるようなことはありませんでした。わたしは、家政をしっかりとまとめていて、家族のことに気をくばってきました。わたしが共産党員だからといって、家族が村で冷たくされるようなことは一度もありませんでした。[17]

この山羊農家の証言によれば、「きちんとしている」ことが、村のつきあいの世界ではなによりも重要なことであった。だから「おまえは、きちんとしたやつだ」という表現は、最大のほめ言葉となる。たとえ共産党員であっても、きちんとしていれば、村のメンバーとしてうけいれられることになる。村人たちは、人を判断するばあい、相手の政治的な立場ではなく、仕事ぶりや人柄を基準にしている。一所懸命によく働き、勤勉で、家政をしっかりと維持していること、つまり「きちんとしている」ことを重視し、高く評価する態度を、本書では、「勤労のエートス」とよぶことにする。

勤労のエートスは、狭い村で、たがいに顔をつきあわせて生活し、しかも協力関係を維持する必要性のなかからうまれたものである。狭い村のことだから、村人たちは、だれがどの政治党派を支持し、どのクラブに属しているかは、当然にも承知していた。馬農家は、山羊農家を仕事ぶりや、人柄だけで判断したというが、もちろん彼が共産党員であることを知らないわけではなかったであろう。また山羊農家にしても、心の底では、馬農家を「搾取者」とか、「政治的な敵」と思うこともあったであろう。しかしそうした政治的立場を問題にしていたのでは、生き残ってゆくことはできない。政治が、家と家の労働関係にひびをいれることは、なんとしても阻止しなければならない。

したがって、「勤労のエートス」の役割は、たんに勤勉さを評価することにあるのではなく、むしろ、相手の政治的な立場は問わないで、目をつぶり、あえてみないようにする点のほうにこそある。勤労のエートスは、脱政治化のメカニズムとして機能している。あることに目を向け、評価することは、そのほかのことは視線の外におくということである。ケルレ村では、すっきりしない状況が深まった一九二〇年代後半に、さまざまな形での脱政治化の動きが顕在化してきた。スポーツへの熱中、スポーツの政治的中立性の主張、私的領域への送りこみ、勤労のエートスなどがそれである。これらは、「すっきりしない状況」への、村人なりの対応策、対抗策とみることもできる。ケルレ村の人びとは、団体の複線化をかならずしも好意的にはみていない。つぎの山羊農家の村会議員の証言が、それを物語っている。

もちろんナチスの時代のほうがよかった。スポーツ協会はひとつしかなかったからだ。それ以前には、村にはスポーツ協会が二つあった。……村のような所では、二つではなくひとつのほうがよい。そうでないと、無駄なことにエネルギーを使いすぎることになるからだ。[18]

こう語り、ナチスによる画一化を肯定的にみる人物は、ナチスではなく、社会民主党員である。ナチズムは、「すっきりしない状況」をすっきりさせたものとして評価されている。

以上が、ケルレ村を中心とする中部ドイツ・ヘッセン州の農村地帯の状況であった。

それでは、同じ時期の都市部の状況はどうであったろうか。以下の第3節と第4節で、本書のもうひとつの舞台であるドイツ西部のルール工業地帯にある炭鉱町、ホーホラルマルクについてみていこう。

3 赤い炭鉱町——ホーホラルマルク

ルール地方の炭鉱町ホーホラルマルク

本書のもうひとつの舞台は、ドイツ西部のルール工業地帯にある。ルールといえば、石炭と鉄鋼業で有名な工業地帯として、わが国でもよく知られている。このルール地方の中核をなすのは、東西約六五キロメートル、南北三〇〜四〇キロメートルの帯状の地帯で、ちょうど伊豆半島がすっぽりと入るくらいの大きさである。西の端をライン川が北に向かって流れ、このライン川に合流する三本の川がこのルール地方を東西によこぎって流れている。いちばん南の川がルール川で、つぎがエムシャー川、いちばん北の川がリッペ川である。

エムシャー川の流域は、湿地帯で、ほとんど無住の地であった。その北側にひろがるのがヴェスト丘陵地で、その中心都市がレクリングハウゼンである。ホーホラルマルクは、レクリングハウゼン郡にあるホーホラル村が、エムシャー川北岸にもっていた入会地（マルク）であった。一八六九年、ベルギーの炭鉱会社が、この地で炭鉱の開発に着手し、八四年にホーホラルマルクでも石炭の生産がはじまった。おりからの「大不況」で、炭鉱の所有権は、一八八九年にハーペン炭鉱株式会社に移った。それにともない、ホーホラルマルクにある竪鉱《たてこう》も、レクリングハウゼン第Ⅱ鉱と改称された。炭鉱は、その後ナチスの時代になると、一九四〇年に、国営軍需工場のヘルマン・ゲーリング・ライヒスヴェルケの傘下に入ることになる。

ホーホラルマルクの人口は、一八七五年には、一〇〇人にも満たなかった。それが、一八九〇年には二七五五人となり、一九一四年にはその約二倍の六五三〇人へとふえている。ルールの炭鉱業のすさまじい膨張ぶりが、目にみえるようである。ホーホラルマルクは、炭鉱以外にはこれといった産業のない、典型的な企業城下町、炭鉱町であった。一九三七年になっても、炭鉱職員と鉱夫だけで就業人口の七〇％をしめている。鉱夫ばかりの炭鉱町では、女性の働き口はかぎられていた。一九一四年の時点で、仕事をもつ女性は、四三人にすぎず、そのうち二一人が家事奉公人であった。なお、一九二六年にホーホラルマルクは、市町村合併によって、レクリングハウゼン市に合併されている。

ホーホラルマルクは、ほとんどなにもないところにつくられた町であったため、住民のほとんどは外部からの流入者であった。なかでも、東部ドイツから移住してきた者が多かった。住民にしめる東部出身者の割合は、一九〇二～一四年の平均で四七・三％で、約半分である。また、この東部ドイツ出身者のなかには、ポーランド系の人びともふくまれていた。ホーホラルマルクの人口にしめる彼らの割合は、一九〇四年で二五%であった。このほかにオーストリア・ハンガリーなどからやってきた外国人労働者が、一九〇二〜一四年の平均で二・三%ほどいた。

住民の宗派もバラバラで、カトリックとプロテスタントの割合は、ほぼ三対二である。ルター派が圧倒的多数をしめたケルレ村とはだいぶちがう。ホーホラルマルクの住民は、民族、宗教、言語などを異にする、じつにさまざまな人びとから構成されていた。これが大きな特徴である。

生活様式としての移動

こうした雑多な人びとのあいだには、とても共通のものなどありそうに思えない。しかも、ルールの鉱山労働者は、しきりに職場移動をくりかえすことで知られていた。たとえば、ホーホラルマルクのレクリングハウゼン第Ⅱ鉱では、鉱夫の職場移動率は、一九〇〇〜一四年の平均で、就職者と離職者をあわせて九三%になる。数字のうえでは、毎年、従業員の約半数が入れかわっていることになる。こんなに入れかわっては、ますます共通のものなどありそうにない。ところが、この頻繁な移動が、人びとの共同性をうみだしていったのである。

移動の背景には、まず労働力不足があった。ルールの炭鉱業は、ドイツの産業革命とともに急速に拡大し、南部から北部へとしだいに規模を拡大しながら、つぎつぎと新鉱を開発してきた。当然、労働力が不足し、周辺の地域ではまにあわず、東部ドイツからも労働者が集められた。しかも、会社が少数の資本の手に集中していなかったため、炭鉱によって賃金がまちまちであり、たえず労働者の引きぬきあいがおこなわれた。また、ひとつの炭鉱町に複数の炭鉱があることも、職場移動にとっては有利にはたらいている。

さらに職場をかえることは、鉱夫からすれば、賃金や労働条件を改善する有力な手段であった。とくに職員との対立が、移動の引き金になっているのが目につく。これは、炭鉱業の労務管理のあり方にも深くかかわっているといえよう。炭鉱では、地下の切羽に分散した作業が中心をしめる。だから、労働過程の監視には十分に手がまわらない。そのため、請負制による出炭量の管理と、鉱山軍国主義ともよばれる、きびしい罰則制による規律化という方法がとられた。

現場の労働者を監督するのは、係員（シュタイガー）とよばれる下級鉱山職員であった。彼らは、社会的出自からすれば、鉱夫とほとんどかわらなかった。しかし係員は、請負率の設定や、罰金などをかす処罰権をもっていて、鉱夫にとっては絶対的な権力者であった。鉱夫の回想や証言のなかでは、係員との対立関係が、主要なテーマとなっている。

移動の背景には、このほかに深刻な住宅不足があった。急速に膨張する炭鉱町では、住宅問題は深刻であった。人びとは、結婚や、子どもの誕生など、ライフサイクルの各段階

図6　三角団地とよばれる炭鉱住宅　道路は未舗装で、子どもは裸足である。1901年から建設されたこの住宅には、家畜小屋が設置されていた。農民出の鉱夫を引きつけるためでもある。

図7　鉱夫のミリュー　頻繁な転居が、逆説的に親密な隣人関係をつくりだした。これは1940年代の写真であるが、炭鉱町ではエプロン姿の女性と小さな子どもがどこでもみられた。

で、下宿や、民間のアパート、社宅のあいだで、引っ越しをくりかえしている。こうしてみると、鉱夫にとっては移動は、けっして一時的なもの、例外的なものではなく、生活スタイルの一部となっていたといっても過言ではないだろう。ある意味では、ルールという地域は、たんに地理的な要因や経済的な要因だけで構造化されていたわけではない。そこで働き、生活する鉱夫がしきりに移動をくりかえすことによっても、形づくられていたといえるであろう。

移動をささえる社会的ネットワーク

こうした頻繁な職場移動と、生活様式としての移動は、どのようにして可能になったのだろうか。移動をささえる構造のようなものが、人びとの証言のなかから浮かびあがってくる。

人びとが、まず頼りにしたのが、肉親や親族のつてであった。また、異郷の地での適応にさいしては、同郷人どうしのつながりが、すくなからぬ意味をもっていた。ホーホラルマルクには、こうした同郷人の団体、つまり地縁関係にもとづく制度的な結びつきが、つぎつぎと結成されている。一九〇二年にヘッセンの同郷人団体「アイニヒカイト」と、シュレージエン鉱夫協会が設立され、一九〇八年には東プロイセンの同郷人団体「ドイッチェ・トロイエ」が設立された。

とくに発達をみたのがポーランド人の団体で、一九〇〇年にカトリックの宗派団体として「聖アーダルベルト協会」がつくられたほか、一九〇三年には合唱協会、一九〇六年には宝くじ協会、一九一四年には「ホーホラルマルク・ポーランド婦人協会」が設立されている。宝くじ協会とは、ポーランド人が、故郷に土地を購入する資金をえるために、設立されたものであった。彼らの故郷は、ポーランド分割でプロイセンに併合されてしまい、プロイセン政府はその地域をドイツ化する政策をおしすすめていた。宝くじ協会は、このゲルマン化政策に対抗するためのものであった。

血縁と親族、それに地縁による結びつきは、具体的な組織という形をとらないでも成立するものである。しかしよくみれば、こうした制度化されていない社会的結合も、同郷人団体、宗派団体などの制度化された社会的結合とかさなりあって、ネットワークを構成していることがわかる。

このほかに、鉱夫の頻繁な移動をささえ、可能にしたものとして、下宿がある。下宿制は、ひとつにはルールの深刻な住宅不足がうみだしたものであった。そのため鉱山会社のほうでも、社宅住まいの鉱夫に積極的に下宿人のうけいれを働きかけている。さらに炭鉱町では女性の働き口がかぎられていたことも、下宿の発達に寄与している。下宿人をおくことは、貴重な副収入源になったからである。鉱夫は、こうした下宿制のおかげで、炭鉱から炭鉱へと移動することが容易になった。これも、鉱夫の移動をささえる社会的ネットワークの重要な部分をになっていたといえよう。

自治体や公の制度の援助が期待できない状況のなかで、鉱夫がとった自力救済的行動のひとつが移動であった。すると移動は、個人主義的な問題解決方式とみえるかもしれない。表面的には、ストライキのような集団的な問題解決方式とは、対立関係にあるようにみえるであろう。しかし、証言をみると、鉱夫たちは、こうした個人主義的な移動をくりかえしながらも、ストライキという連帯的な行動から遠ざかってはいないことがわかる。じっさいルールでは、個別の炭鉱ストが、野火のように連鎖反応的に他鉱にひろがり、大規模なストライキになるという例がしばしばみられた。ルールの鉱夫の場合、個と共同性の関係は、かならずしも二律背反的なものではなかったようである。たとえ個人の利害を優先する移動であっても、移動は「個人主義的」なものにとどまらなかった。移動が血縁、地縁、社団、下宿などの社会的ネットワークにささえられていたからである。移動をくりかえすことは、こうした関係性を濃縮して身につけてゆくことにもなっていたのである。

鉱夫のミリュー

頻繁な移動が浮かびあがらせたのは、鉱夫の生活空間にうめこまれた多様な社会的ネットワークであった。こうした社会関係の網の目にささえられた鉱夫の生活は、独特な価値観、行動様式、暮らし方、階層意識などをつむぎだしていった。こうした、人びとの価値観、行動様式、暮らし方、階層意識などをつくりだす、生活・文化・社会環境を、「ミリュー」とよんでおこう。

この「ミリュー」という概念は、人びとの生活する「空間」に注目する点で、生産関係に基礎をおく階級という考え方とは異なる。だから、従来の階級という概念ではとらえにくいものに、もっと関心を向けるための考え方ともいえる。たとえば、空間を構成する地域的な伝統とか、あるいはおなじ労働者でも、言葉や文化がちがう多様な人びとの存在や、価値観などに目を向けるためのものである。

では、鉱夫のミリューとはどんなものであったのか。それは市民たちの生活感覚とどこがちがっていたのだろうか。一九〇五年の「アルコール消費の影響にかんする報告書」にはこうある。

「ほとんどどの鉱夫の家庭にも、ビン詰めのビールがある。とくに、下宿人をおいている家では、給料日や差額支給日には、部屋中にビールビンが立ちならべられる。それから酒盛りがはじまる。妻や娘ばかりでなく、小さな子どもや下宿人までがこれにくわわる。酔ったあげくに、スキャンダラスな光景や、なぐりあいがおきるのは、いつものことだ。大人ばかりか、しばしば学校を出たばかりの下宿の娘が、酔っぱらった下宿人に追いまわされるというような、不道徳なふるまいが助長されているのである」。月曜日に炭鉱を休み、

「かなりの労働時間と賃金が失われる」が、その原因は日曜日に鉱夫が酒を飲むからである。[19]

市民階級にとってみれば、鉱夫の家庭は、不衛生で、だらしがなく、給料が入るといっぺんに消費してしまい、合理的で計画的な家政がなく、酒を飲んでは大騒ぎし、性的に放埓《ほうらつ》で、ふしだらな世界であった。生産の場から切りはなされ、家族だけからなる、親密で、秩序だった私的空間を理想とするブルジョワ家庭の理想像からすれば、恐怖と嫌悪感がさきだつ、まったく別の世界といえようか。しかし飲酒は、鉱夫にとってはかならずしも個人的なものでなく、下宿人も参加しているように集団的な文化のひとつであった。飲酒問題は、二つの異なる文化の存在をあらためて示しているといえよう。

二十世紀のはじめ、ルールの鉱夫たちの生活状態を調査したある学者は、こう書いている。

こうした条例〔一八九一年十一月十一日の下宿にかんする警察条例〕にもかかわらず、まったくといってよいほど不道徳な状態は改まらない。……わたしは、いくつかの屋根裏部屋をおとずれた。鳩小屋同然だったが、それでもベッドが二つおかれていて、ひとつを二人で使っている。多くのばあい、ベッドは冷たくなりきらない。というのも夜作業方に出かける者のあとで、すぐに昼作業方から帰った者が使うからである。……下宿制度は、つぎのような道徳的危険をもたらす。すなわち夫婦生活の破壊、家主の妻との駆け落ち、娘の誘惑、しかも学齢期の、などなど。これらは周知のことで、いまさらここで詳しく述べるまでもない[20]。

市民層の危機感を刺激した性的不道徳さとは、家のなかに下宿人が同居していたり、炭鉱住宅のように人びとが寄り集まって住んで、親密なつきあいがおこなわれたことと関係している。鉱夫の家庭は、家族だけでは自立して暮らしてゆくことがむずかしく、つねに他人の援助を必要としていた。こうした必要性のなかからはぐくまれたのが、濃密な近所づきあい、近隣関係であった。

『ホーホラルマルク読本』には、つぎのような回想がのっている。ここでは、「だれもが顔みしりで、おたがいに助けあいました。人びとは、寄り集まって住んでいましたし、男たちは、坑内でいっしょに働き、おたがいに気心がしれていました。女性は、隣の女性と共通の心配ごと〔夫や息子が坑内事故にあわないかどうかなど〕をもっていました。出産のような緊急時には、壁をたたくだけで、隣の女性がとんできて、面倒をみてくれました[21]」。

仕事がおわったあとは、家の前のベンチでよもやま話に花がさく。道具や食糧の貸し借りがよくおこなわれ、たがいに子どもや病人の面倒をみる。いさかいや喧嘩《けんか》もあったが、他人にたよらなくては生活できないので、やがて仲直りする。「社宅団地では、人びとはたいへん寛容でした」とか、ルールでは、出身や文化がさまざまに異なる人びとがいっしょに住まざるをえなかったので、「ファナティシズムや不寛容さは認められず、おさえられたのです」という証言が、よくでてくる。本当に近隣関係で寛容が支配していたかどうかは別として、すくなくとも寛容という心性が必要であると人びとに意識されていたことを、ここから読みとることができる。貧しさゆえの連帯感が息づいた世界、とのちに理想化され、神話化された世界の核心をなすのが、この近隣関係であった。

「上」の世界と「下」の世界の断絶

炭住街における近隣関係の特徴は、職住一致の結びつきにある。住民はみな、おなじ炭鉱の関係者であった。金属労働者などが住む街区では、住民がしだいにほかの工場や仕事につくことで、さまざまな職業の者がいりまじるようになるが、炭鉱町はいつまでたっても炭鉱町であった。鉱夫の社会的上昇はむずかしく、父親が鉱夫なら息子も鉱夫になることが多かった。そのうえ鉱夫が、炭鉱から足を洗って、別の職業につき、炭鉱町からはなれてゆくことも比較的少なかった。炭鉱町のミリューは持続性をもっていたといえる。

鉱夫の地位からぬけだすことや、個人的な出世がほとんど不可能なこと、こうした要因も鉱夫のミリューを規定していたといえる。さらに鉱夫たちの近隣関係の一体感は、絶対的な権力をもつ職制、つまり係員にたいする反感と恐れによっても裏うちされていた。鉱夫と職員という上下関係は、職場だけのことではなく、生活の場でもつねに目にみえるようになっていたのである。

たとえば、ホーホラルマルクでは、炭鉱の職員は、鉱夫とは別の通りに広い住宅をわりあてられていた。しかも、家賃はただで、修繕も会社もちであった。こうした職員住宅が建ちならぶペスタロッツィ通りは、「カーテン通り」ともよばれていた。鉱夫たちがそうよんだのは、「鉱夫とちがって、職員たちは窓にカーテンをかけるだけのお金があった」からである。[22] この記憶では、カーテンはお金と結びつけられている。カーテンは、余裕のある生活の、したがって鉱夫たちとは別の世界のシンボルであったといえよう。

ちなみにケルレ村にも、カーテンにかんする言及がある。おもしろいことに、ケルレ村での表現では、カーテンはたんに金があるかどうかということよりも、その家の家政のあり方を示すシンボルとしてうけとめられている。村人は、カーテンをみて、その家の状態を判断するからである。カーテンが、いつも清潔でキチンとしているかどうかが重要であった。こうしてみると、ホーホラルマルクでは、金があるかないかに比重があるのに、ケルレ村では、体面を気にするほうにニュアンスがこめられているようにも思われる。

鉱夫からすれば、炭鉱の職員は特権的な階層であった。職員住宅がそれを象徴していた。そのうえ鉱夫は、職員家族のための雑用や、石炭運び、庭の手入れなどにかりだされた。職場での上下関係が、生活の場にももちこまれていたのである。炭鉱住宅街では、「上にいる人たち」と「われら下にいる者」という二つの世界が、人びとの目にはっきりとわかるように可視化されていたことになる。鉱夫の近隣関係は、こうした「下」の世界にいる者どうしの結びつきである。しばしば強調される連帯性や一体感といったものは、「上」の世界にたいする反発によってもささえられていたのであろう。社会を「上」と「下」という二つの世界の断絶と対立としてみる考え方は、鉱夫が日々経験する社会階級間の差異や対立、そしてその壁がなかなかのりこえがたいという経験に裏うちされていたのである。

4　悪い時代のはじまり

社会民主党から共産党へ

〔ルールの炭鉱地帯では、〕一九一九年四月に、六時間作業方を要求する大規模な炭鉱ストライキがおきた。……組合は、最初のうちはストを支持していて、「スト貫徹」というビラをだしていた。ところが、その舌の根もかわかないうちに、「月曜日には労働再開しよう」と呼びかけるありさまだった。それでうんざりしてしまい、鉱山労働者総連合（ウニオン）の勢力が大きくなったんだ。

それでなくとも、戦後は大混乱におちいっていて、みながてんでに勝手なことを求めていた。話しあいがおこなわれ、集会が数多くもたれた。殴りあいになることも何回かあった。みんなは、自分のいっていることが正しいと思い、それぞれがてんでにバラバラなことを主張した。ウニオンは、バラバラになっていた鉱夫を再統一したんだ。われわれレクリングハウゼン第Ⅱ鉱の鉱夫は、ほぼ全員がウニオンに加盟した。ウニオンにくわわりたがらない者も何人かいたが、彼らはむりやり加盟させられた。〔社会民主党系の〕旧組合はどうなったかって。そんなものまったく目につかなくなった。係員と、係員になろうとして鉱山学校にかよっている者たちだけが、同調しなかった。炭鉱の経営陣は、彼らがウニオンにくわわらないように気をくばっていたんだ。ストライキになると、係員たち職員は、スト破りとして馳せ参じ、石炭を運びださなければならなかった。

ホーホラルマルクでは、とくにクリュルと、老ビトナーがウニオンのリーダーだった。彼らは、一九一九年にはもう古参の採炭夫で、一九一四年以前には社会民主党に属していた。第一次世界大戦後、彼らは共産党に移った。彼らのモットーは、鉱夫のために、とれるものはとる、というものであった。

経営評議員としては、彼らは鉱夫とともに係員のところに、請負率の交渉にでかけてくれ、いっしょに交渉してくれた。そのほかにも、有給休暇の期間を変更したいときには、彼らに頼んで係員に話をつけてもらった。当時、年に数日の休暇がとれるようになったが、注意していないといつも年末に休暇をもらうはめになった。

当時は、ささいなことでも、鉱夫の要求を押しとおすことは、むずかしかった。まるで壁に衝突するようなものだった。だから鉱夫たちは、あんなにラディカルだったんだと思う。[23]

これは一九〇〇年生まれの鉱夫の証言である。一九一九年四月のストライキとは、ドイツ革命のさなか、炭鉱の社会化をめぐっておきたゼネストをさしている。この四月ゼネストを決定した三月三十日の鉱夫代表者会議では、既存の労働組合にたいする不信が噴出して、あらたに鉱夫組合を結成することが決議された。それがウニオンである。

ホーホラルマルクの鉱夫たちは、旧組合から脱退しただけではなかった。鉱夫たちは、社会化運動や、ルールの赤軍を鎮圧した社会民主党からもはなれていった。それは、社会民主党の得票率が、一九一九年一月の国民議会選挙での六一・二%から、翌二〇年の国会選挙での一三・二%へと、激減していることにはっきり示されている。いかに鉱夫たちが、社会民主党に幻滅したかがみてとれよう。かわって共産党が、鉱夫の期待を集めて第一党に躍進した。ウニオン解散後、鉱夫たちは、ふたたび旧組合にもどったが、社会民主党にはもどらなかった。ナチスが政権をとるまで、ホーホラルマルクは共産党の牙城となる。

この証言をみると、鉱夫が組合や政党を鞍替えするさいの、パターンのようなものが浮かびあがってくる。丸ごと移動とでもいうべきか。多数の鉱夫が行動をともにし、同調しない者は「むりやり加盟させられた」のである。人的結びつきの強さが、これと関係している。

古参鉱夫のビトナーは、一八六五年の生まれで、一九一二年のストライキで活躍し、大戦中は鉱夫集会で音頭をとり、戦後はルール赤軍にくわわった人物である。ルール赤軍とは、一九二〇年の反革命カップ一揆に、対抗するなかで結成された労働者の武装部隊であった。彼らは、鎮圧に出動した国防軍と反革命義勇軍を向こうにまわして、一時ルール地方を制圧する勢いを示した。結局、ビトナーは軍につかまり死刑判決をうけたが、恩赦により釈放された。鉱夫たちは、拘留中のビトナーをレクリングハウゼン第Ⅱ鉱の経営評議員に選出して、連帯の意思を示したのである。

もうひとりのリーダーであったクリュルは一八八五年の生まれで、やはり大戦中のストで活躍し、ルール赤軍に参加した。彼もまた逃亡中に経営評議員に選出されている。ビトナーもクリュルも、戦前は社会民主党員であったが、共産党に鞍替えした。クリュルは、一九三三年三月に、ナチスによって逮捕されている。

当時は「ささいなことでも、鉱夫の要求を押しとおすことは、むずかしく」、経営側と鉱夫のあいだには厚い壁が立ちふさがっていた、と述べられている。これは「上」と「下」の世界の断絶という鉱夫たちの考え方とかさなりあうものである。革命になって、ホーホラルマルクの鉱夫たちが、まず最初にかかげたのは、副炭鉱長と係長二名、準係員一名の即時免職要求であった。鉱夫と職員の対立関係が、いかに深刻なものであったかを、そこに読みとることができる。

レクリングハウゼン第Ⅱ鉱とおなじハーペン炭鉱株式会社に属する「ヴィクトーリア炭鉱」でも、一九一八年十一月十八日に、鉱業所長の辞職が要求されている。社会民主党と旧組合は、こうした下からの経営介入を「山猫社会化」と非難し、軍部や経営者と協力して鎮圧し、鉱夫の運動をおさえていったのである。

鉱夫たちが、階級間の非和解的対立を主張する共産党にのりかえているのも、そうした社会民主党に失望したためである。ホーホラルマルクが共産党の牙城でありつづけたことは、鉱夫たちのあいだに「上」と「下」という二分化的な社会観が維持されていたことを暗示しているといえよう。そして老ビトナーは、こうした鉱夫たちの考え方と、結びつきを象徴する人物としてみることができる。

炭鉱の合理化と記憶のギャップ

インフレ景気がおさまり、経済危機にみまわれた一九二四年以降、ルール炭鉱では大規模な合理化が進展した。合理化は、不採算炭鉱の閉山、中小炭鉱の統合、切羽の集約、機械化、科学的な経営管理の導入として、それらが一体となって推進された。

鉱夫たちにとっては、合理化とは、まず第一に首切りの時代、構造的失業の時代がはじまったことにほかならなかった。一九二四年一月三十日、レクリングハウゼン第Ⅱ鉱は、五五七名の解雇を発表した。これを皮切りにして、同鉱の従業員数は、一九二二年の二五八四人が三〇年の一二八七人へと、ほぼ半減していった。膨張をつづけてきたホーホラルマルクの人口が減少に転じたのもこの時期である。石炭産業が、成長産業の地位をおり、構造的不況産業となったことが響いている。

合理化の第二の柱は、機械化であった。振動コンベアの導入と、長壁法の普及で、多数の鉱夫をひとつの切羽に投入できるようになった。それまでは四、五人の鉱夫が、鉱夫組をつくって比較的自由に働いていたのが、いまや二〇～六〇人もの鉱夫が、係員の監督のもと作業するようになったのである。採掘方法の変化にともなって、請負制や賃金支払い方式にも変化がでてきた。これまでは鉱夫組ごとに仕事を請け負ってきたが、あらたに個人請けが登場した。鉱夫組は、完全に駆逐《くちく》されはしなかったが、合理化によって自立性を奪われていった。合理化は、労働の個人主義化と結びついていたのである。

ところが、鉱夫たちの回想のなかでは、この合理化の時代が、むしろ「いい時代」として記憶されている。また合理化そのものへの言及が、ほとんどないのも特徴である。

一九二三年にインフレが終息したあと、鉱夫にとってはささやかな上昇期がおとずれた。ふたたびライヒスマルクが、購買力をとりもどし、鉱夫の仕事は、十分な金をかせげた。ほぼなんでも買うことができたし、〔物価は〕いくらか安くありさえした。しかし、こんなことは長くつづかなかった。一九二八ないし二九年には、休業方の時代がやってきた。朝、炭鉱にやってくると、きまって週に二回は、つぎのような掲示がでていた。「販売不振につき休業」と。おなじころ解雇がはじまり、たくさんの古参の鉱夫がまず最初に解雇された[24]。

こう語るのは、一九〇九年生まれの鉱夫である。別の鉱夫も「一九二六年、二七年、二八年はいい時代だった。それから大きな危機がやってきた。解雇と操業短縮がそれだ」と回想している[25]。

つかのまの「いい時代」。それは危機と危機とのあいだにはさまれた時代として意識されている。一九二三年は、フランスとベルギーが賠償の担保にルールを占領した年であり、戦後のインフレが頂点にたっした危機の年であった。ホーホラルマルクの鉱夫たちは、困窮をきわめ、その年の秋には、ついに集団で、周辺の畑の作物を略奪するところまで追いこまれている。そしてつぎの危機は、いうまでもなく世界恐慌で、大量解雇と操業短縮の時代であった。合理化が鉱夫たちの記憶のなかに登場するのは、その世界恐慌の時代である。

鉱夫たちの古き良き時代

この時期、他の産業では、職員と労働者の格差は縮小傾向にあったといわれる。ところがルール炭鉱では、これとは逆のことがおきていた。鉱夫と係員との格差が拡大し、労働者から職員への出世が、ますますむずかしくなってきたのである。こうした動向は、「上と下の世界の断絶」という鉱夫たちの社会観を強めこそすれ、弱めるものではなかったであろう。

この時期に労働者意識が強まったことを、『ホーホラルマルク読本』のアドヴァイザーをつとめたツィマーマンは、鉱夫家族の写真の分析から引きだしている。[26] たしかに、家族そろって写真をとることは、ややあらたまった行為で、写される自分をつよく意識するものである。写真に写しだされた服装からは、その人物の社会的地位やアイデンティティを読みとることができるであろう。

ツィマーマンの分析によると、第一次世界大戦前にとられた家族写真では、鉱夫たちの服装はじつにさまざまであった。たとえば農民や職人の仕事着、これは鉱夫になる前の職業と関係する。それに同郷人団体の制服や民族衣装、これは出身地や民族を示している。そのほかにも市民階級が日曜日に着る晴れ着、チョッキに鎖つきの懐中時計、立襟やネクタイ姿、そして労働者の服装などである。鉱夫としてのアイデンティティは、積極的には表現されていない。それが一九二〇年代になると、こうした職人の仕事着や、出身地や民族を誇示するような服装は、しだいに影をひそめてゆく。かわってハンチングをかぶった典型的なプロレタリアートの姿が中心になってゆくとされる。

鉱夫たちのあいだで、出身地とのアイデンティティが希薄になっていったことは、故郷から花嫁をむかえたり、同郷人どうしの結婚が減少していったことに示されている。こうした動向は、鉱夫の流動性の低下と深くかかわっている。ホーホラルマルクにおける年間平均職場移動率（従業員数にしめる離職者プラス就職者の割合）は、戦前の一九〇〇〜一四年には九三％であった。それが一九一八〜二四年には七五％と減少し、合理化がはじまった一九二六〜三〇年には、四五％へと顕著に低下している。ルールの鉱夫の存在を特徴づけた生活様式としての移動は、まったくなくなることはなかったものの、いまや大幅に少なくなった。

その要因としては、まず革命期に統一的な賃金協約制が導入されたことがあげられる。これにより、移動を誘発する炭鉱間の賃金格差という要因が解消した。さらに定着性の増大は、炭鉱業が膨張から縮小に転じたことのあらわれとみることもできる。合理化により構造的失業の時代に入ると、労働市場における労働者の優位性は失われる。そう簡単に職場をかえることはできなくなる。さらに炭鉱は、合理化の一環として、基幹労働者の育成を重視した。具体的には、ホーホラルマルクの鉱夫の息子を優先して雇用することで、定着性をたかめる雇用政策である。こうした要因が移動を抑制し、鉱夫の生活にも影響をおよぼしていった。

近隣関係を中心とする鉱夫の世界は、定着性の増大と、職員・労働者間の壁の拡大によって、求心力をつよめていった。この時代は、鉱夫の聞き取り調査では「古き良き時代」として回顧されている。合理化や政治的事件についてはほとんど語られず、炭住街での日

図８　合理化された坑内労働　振動コンベアの導入で、チームを組んでの労働が解体されていった。合理化は競争と労働の個人主義化をもたらした。

図９　ビトナーの家族写真　誇らしげに靴職人の上張りを着てポーズをとるアウグスト・ビトナーはホーホラルマルクの英雄であった。

常生活が、記憶のなかで中心的位置をしめている。悪いことをすれば、親たちは他人の子どもでも叱ったことや、となり近所が総出でおこなう豚の屠殺とソーセージづくり、多彩なクラブ活動の思い出など、うるわしい連帯の息づいた鉱夫の生活世界が、いまではなくなってしまった世界として、多分に神話化されて語られている。炭住街は、一時しのぎの仮の宿から、ふるさとへと変貌していったのである。

ホーホラルマルクでは、合理化によって構造的な失業、労働と賃金の個人主義化が進展しはじめたが、生活の場では人びとの結びつきがより濃厚なものになっていった。いってみれば、安定化と不安定化が同時進行する状況が成立したわけである。しかし、こうした状況は長くはつづかなかった。

「悪い時代」のはじまり

一九三〇年は大量解雇の時代で、休業方は通常の場合、週三回になった。……〔父親は一九二七年の末に首になっていたが〕わたしも、一九三〇年に解雇された。二十一歳だった。ふたたびヤマで仕事につけるようになったのは、ようやく一九三七年になってからだった。わたしたちだけが例外だったのではない。たくさんの者がわたしとおなじように首になった。一九三二年には〔となり町にある〕レクリングハウゼン第I鉱が閉鎖され、……従業員の一部はこちらに引きとられたが、大部分は解雇された。[27]

こうして大量失業の時代がはじまった。しかも鉱夫にとって、失業の時代は一九三七年ごろまでもつづくことになった。炭鉱の景気回復が、ほかの産業よりも遅れたためである。この世界恐慌期に、鉱夫たちは、合理化がいかなるものであるかを、いやというほど身にしみて感じることになる。

たとえば、「鉱夫は失業におびえていて、それが利用された」とか、「この失業の時代に個人請けが登場した。それぞれがみな競争相手になった。だれもが自分のためだけに仕事をするようになった」という証言が、それを裏づけている。[28] また、会社が、見習い鉱夫を三〇人募集したところ、九〇人が応募してきた。会社は、ひとり多い三一人を採用した。三一番目は「おまえがビリだ、まだひとり余分だ」と圧力をかける道具として採用されたのだ、という回想もある。

合理化で種をまかれた競争と個人主義が、この世界恐慌期にいっせいに表面化したのである。おもしろいことにそうした変化は、鉱夫たちの回想では、食事にまつわるエピソードとして語られている。「いっしょにバターつきパンを食べるという〔鉱夫組の慣習〕は、不況期に、失業の時代に失われた。請負率がたいていきつく設定されたので、仕事にゆくあいだにバターつきパンを食べなければならなかった」。[29] ひとりでそそくさとすませる食事は、職場の人間関係の個人主義化、労働強化、失業への恐れを象徴している。

当時、係員はコーヒーを持参する必要がなかった。「係員さん、わたしのコーヒーを一杯いかがですか」。当時、係員はなんでも許された。だれもが首になることをおそれていた。[30]

コーヒーは、職制へのおべっかと、従属のシンボルとなっている。ある鉱夫は、係員の側からコーヒーを要求されたことをこう語る。「ハインリヒよ。わしは、おまえの家族をよく知っている。おまえのおやじさんも、わしのもとで働いていた。ひとつだけ、いっておきたいことがある。もし、わしのもとで金を稼ぎたいと思うのなら、大きいコーヒー・ポットをもってくることだ」と。彼は、父親に相談したところ、「いいかい、二リットル入りのポットをもっていって、係員がきたら、彼に一杯やるんだ」といわれた。[31]

失業は、たんに収入がなくなるという問題にとどまるものではなかった。失業は、個人の自尊心や、アイデンティティ、さらには人びとの結びつきにも影をなげかけたのである。一九一七年生まれの鉱夫の娘はこう述べている。

父は古参の鉱夫でしたが、一九二九年に失業しました。失業は一九三六年までつづきました。……父は毎週、レクリングハウゼン・ジュート〔にある職安〕へスタンプを押しにゆかねばなりませんでした。職安の窓口には役人がすわっていて、失業者に横柄な態度をとっていました。……その役人はこういいました。「おや、上着に脂のしみがある。いったいなにが欲しいのかね。家ではたっぷりと食べる物があるというのに」。家の生活はまったく逆で、母は当時、炭鉱で掃除婦をしていました。……レクリングハウゼン・ジュートには叔母がいて、店をもっていました。わたしはそこで、煙草をつつんだり、『ベルリーナー・イルストリールテ』〔イラスト入りの週刊新聞〕を配達したり、お金を銀行に運んだりしました。家事では皿洗いや買い物を手伝いました。かわりに食事をもらいました。そのため家の食いぶちがひとり減りました。このお金持ちの叔母さんから、古着をもらい、縫いなおして着ました。当時、母親が死ぬと、姉妹でいらなくなった衣服をめぐっていがみあいがありました。掛布団のために裁判所までゆくことがありました。[32]

遺産争いは、いつの時代にもあるにしても、とりあいの対象が「いらなくなった衣類」である点に、鉱夫家族の窮乏ぶりがあらわれている。生き残るためには、家族がそれぞれに働き口をみつけなければならなかった。恐慌は、家族や親族がバラバラになる時代でもあったことがわかる。またこの時代は、小犯罪や窃盗が横行した時代でもあった。一九二二年生まれの係員はこう回想している。

おれたちは、本格的な石炭泥棒もやった。レクリングハウゼン・ジュート駅の近くに操車場があって、ケーニヒ・ルートヴィヒ鉱や、レクリングハウゼン第Ⅱ鉱からの貨車が通っていた。おれたちは、走行中の貨車にとびのり、石炭のかたまりを貨車から落とした。あとで袋をもって石炭をひろいあつめた。当時そんなことはあたりまえだった。良心のうずきなど感じなかった。[33]

『ホーホラルマルク読本』にある鉱夫たちの回想を読むと、この一九二九年ごろから三六年ごろまでの不況期が、ひとまとまりのものとして語られていることに気がつく。そしてこの失業の時代は、「悪い時代」として記憶されている。本書のもうひとつの舞台であるケルレ村では、なぜか世界恐慌についての記憶はほとんど登場していない。ホーホラルマルクとはまったく対照的である。

一九二八年の畜産品価格の下落にはじまる農業不況は、各地で農民の破産をもたらした。北ドイツのシュレスヴィヒ・ホルシュタインでは、農村住民運動が急進化して、強制競売を実力で阻止したり、金融機関などへ爆弾をなげつける事件がおきている。こうした動きが、ナチズムの農村進出への地ならしをしたといわれている。ところが、ケルレ村のあたりでは、一九三〇年の農家の負債総額は、全農家財産の約二〇％相当でしかない。これはプロイセンの五七・一％よりもはるかに低く、全国平均の二九・一％も下まわっている。破産にまでいたった農家となると、全体の一％にもたっしない。

債務超過にたいする法的措置（財産の開示宣誓のケース）は、ケルレ村のとなりのフリッツラー郡では、一九三一年から三三年にかけて三〇四件が記録されている。しかし、そのうち農家は一四件（四・六％）にすぎず、もっとも多いのが工場経営者で一六二件（五三・三％）、以下、手工業者六八件（二二・四％）、労働者二七件（八・九％）、官吏・職員・年金生活者二一件（六・九％）などとなっている。恐慌で苦境におちいったのは、専業農家よりは、手工業を兼業している牛農家や、通勤労働者である山羊農家のほうだったといえる。ルールの炭鉱町では、失業者のデモや、飢餓デモがおきているが、ケルレ村のあたりでは記録されていない。

世界恐慌は、ホーホラルマルクでは、「やつらの世界」と「われらの世界」、「お偉方や金持ちの世界」と「貧乏人の世界」、「上と下の世界の断絶」という鉱夫の二分化的な社会観に、もういちどリアリティを付与した。しかしその反面で、鉱夫たちのきずなは、仲間うちの競争や、個人主義的な傾向の顕在化によって、ゆさぶられはじめていた。そして鉱夫たちの生活世界も、失業と困窮によって、緊張をはらむものになってきたのである。

他方、ケルレ村では、牛農家や山羊農家が、経済不況の荒波にもまれたと思われるが、村人たちのきずなはむしろ逆に強化されている。村人の生き残り戦略は、農業にたよることであった。この不況期に、馬農家と山羊農家のあいだの、「働き手関係」をはじめとする協力関係は、いっそう緊密なものとなったのである。さきにみた村の論理である「名誉」による社会的コントロール、村の内と外という論理、勤労のエートスなどは、いぜんとして機能していたといえる。これがナチスが権力をにぎるまえの状況であり、いよいよこの舞台の上にナチスが登場することになる。

第二章――ヒトラーが政権についたとき

1　ナチスは外からやってきた

国会選挙の統計分析

ナチスは、どのような社会層に支持されて、政権についたのだろうか。この問題については、すでにナチスと同時代に二つの考え方が示され、こんにちでも有力な学説としてうけつがれている。ひとつは、世界恐慌でパニックにおちいった中間層こそが、ナチズムの中心的な担い手であったという「中間層説」である。もうひとつは、ナチスは中間層だけでなく、労働者や上流階層などをふくむ幅広い国民から支持されたという「国民政党説」である。はたしてケルレ村とホーホラルマルクの事例からは、どのようなことがいえるだろうか。

また、ナチスの政権掌握についてはどうだろうか。これまでの政治史中心の叙述では、地方におけるナチスの権力獲得は、ベルリンのできごとのミニチュア版でしかなかった。人びとの記憶を手がかりとすることで、なにがみえてくるであろうか。

まず伝統的な手法からみてみよう。国会選挙のデータからは、だいたいつぎのようなイメージがえられる（表3参照）。ケルレ村のばあいには、ナチスの得票率はつねに全国平均を上まわっている。一九三〇年の選挙では、ナチスはいっきょに二九％近くの得票率をあげ、全国平均を一〇％も上まわったが、その後、両者の差はちぢまっている。ナチスは大都市よりも、農村で支持されたという説があるが、カッセル市とケルレ村をくらべてみると、ナチスの得票率にはほとんど差がない。しいていえばナチスは、一九三〇年に農村で飛躍的に得票をのばしたが、一九三二年以降は都市部で農村を上まわる支持を集めるようになった、という傾向が読みとれるかもしれない。

それではケルレ村のナチ票は、どこからきたのであろうか。国会選挙のデータを、「左翼陣営」と「ブルジョワ陣営」に整理してみると、はっきりとした姿が浮かびあがってくる。大変動がおきたのは、一九三〇年だった。この年の選挙で、村のブルジョワ政党の支持者は、前回の一二三人から、わずか一四人へと激減した。支持者たちは、雪崩《なだれ》をうってナチスに鞍替《くらが》えし、一部は、農村住民党など個別利害を主張する政党に票をいれている。しかし一九三二年には、そうした部分もナチ党支持にまわっていることがわかる。

これにたいして左翼陣営の社会民主党や共産党は、一九三〇年の選挙では、数人の落ちこぼれをだしたものの、ほぼ現状を維持している。ナチスへの流出はあってもごくわずかといえる。しかし注目されるのは、社会民主党と共産党が、ナチ党とはちがって、投票率の上昇、つまり選挙にゆく者がふえたことの恩恵にはあずかっていないことである。左翼は、もともとの支持者を固めるのに精いっぱいで、ヴァイマル共和国末期の政治化の波に

		1928年	1930年	32年7月	32年11月	33年3月
ナチ党	全国平均	2.6	18.3	37.4	33.1	43.9
(NSDAP)	カッセル	3.3	26.0	42.5	40.5	48.4
	ケルレ村	2.9	28.5		40.5	45.7
	ホーホラルマルク	0.3	3.6	15.7	13.0	26.0
国家人民党	全国平均	14.2	7.0	5.9	8.9	8.0
(DNVP)	カッセル	14.0	6.1	6.5	9.0	7.2
	ケルレ村	17.8	1.0		3.0	2.4
	ホーホラルマルク	8.1	4.5	5.4	6.1	
中央党	全国平均	12.1	11.8	12.5	11.9	11.2
(Z)	カッセル	4.3	4.0	4.5	4.2	4.1
	ケルレ村	2.1	1.4		1.8	1.4
	ホーホラルマルク	22.1	21.5	21.8	21.3	
社会民主党	全国平均	29.8	24.5	21.6	20.4	18.3
(SPD)	カッセル	39.8	32.5	28.5	25.3	25.6
	ケルレ村	59.0	51.2		37.6	38.4
	ホーホラルマルク	16.5	10.6	9.6	9.1	
共産党	全国平均	10.6	13.1	14.5	16.9	12.3
(KPD)	カッセル	7.1	9.2	11.4	14.4	9.5
	ケルレ村	2.9	4.3		15.0	10.8
	ホーホラルマルク	33.7	35.6	40.9	42.7	35

表3　国会選挙の比較（得票率、単位：%）

ケルレ村におけるブロック別の得票の推移

	1928年	1930年	1932年11月	1933年3月
投票率(%)				
有効投票数	478	512[+34]	551[+39]	575[+24]
社　共	298(62.3)	284(55.5)[− 14]	290(52.6)[+ 6]	283(49.2)[− 7]
ブルジョワ	123(25.7)	14(2.7)[−109]	24(4.4)[+ 10]	19(3.3)[− 5]
中央党	10(2.1)	7(1.4)[− 3]	10(1.8)[+ 3]	8(1.4)[− 2]
ナチス	14(2.9)	146(28.5)[+132]	223(40.5)[+ 77]	263(45.7)[+ 40]
その他	33(6.9)	61(11.9)[+ 28]	4(0.7)[− 57]	2(0.3)[− 2]

ホーホラルマルクにおけるブロック別の得票の推移

	1928年	1930年	1932年7月	1932年11月
投票率(%)	83.5	89.6	90.6	87.6
有効投票数	3,122	3,428[+306]	3,558[+130]	3,503[−55]
社　共	1,566(50.2)	1,586(46.3)[+ 20]	1,795(50.4)[+209]	1,815(51.8)[+ 20]
ブルジョワ	668(21.4)	816(23.8)[+148]	344(9.7)[−472]	383(11.0)[+ 39]
中央党	690(22.1)	739(21.6)[+ 49]	777(21.8)[+ 38]	747(21.3)[− 30]
ナチス	9(0.3)	123(3.6)[+114]	560(15.7)[+437]	457(13.0)[−103]

表4　ケルレ村とホーホラルマルクにおけるブロック別の得票の推移

注：ケルレ村の1932年7月の選挙統計は未見。ホーホラルマルクの1933年3月の選挙結果については、ナチ党と共産党の数字のみ判明。

のりそこねている。

結局、ナチ党の支持者は、それまでブルジョワ政党に票をいれていた者や、棄権していた者、それにあらたに選挙権を手にした若者たちを中心にしているということである。こうしたケルレ村のデータは、全体としては中間層説に合致する。ただ、ナチ政権成立後におこなわれた一九三三年三月の選挙までを視野にいれると、国民政党的傾向もでてくる。この選挙では、社共やカトリック政党の支持者が、ごく一部とはいえ、ナチスへ移行した可能性がうかがえるからである。つまり、ナチスの支持者は全員が同時に支持者になったのではなく、時期的なずれがあり、そうしたタイムラグを考慮すると、ナチ党は最終的には国民政党に近くなるということである。

それではホーホラルマルクのばあいはどうであろうか。この炭鉱町は、いっけんしてわかるように反ナチ的な労働者の町である。ナチスの得票率は、つねに全国平均をはるかに下まわっていて、ケルレ村とは対照的である。それでもナチスの票は、一九三二年の七月選挙で前回よりも四倍にふえている。社共両党も前回より四・三%、「ブルジョワ陣営」の国家国民党と中央党も一・二%、得票率をふやしてはいるが、投票率の上昇、新規投票者の増加からいちばん利益を獲得したのがナチ党とみてよいであろう。この段階では、まだホーホラルマルクでは労働者政党の支持者からナチ党へ票の移動はおきていない。

しかし、一九三三年の三月選挙を視野にいれると、かならずしもそうとばかりはいいきれなくなる。ホーホラルマルクの労働者街区におけるナチ党の得票率は、一九三二年の七月選挙では一一・〇％、同年十一月には九・二％だったが、三三年三月にはいっきょに二一・五％にはねあがっているからである。もちろんこの数字は、ホーホラルマルク全体のナチ党支持率の二六％を下まわっているとはいえ、無視できない高さである。

こうして、ケルレ村とホーホラルマルクについての国会選挙のデータからいえることは、ナチスの躍進が、農村では一九三〇年にはじまり、炭鉱町では、すこしおくれて一九三二年におきていることである。また、労働者にはナチズムに抵抗力があったが、一九三三年三月の国会選挙を視野にいれると、動機はどうあれ、ナチズムに走る者がかなりでてきている。ナチスの支持層を考えるばあい、固定的にとらえるのはだめで、もっとタイムラグという視点を導入することが必要であるといえる。

ナチ党員の出身階層

こんどはナチスに票をいれた支持者ではなく、ナチ党に入党したのがどのような人びとであったかを調べてみよう。

ケルレ村については、ナチ党地区指導者の手書きのリストが残されている。ヴァーグナーによると、初期のナチスは、ひとりの例外をのぞけば、みな古くからの村の居住者である。ナチスの幹部は、例外なく、村のエリートである馬農家の出身である。はじめて村でナチ党に入党したのは馬農家で、一九三〇年のことであった。彼は地区党指導者となっている。さきにみたように、一九三〇年はナチ党がケルレ村で二八・五％の票を集めた年である。一九三二年までの入党者は、馬農家三人、牛農家六人、山羊農家四人で、三つの階層からまんべんなくでている。

ナチスは、人数からすれば、村の中間層である牛農家の比重が高いが、各階層の人口比を考慮すると、馬農家の比重が高くなる。人口あたりのナチ党員の比率がエリート層で高いのは、ドイツ全体の動向とかさなる。ナチスが権力をにぎったあとでは、山羊農家が他の階層を圧倒するようになる。そのなかには、かなりの社会民主党員や共産党員がまじっていたようである。

ホーホラルマルクでは、ナチ党の党員リストは残されていない。わずかに第二次世界大戦中のナチ組織の役員リストがあるだけである。それには二〇人の氏名が記されているが、自営業者が五人でいちばん多い。ついで炭鉱経営陣と炭鉱係員が三人ずつで、教師、鉄道員、炭鉱の職人、鉱夫は各二人となる。女性はひとりで、炭鉱係員の妻が、ナチ女性団のリーダーをつとめている。

このリストにある鉱夫は、それぞれ労働戦線の経営リーダーと歓喜力行団（第三章第3節参照）の責任者であった。炭鉱町であるためか、当然のことながら炭鉱関係者の存在が他を圧していて、全体の半数をしめている。しかも、炭鉱の職員と管理職など「上の世界」に属する人びとの比重が高い。これにくらべて労働者は、党役員レヴェルでは全体の一割でしかない。

ナチスは、ルールでは、工業労働者層の獲得をめざし、さかんに社会主義的な性格を強調した。しかし、一九三三年以前の段階では、期待どおりにはならず、ナチ党員にしめる労働者の割合は一五％から二〇％にすぎなかったようである。

ナチ党員の出身階層は以上のとおりとしても、彼らの入党の動機や、ナチスを支持した理由はどのようなものであったのだろうか。またケルレ村とホーホラルマルクの住民たちは、ナチズムをどのようにみていたのだろうか。こうした問題は、統計データの分析では限界がある。人びとの回想や記憶の出番である。ここではまず、ケルレ村から検討してゆこう。

入党の動機について

ケルレ村のインタヴュー記録には、明らかにナチ的な人物が登場する。それでも、さすがに「わたしはなぜナチスになったか」と、みずから語る者はいない。そのかわりに、他人についての言及はいくつかある。一九二三年生まれの牛農家の息子は、こう回想している。「彼らの家族は根っからの社会民主党一家であった。Ｚは、職につくことだけが目的で、ナチ突撃隊に入り、Ｗは雇われた。Ｚは、十四歳のときから労働者としてスポーツ協会に入っていたが、〔Wに雇われると〕スポーツ協会『グート・ハイル』に鞍替《くらが》えした」[1]と。

Wは、ケルレ村の建設業者で、ナチスのシンパとして知られた人物である。彼は、仕事をえさにして、失業している若者たちを、ナチ組織やドイツ体操協会へ勧誘した。また、社会民主党員のほうも、背に腹はかえられず、食べてゆくためにナチスになった、というものである。

ところで、こう語る牛農家の息子は、ヒトラー・ユーゲントの班長をつとめ、一九四一年に十八歳でナチ党に入党した人物である。履歴からすれば、確信的なナチスであった可能性が大きい。彼の口ぶりからすれば、社会民主党員からナチスになった者は、ナチズムに共感したのではなく、「職につくことだけが目的」だった。いわば不純な動機でナチスになったというニュアンスが感じられる。ということは、自分はそうではないと言外ににおわせていると読むこともできる。

おなじく元ナチスの馬農家は、つぎのように語っている。「ナチスの権力獲得後、多くの社会民主党員がわれわれの側にやってきた。彼らは、突然、一〇〇パーセントのナチスになった。……みんながナチ党に入ろうと、いっときに殺到してきたんだ」[2]。それまでの思想も簡単にすててしまう、変わり身のはやさが誇張されている。これも、さきの牛農家の息子とおなじで、新参者、社会民主党員などの入党の動機が、保身や打算、経済的な理由であった、と語っているものとみなすことができよう。

ケルレ村でナチズムに走ったのは、なにも社会民主党員だけでなかったようである。元共産党員は、「われわれの組織が解散したあと、何人かがナチスへ移った。Uは突撃隊に入り、そのほかにも突撃隊に入る者がいた。地区農民指導者がわたしのところにきて、共産党員だったのはだれとだれだか知りたがった」と回想しているからである。[3]

北部ヘッセンのリポルツベルク村の証言によれば、ナチ運動の最初のメンバーは、青年ドイツ騎士団や在郷軍人会のメンバーたちであった。しかしそうした者をのぞけば、「村の多くの者は、仕事をえるために〔ナチスに〕なった。仕事がなかったからだ。労働者、農民、商人、彼らはみなナチスだった」。多くの者は、仕事をえるためにナチスになったというのである。[4]

ナチズムの登場の仕方

当時、村人はナチズムをどうみていたのだろうか。これについては、おもしろい証言がある。牛農家の証言がそれで、一九一〇年にケルレ村で生まれたこの人物は、労働者系とドイツ系（保守派）の協会の双方に帰属しており、特定の政治団体との結びつきはなかった。彼がいうには、「ケルレ村の突撃隊とナチ組織は、一九二〇年代の末から一九三〇年代のはじめにかけてケルレ村にやってきた者たちによってつくられた。彼らの大部分は、

図 10　ナチスの選挙ポスター　左は、1932 年春の大統領選挙でのナチスのポスター。飢えと絶望から人びとを救い出す者としてヒトラーが位置づけられている。右は同年 7 月の国会選挙でのもの。「労働者よ目覚めよ」とある。労働者は北欧人種で、社会民主党のボスは劣等人種に描かれている。

図 11　宣伝行進をする突撃隊　村人にとっては、彼らはよそ者であり、ナチズムはローカルな世界をこえる運動として記憶されている。

〔ケルレ村の者との〕結婚によって村にやってきた者で、近隣の村ではなく小都市の出身者だった」とのことである。[5]

事実に反するこの記憶は、たいへん興味深い。たんなる「イデオロギー」にすぎないと、切ってすててしまうにはおしい。むしろ、なぜそのような証言をしたのかと問いなおすことで、ナチズムを分析する手がかりが発見できるかもしれない。この牛農家の証言は、三つのことをいっている。まず第一に、ケルレ村のナチ組織は、村の内部からではなく、外からきた者によってつくられたという点。ナチズムは外から村にもちこまれたという主張である。第二に、その時期は、一九二〇年代の末から一九三〇年代のはじめにかけてであること。第三に、ナチスは、大都市でもなければ、純粋の農村でもない小都市の出身者であること。

この三点のうち、最初の「外からやってきた」という主張は、事実に反している。もし、この牛農家が意図的にそう述べているとしたら、この証言は、ナチズムの過去から村を免責する弁明論ということになる。そのばあいナチズムという悪は、よそ者のやったこと、という形で処理されている。これは内と外をつかいわけ、悪いことはよそからくるという、ケルレ村の社会的論理そのものである。村の論理は、ナチズムの過去を弁明する武器ともなりうる。それが興味深い。

また、この回想が単純な思いちがいである可能性も、十分考えられる。そのばあいには、当時のナチスのイメージのなかに、「ナチスは外からやってきた」と思いこませるなにかがあったのかもしれない、と考えることもできる。つまり、「ナチスは外からやってきた」という表現から、当時の人びとのナチズムについてのイメージをさぐれるかもしれないのである。そこで、ナチ党の行動様式と組織構造、それに運動のスタイルについて検討してみよう。

ナチズムのイメージ

一九三〇年九月二十四日、フリッツラー郡の郡長は、「当地のナチスは指導的な人物に欠けており、とくに有能な弁士がいない」と報告している。[6] じっさいこの郡で、二九年はじめに最初のナチ集会がひらかれたときには、カッセルやフルダなど近隣の都市からやってきた弁士が演説をおこなった。このことは、このあたりではナチスはまだ弱体で、外部に依存しなければならなかったことを物語っている。つまりナチズム拡大の最初のインパクトは、外部からやってきたのである。

われわれは、さしあたりグクスハーゲンの〔ナチ党〕支部でいっしょにやっていた。そこから分かれてケルレ村で自分たちの支部をつくったのは、あとになってからのことだった。……そのころおもな活動は、突撃隊といっしょにやっていた。だいたい集会の防衛とか、デモ行進とか、そんなものが中心だった。そもそも突撃隊は、テロル、とくに共産党のテロルから集会を守るためにつくられたものであったから。[7]

こう語るのは、元ナチ党地方幹部だったケルレ村の馬農家である。彼はまた、カッセルに動員されていって、そこで共産党員とやりあった、と別のところでふれている。村のナチスは、自前で組織をつくれるほど強力ではなく、よその支部で活動していたのである。

ナチ党は、敵対する社会民主党や共産党とくらべて後発で、組織も未整備であった。社会主義陣営の強みは、それが政党、労働組合、余暇団体、消費協同組合などのネットワークとして存在していたことである。後発のナチスは、これにくらべれば立ち遅れ、メンバーも分散的であった。

そのためナチスの運動は、地元の日常的な欲求をすいあげるという地道な組織活動よりも、各地からメンバーを集めて宣伝集会をひらき、パレードによって人びとを引きつけるというスタイルをとることになる。たとえばフリッツラー郡のばあい、一九三二年の各党の政治集会の回数をみると、ナチ党が二〇九回でいちばん多く、つぎが社会民主党で一三二回、共産党は五三回となる。ブルジョワ政党の国家国民党の集会は一八回で、選挙のときにひらかれるにすぎなかった。

組織的には、はるかに小さなナチ党のほうが、活発な活動を示している。たとえば、ホーホラルマルクの北にあるマールのばあいは、こうである。マールでは、炭鉱職員が中心となって一九三〇年春に、ナチ党支部が結成された。党員はその年の暮れで一七人であった。それから一〇年たった一九四〇年に、新聞は当時をふりかえってこう書いている。

マールの突撃隊は、日曜日ごとに、ミュンスターの農村部やルールの工業地帯にプロパガンダにでかけた。車代とバターつきパンをふところにいれて。日曜の朝、五時にでかけた。数少ない人数で、マール、ブラッセルト、ドレーヴァー、ヒュルス、ジンゼン、ジッキングミューレ、ハム・ボッセンドルフ、アルテンドルフ・ウルフコッテ、ポルズムをふくむ地域を組織化しなければならなかった。宣伝行進や集会を組織し、あるときは集会の会場を占拠した共産党員を排除するため乱闘となり、銃弾がひびいたこともあった。[8]

ナチスの活動は、一九二〇年代の末から一九三〇年代のはじめにかけて活発化し、地方の小都市を拠点として、そこから周辺の村落に活発な宣伝活動を展開した。村人にとっては、よそ者がやってきて宣伝したことになる。ナチスが外からやってきたと記憶されたとすれば、それはこうしたナチスの活動のスタイルが印象につよく残っていたせいとも考えられる。

ナチスは、組織としては劣勢であったので、各地の小さな拠点どうしが連携し、かつ地方の小都市にある支部と協力して活動をおこなうというスタイルをとらざるをえなかった。また、組織された力を示威するためには、いつでも出動できる部隊によって威嚇《いかく》をし、相手を麻痺《まひ》させなければならなかったのである。こうした地域をこえる結集と動員こそが、ナチズムの特徴であった。ナチスは外からやってきたという記憶は、ナチズムがローカルな世界をこえる運動として人びとにイメージされていたためである、といえるのかもしれない。

ローカルな世界をこえる運動

ナチズムのイメージをつくったものとして、これまではナチスの宣伝が重視されてきた。しかし、最近の研究では、一九三二年以前のナチ党の宣伝は、これまで思われていたよりは効果的なものではなかったとされる。[9]組織がまだ未発達で、資金不足になやんでいたからである。だから、一九三〇年にナチ党が国会選挙で躍進したのは、党の宣伝活動のおかげではなかった。ナチ党を選んだ選挙民の大多数は、宣伝がつくりあげる党のイメージとはかかわりなく、ナチ党に投票したという。

また、ナチスの宣伝が主要な攻撃対象としていたのは、これまでは共産党とユダヤ人であると考えられてきたが、そうではなく、社会民主党とされる。順番からいえば、社会民主党が政敵ナンバーワンで、つぎに中央党とバイエルン人民党がきて、そのはるかあとにブルジョワ政党と「反動」政党がくる。驚くべきことに、一九三〇年から三三年のナチ党のプラカード宣伝では、共産党とユダヤ人はほんの脇役しかはたしていない。一九三〇年の選挙で勝利したあとは、反ユダヤ宣伝は、それどころかはっきりと手びかえられる。反ユダヤ主義は、票を獲得するためにではなく、党内をまとめるために、統合のイデオロギーとして用いられていた、というのが最近の研究である。

そこで、おとなりのフリッツラー郡についてみると、「十一月の犯罪者」打倒、国民の「奴隷化」反対、ヴァイマル共和国「体制」反対などが、ナチスの好むテーマであった。批判の対象は、社会民主党で、とくにプロイセンの社会民主党が攻撃のまとであった。ナチスは、社会民主党が政権をとる「腐敗の泥沼プロイセン」の打倒をさけび、「プロイセンをへて権力へ」とナチ政権樹立の道筋を提示している。

これとならんで、ナチスが好んでとりあげたテーマは、「農業の奴隷化」、あるいは「生産民族にたいする詐欺」であった。これらはとくに農民や手工業者に向けたものである。一九三一年夏には、ナチスは二〇〇〇人を集めて一週間にわたる「農民研修会」を開催し、「ドイツ農民の使命」を訴えた。農民こそが、人口的にも、経済的にも、ドイツ民族を維持し繁栄させてゆく母体である、という「血と土」のイデオロギーを宣伝したわけである。しかし、農民の直面している経済的な問題とか、目下の危機についての処方箋については、まったくふれなかった。

フリッツラー郡について調べたキーザーリングは、こうした宣伝の効果についてこう述べている。

反マルクス主義とナショナリズムという決まり文句は、一九三〇年ごろナチスの集会を訪れた小市民層にとっては、深く身についた解釈の枠組であった。ナチスの宣伝は、そうした心理構造に根をおろし、「善」と「悪」の二分化的解釈を促進するものであった。これは別に新しいことではない。ナチスの新しいところは、こうした側面を徹底的に政治化したことにある。政治権力の獲得によって、こうした病理を治癒するというのである。すなわち、政治権力の獲得という具体的な目標をかかげ、権力獲得によって救済が実現すると説いたのである。そして「プロイセンをへて権力へ」というように具体的な道筋を示すことで、権力獲得が可能なように思わせたのである。[10]

これをわれわれの観点で読みなおすと、こうなる。まずナチズムは、農村においては、すくなくともここヘッセン北部においては、日常的な問題への具体的な解決策を提示するのを回避している。農民たちが直面する世界恐慌や経済問題の現状に、踏みこんで言及すれば、具体的な処方箋を要求され、錯綜した利害関係に足をとられ、泥沼に引きこまれかねなかったからである。

そのかわりにナチスが提示したのが、現状を解釈するための枠組と、将来のヴィジョンであった。そしてもっとも重要なメッセージは、危機はローカルなレヴェルでは解決できないという訴えである。危機を解決するには、中央の政治権力の獲得こそが第一の課題としたうえで、その道筋を示したのである。ナチズムは、ローカルな世界をこえる運動といえるのではないか。

ナチスの宣伝が、ケルレ村でどのようにうけとめられたのかは、直接には明らかにできない。しかし、「ナチスは外からやってきた」という記憶を手がかりとすることで、ナチズムのイメージや、スタイルという領域に問題をひろげることができた。ナチズムは、運動のスタイルでも、メッセージの点でも、ローカルな枠をこえるダイナミズムを表現するものであったと考えられる。

2 全体としては、がまんできた

鉱夫はごく少数だった

『ホーホラルマルク読本』には、熱狂的なヒトラー少年をのぞけば、元ナチ党員や、いかにもナチ的な人物は、証言者として登場しない。それがケルレ村との大きなちがいである。しかし、こうした物たりなさと限界は、かならずしもマイナスではない。早くからナチズムが自生し、地域に定着し、住民多数の支持をうけていたようなケースは、例外で、それがドイツ全体にあてはまるわけではない。むしろ多くの地域では、世界恐慌期になってはじめて、ナチズムが台頭し、外から波及してきたのである。ナチズム研究は、これまでおもに、ナチ運動の側からおこなわれてきた。ナチズムとは無関係と思われていた人びとが、どのようにして、いかなる回路や、状況、構造をつうじてナチズムに引きよせられていったかを問題にするばあいには、むしろこうしたホーホラルマルクのような証言を、徹底的に分析することが意味をもってくるかもしれない。

一九一三年生まれの鉱夫の証言をみてみよう。

わたしたちは、一九三三年までナチスと戦った。わたしは、〔社会民主党の国防団体である〕ライヒ国旗団黒赤金のメンバーだった。レクリングハウゼンにでかけて、そこでナチ突撃隊と戦った。……わたしの父は、レクリングハウゼン第Ⅱ鉱の経営評議会の議長だったが、一九三三年に、「国家の敵」として解雇された。……当時をふりかえってみると、ナチスはホーホラルマルクでは、一九三三年までなんの役割もはたさなかったといってよい。ナチスは、商人や炭鉱の経営陣のなかに数人の仲間をもっていた。突撃隊員はごみみたいなもので、だれもかまわなかった。……

わたしたちは突撃隊員よりも、共産党員と激しくやりあった。ナチスの勢力拡大は、一九三三年以後も、ここではごくゆっくりとしたものだった。数十人が突撃隊に入った。人より早く仕事を手にいれるために。[11]

こんどは一九〇四年生まれの鉱夫の回想である。

ナチスになったのは、たいてい炭鉱のお偉方たちだった。しかし、しだいに鉱夫のなかから、何人か突撃隊の陣営にゆく者がでてきた。人より早くふたたび仕事につくために、事務所での仕事をえるために、あるいはただただ不安におびえて。ある者は、もうすでに一九三二年に、二つの党員証をもっていて、どの方面にも安全を確保していた。[12]

一九二二年生まれの鉱夫は、こう回想している。

ホーホラルマルクのナチスは、中間層の人びとだった。町の名士や、レストランの主人、商人、医者たちで、鉱夫はごく少数だった。炭鉱の職員層はたいていナチ党に入った。しかし、とくに頭角をあらわしたのはごくわずかであった。そうじて当地のナチスは、いってみれば、人びとを残虐《ざんぎゃく》に弾圧するようなものではなかった。……ナチスは、プロパガンダのおかげで当地に浸透したのではない、とわたしは思う。「土地のない民族」。このスローガンに心を動かされた人は、多くない。むしろ鉱夫たちは、こう思っていた。「土地のない民族、土地のある民族、だけどおいらは働きつづけなきゃならない」と。[13]

一九〇九年生まれの、別の鉱夫は、こう述べている。

ホーホラルマルクには、粗野な態度を誇示して、「ドイツの権利」と「ドイツの自由」を要求するような突撃隊員や親衛隊員はすくなかった。つまり、ハーケンクロイツに敬礼をし、忠誠を示すように要求するような者は、すくなかったということだ。ナチスの同調者の態度は、全体としてみれば、がまんできた。というのも、彼らは、たいていわれわれ同様、貧乏だったからだ。ただ彼らは、口をつぐんでいるほうがもっと安全である、ということにまったく気がつかなかったのだ。

仕事仲間のほとんどは、ナチ党や突撃隊には入らなかった。わたしもまたそうだった。あるとき、突撃隊員のひとりに、隊員になると本当にいいことがあるかと聞いてみた。彼の答えはこうだった。「われわれは、そのうち総統から仕事をもらえるだろう。それは、楽な仕事で、警察の仕事とか、あるいはなにか特典のあるものだろう」と。[14]

板ばさみ状況からの解放を求めて

これらの証言には、共通する点がいくつかある。まず、ホーホラルマルクではナチスの勢力が弱かった、という点があげられる。それから、この町でナチスの支持者になった者として、まっさきに炭鉱のお偉方や、町の名士、レストランの主人、商人、医者たちがあげられている。この証言は、第二次世界大戦中のホーホラルマルクのナチ組織の役員リスト（七七頁参照）のデータと、内容的に一致する。ナチスは、町のエリート層と中間層が中心となっていたわけである。それでは、こうした人びとがナチ化した動機や、理由はどんなものだったのだろうか。

炭鉱の職員層についてみれば、ナチスは炭鉱の係員たちに、こう約束していた。(1)係員にたいする人間的な待遇、(2)経営側の攻撃から鉱夫と職員を守ること、(3)休業方時に、職員に鉱夫の仕事をさせないこと、(4)坑内監督の地位改善、などである。農民にたいしては、具体的な問題にふみこむことを回避した、とさきに述べたが、それとはずいぶん対照的である。

それにこの要求では、賃金や失業といった経済問題よりも、職員の経営内での地位や待遇が中心となっている。しかも、社会主義的なニュアンスというか、反資本家的なトーンがある点もみのがせない。さらにナチスは、一九三〇年にザール炭鉱で事故がおきると、鉱山当局と経営側が安全規定を無視して、鉱夫と職員の生命を危険にさらしていると非難した。これを露骨な人気とり政策とみる人びともいたが、ナチスのアピールは、職員たちの琴線にふれるものをふくんでいたようである。

もともと炭鉱の上級職員たちは、民主化が労働組合の進出をもたらしたと考え、ヴァイマル共和国を敵視していた。組合と対立する彼らにとっては、ナチズムがとなえる「指導者原理」は魅力的であった。また、経営者から尻をたたかれ、労働者からはつきあげられていた一般の係員たちは、自分たちの地位が正当に評価されないことに不満をもっていた。だから、階級対立を解消し、調和のとれた労使関係を約束する民族共同体の理念は、共感できるものであった。さらに、「一〇年以上勤続した職員には終身雇用を」というナチスの社会の主張や、技師の社会的地位を向上させ、技師が社会の中枢を占めるというナチスの社会像も、彼らにとっては魅力的なものであった。[15]

鉱山職員たちは、いちはやくナチ化したが、その背景には、職場で労使の板ばさみになっているという経験があった。板ばさみというのは、ケルレ村の「すっきりしない状況」と、どこかつうじるものが感じられる。似ているのはそれだけではない。炭鉱職員の「板ばさみ状況」もケルレ村の「すっきりしない状況」も、ともに世界恐慌のまえに成立している。そしていずれも、社会民主党の進出や、労働組合が革命によって公的な権威となったことが、重要なきっかけとなっている。

仕事と正常化

鉱夫たちがナチスに引きつけられた理由は、鉱山職員たちとは対照的であった。さきの鉱夫たちの回想によれば、「人より早く仕事を手にいれるため」という経済的な理由があげられている。深刻な失業にみまわれた鉱夫たちにとって、主要な関心事は、職の確保であり、どうやってその日一日を暮らしてゆくかにあった。近くの炭鉱町マールの、社会民主党の元活動家は、こう回想している。

「当地での大企業といえば、炭鉱、つまりブラッセルト炭鉱と、アウグステ・ヴィクトーリア炭鉱しかなかった。若い失業者が雇ってもらえるとしたら、そこしかなかった。もし、極右グループに入っていれば、仕事がもらえた」。彼にとって衝撃的だったのは、「とくに、非常に若い者たちが突撃隊に入っていったことだった。ヒトラーが権力を掌握する直前に、それもごく短期間に。その理由のひとつには、彼らが失業していて、突撃隊に入ることで仕事を手にいれたからだ」[16]。

仕事を手にいれるために、ナチスになったというのである。さきの証言でも、鉱夫たちの目は、ナチズムの台頭よりも失業のほうに向いていた。また共産党のほうも、ナチスを大資本の手先としてしかみておらず、ナチスよりはむしろ社会民主党との対立のほうを重視している。この、無関心ではないとしても、ナチスへの関心の薄さが、ひとつの特徴である。

ナチスのプロパガンダも、証言をみるかぎり、鉱夫たちには、あまり影響をあたえなかったようである。ナチ・プロパガンダについての記憶としては、つぎのようなものがある。

ヒトラー時代のすこしまえ、レクリングハウゼン・ジュートにナチスの弁士がやってきた。それで一度、どんなものかとみにいった。弁士は、「もしわれわれが権力をとれば、窓をあけたままで寝ることができるだろう。ドアもあけたままでいられるだろう。心配するにはおよばない。だれもきみたちのものに手をださないだろう」といっていた。一九四三年に激しい空襲にあったとき、人びとは、もう本当にドアをしめることを許されなくなった。緊急時に、爆弾をよけて、家のなかに逃げこめるようにするためだ。また窓にはガラスがなにも残ってはいなかった。だから、「あの男があのとき予言したことは、まったく正しかったな」と考えざるをえなかった。[17]

ヒトラー時代のすこしまえとは、ホーホラルマルクでは、不況のさなかで、窃盗など小さな犯罪がたえなかった時代である。だから、「窓をあけたままで寝ることができる」というのは、正常性の回復、正常化へのアピールとみることができる。しかし、このエピソード自体は、いささか冗談めいていて、どこまで本当なのかわからない。それでも、ナチスのプロパガンダをジョークにしていることや、「そういえばあのときこんなことをいっていた」というニュアンスからすると、この人物もナチスの宣伝を、それほどまともにはうけとっていなかった、とみることができる。

ナチズムのばあい、「正常化」は、どのようなものと考えられていたのだろうか。よくいわれるように、過去の理想化された状態へ復帰することなのだろうか。ケルレ村のばあい、すっきりしない状況を解消することは、たんに昔にもどることではなかった。あとでみるように、正常化は、労働者系の団体を周縁化し、これを禁止することによって実現されている。ナチスのいう正常化は、中心と周縁の再定義であった。そして中心を中心たらしめるためには、ナチ体制からはずれる者たちを、抑圧し、排除してゆく。そのためには、ラディカルな措置もためらわないのが特徴である。

ナチスをみるまなざし

このほかに、さきにあげた鉱夫たちの回想に共通するのは、ホーホラルマルクのナチスが、それほど暴力的ではなかったという点である。ナチスといえば、つい暴力的なイメージがつきまとうだけに、この記憶はおもしろい。ルールのほかの都市では、ナチスと共産党員などの衝突がくりかえされ、かなりの死者がでたところもあった。それほど暴力的ではなかったという記憶は、ホーホラルマルクでは、こうした衝突がなかったことを物語っている。ここではナチスは、仲間うちで集まるだけで、その存在を誇示するようなことはさけている。

しかし、ナチスの勢力がホーホラルマルクでは弱かった、ということだけが、この記憶の根拠となっているのだろうか。そこで注目したいのが、「ナチスの同調者の態度は、全体としてみれば、がまんできた」というくだりである。ナチスをみるまなざしは、意外にやさしい。ナチスは、かならずしも敵と決めつけられてはいない。鉱夫の証言は、敵と味方の断絶を強調してはいない。

それでは、「がまんできた」のは、なぜであろうか。さきの一九〇九年生まれの鉱夫によれば、「彼らは、たいていわれわれ同様に貧乏だったから」である。ナチスに走ったのは、仕事とパンを手にいれるためで、自分もいつそうなるかわからない。生きてゆくには、ナチスになるよりしかたなかったことへの理解、同情が聞きとれる。

ナチスとの境界は意外に流動的である。もちろん、鉱夫のなかには確信的なナチスもいた。レクリングハウゼンの警察本部には、逮捕した共産党員を殺害する残虐な突撃隊員がいたが、そのなかには元鉱夫がいたという証言がある[18]。しかし、たんに仕事とパンを求めて突撃隊に入った者と、ナチスのイデオロギーにひかれて入った者とは区別されていた。ルールの鉱夫たちのあいだでは、ナチスは「哀れな豚」と「残虐な豚」とに区別されて、よばれていたからである。

ナチズムの登場の仕方について、ケルレ村では、「ナチスは外からやってきた」という証言があった。しかし、ホーホラルマルクでは、そのような証言はみられない。ここのナチスは、お偉方が中心だったから、鉱夫はこういってもよかったのではないか。たとえば、「ナチスになったのは上の世界の人びとだった」とか、「おれたち下の世界にはかかわりのないことだった」と。しかし、現実には、鉱夫たちの回想には、そうした表現はない。では、なぜホーホラルマルクでは、「ナチスは外からやってきた」とか、「ナチスは上の世界の人びとのことだった」という証言が登場しないのだろうか。あるいは、責任を回避するような見方が登場しないのだろうか。

それは、こう考えられるであろう。鉱夫たちは、数は少ないといっても、自分たちの仲間から突撃隊に入る者がでていることを、知っていたからであると。しかも、たんにそれだけではない。いつ自分たちも、食うに困ってナチスになるかわからなかったからである。つまり、ナチズムは、他人事といってすませられなかったのである。

ケルレ村の住民は、ナチズムの登場という事態にたいして、すくなくとも「内と外」という「村の論理」で対応することができた。しかし、ホーホラルマルクのばあい、鉱夫たちの世界に根ざした「上と下の世界の断絶」という論理は、機能していない。鉱夫たちは、自分たちの世界観では、ナチズムがとらえられないことになる。共産党の勢力が強い労働者の町という外見からすれば、鉱夫たちはナチズムを断固としてはねつけたと思われがちである。じっさいナチスが政権につくまえまでの国会選挙の統計などから、そうしたイメージを描くことも可能である。しかし、人びとの記憶をよむと、別の姿があらわれてきたのである。

3 たいしたことはなく、なにもおきなかった

ミニチュア版としての政治史

一九三三年一月三十日、ついにヒトラー内閣が誕生した。ケルレ村では、翌三十一日ナチ政権成立を祝う勝利の大行進が挙行されている。これは、前日ベルリンで挙行された松明《たいまつ》行列にならったもので、ドイツ体操協会の楽隊が先導をつとめた。

三月十二日、村議会選挙がおこなわれ、馬農家は前回より二議席減らし一議席となった。

牛農家は四議席、山羊農家は七議席で、それぞれ一議席ふえている。三月二十九日にひらかれた村議会では、牛農家出身のナチ党議員が、共産党議員の排除を提案した。これにより社会民主党の議員四人と、共産党の一名が辞職した。しかし、その後任には、ナチ党員ではなく、社会主義政党リストの下位の者がくりあがっている。村のナチスは、人材不足で、議席を拡大できなかったのである。

また、このとき村長（馬農家）も辞任している。後任の村長には、共産党議員の排除を提案した牛農家が、対立候補なしで選出された。その後、郡長の命令により、社会民主党議員が辞職し、ナチ党員がその後任になり、一九三三年七月には、村議会はナチスとその同調者だけとなった。

政治史的にみれば、ケルレ村では、ナチスの人材不足が目につくものの、社会主義政党の側から抵抗といえるような行動はほとんどみられなかった。そして自治体の画一化は、外部の権力、つまり郡長の指令にもとづいて遂行され、これにたいする抵抗もなかったことなどが指摘できる。

ホーホラルマルクについても、おなじことがいえる。共産党などの抵抗運動をみても、中央の動きに追随する待機主義的傾向ばかりで、ホーホラルマルク独自の行動やイニシァティヴはみられない。いってみれば、政治史中心の視点では、地方の小さな村や、町を対象とする研究は、中央の動向の縮小再生産になってしまい、国政レヴェルの動向の再確認でしかありえないことになる。

そこで視点をかえて、むしろユニークなできごとと思われるものを、回想のなかからひろいあげて、そこからナチスの権力掌握にたいする、村人の反応と対応を分析してゆくことにする。

なにもなかったという証言

まず注目されるのが、ケルレ村でのナチスの権力掌握は、「もともとたいしたことはなく、なにもおきなかった」という記憶である。この証言は、ナチズムの過去を無害化する弁明のようにも聞こえる。はたして、本当になにもなかったのであろうか。

また、それ以上にわれわれの関心をひくのは、生まれも、政治的立場も対照的な人物が、声をそろえて、「なにもなかった」と述べている点である。そのうちのひとりは、元ナチ党員の馬農家である。彼ならば、そういっても不思議ではないかもしれない。しかし、もうひとりは、社会民主党員である。しかも、ナチズムに同調しなかったことが評価されて、戦後、村長に就任した山羊農家である。そうなると、この証言の一致は、なにを意味しているのであろうか。

まず、本当に「なにもなかったのか」、その点から検討してみよう。もし、なにかがあったとしたら、なぜ「なにもなかった」と記憶されているのかを、つぎに考えてみよう。

記憶をコントロールしている無意識の枠組、あるいは社会論理のようなものが、問題となるであろう。

そこで、なにか事件らしきものを、ひろいだしてゆくと、まず旗をめぐる抗争にぶつかる。これは、村の社会民主党員が、党支部の旗を、遠くからも目につく一本の、背の高い梨の木に結びつけたことに端を発する。村のナチスにとっては、たいへん目ざわりなものであったのだろう。ナチスは、政権についた直後に、さっそくこの旗の撤去にのりだした。彼らは、メルズンゲンから突撃隊員の応援をえて、木のまわりをとりかこんだナチ・シンパが歓声をあげるなかで、旗を撤去した。この行動を見守っていた社会民主党員や村人たちは、ののしり声をあげて、抗議の意志を示しはしたが、武装した突撃隊員を前にして、あえて旗の撤去を阻止しようとはしなかった。これが、ケルレ村では「目ざましい」行動とされた事件である。

しかし事件そのものは、流血や逮捕者をともなわず、象徴的な行為にとどまっている。もし注目するとすれば、旗の掲揚が、ナチ政権の成立前であったという点であろう。ヘッセン北部の農村地帯では、ヴァイマル共和国末期に、ナチス支持派とそれに反対する勢力が、たがいに勢力を誇示するために、陣取り合戦のように、旗を高い木に結びつけあったようである。一九三二年七月六日の『ゲッティンガー・ターゲブラット』紙によれば、ヴェーザー峡谷の村々では、「高い木や破風にかかげられた無数のハーケンクロイツの旗が、第三帝国の到来をつげるようにはためいていた」とある。[19]

ケルレ村の社会民主党の旗は、こうした動きに対抗するものであったのであろう。ナチズムの進出にたいする異議の表明である。このことは、ケルレ村のようなごく小さな農村でも、人びとは政治情勢にまったく無関心ではなかったということを、物語っている。また、旗の撤去は、社会民主党がナチ体制とはあいいれないものであるという思いが、末端のナチスに共有されていたことを示している。さきにみたようなケルレ村の政治史では、こうした動きまでは、なかなかみえてこなかった。

しかしいずれにしても、旗の撤去はたんなる象徴的な行為にすぎず、なにもなかったという部類に属することと、みなすこともできるかもしれない。ケルレ村では、他の都市でみられたような、ナチスによる手入れや、社会主義者の逮捕・強制収容所送りはなかったのであろうか。

馬農家の矛盾する行動

一九三一年にナチ党に入り、三三年からは地区農民指導者の役職をつとめた馬農家は、ナチスによる迫害を積極的に否定してこういう。

そんなこと〔家宅捜索や逮捕〕は、許さなかったことを、いまでも誇りに思っている。社会民主党やそのほか、ナチスとは考えのちがう人びとを、われわれ突撃隊が迫害するようなことはおこらなかったということを。……ケルレ村ではなにもおこらなかった。ひどいことは、古くからの突撃隊員ではなく、新参の、かつての社会民主党員たちが、好機到来とばかりにやったことだ。[20]

ケルレ村では「なにもおこらなかった」といいながら、「ひどいこと」があったというのは、明らかに矛盾している。ただ、「ひどいこと」以下の部分は、責任を転嫁するレトリックと読めるので、そのまま事実とうけとることには、慎重でなければならないだろう。興味深いのは、「そんなことは許さなかったことを、いまでも誇りに思っている」というくだりである。家宅捜索や逮捕の試みや動きはあったが、それを「許さなかった」事件があったことを暗示しているからである。

一九〇〇年生まれの山羊農家で、共産党員だった人物は、こう回想している。

わたしは、もっていたいっさいの記録を焼きすてた。ヒトラーが権力をにぎるまえに、夜、わたしの家に運ばれてきたビラの山はのぞいて、みんな燃してしまった。つぎの朝、ナチスの村長〔のちに村長となるが、当時はまだ牛農家出身の村会議員〕と、村の警察官が家宅捜索令状をもって家にやってきた。彼らは、台所以外はすみからすみまで捜索した。台所は主婦の領分で、そこにはなにもないと考えたのだろう。だが、まさにその台所の戸棚のすみにビラを隠しておいたのだ。……彼らは手ぶらで帰ったが、このビラはくばらずに処分した。意味がないと考えたから。ビラをくばれば、すぐにだれがくばったかわかってしまうだろうし、いずれにしてもヒトラーは、もう政権についていたのだから。[21]

山羊農家が自慢したいのは、性別役割分業観を逆手にとって、ナチスの裏をかいたことにある。村の人びとは、政治は男の領分に属するもので、女にはかかわりのないことと考えていたわけである。それはともかく、この証言は、ケルレ村でも、じっさいに家宅捜索があったということを示している。もっとも、この山羊農家は、最初の手入れでビラの配布（抵抗）を放棄してしまっている。身近にナチスの手がせまっているという切迫感とともに、無力感、ないしは既成事実をうけいれる一種のあきらめのようなものが読みとれる。

この事件もまた、未遂、というよりも成果なくおわったということで、なにもなかったという部類に属するといっていえないことはないだろう。村ではこのほかにも、共産党員の家が、郡警察当局の指令にもとづき捜索されているが、いずれも逮捕者はでていない。めだった人物がいなかったことや、武装抵抗運動の準備を疑わせるようなものがなかったためであろう。

つぎの山羊農家の回想も、未遂に分類されるものである。彼は、一九〇九年の生まれで、二五年から労働者スポーツ協会、労働者合唱協会、労働組合、社会民主党のメンバーだった人物である。

彼ら〔ナチス〕は、じっさいにはたいしたことはしなかった。彼らは、だれも拘引してはいかなかった。まったくなにもなかった。村人はだれも引っぱっていかれなかった。だけどリストにあげられていて、逮捕されてしかるべき者はたくさんいた。Xはすでにナチスの幹部だったが、彼の父親はXにこういった。「Xよ、だれも村から逮捕者をだしてはならない。さもないとなにかがおこるぞ。これだけはおまえにいっておく」と。それでXは、非常に中立的にふるまったんだ。さもなければケルレ村でも、ほんとうにたくさんの人たちが引っぱられていっただろう。[22]

ここでも、社会民主党員の口から「たいしたことはなにもなかった」という意味のことが述べられている。ただしそれは、ナチ幹部Xの父親が、圧力をかけたからであることが明らかにされている。これは、ナチスによる迫害を否定して、「そんなことは許さなかった」と誇らしげに語る、あの馬農家の回想と符合するものである。

Xの父親は、馬農家で、村の有力者であった。彼は、息子にたいして「相続させないぞ」とおどしたという別の証言もある。その脅しが有効であったことは、馬農家にとっては農場の相続が重要な問題で、父親の権威が大きな意味をもっていたことを示すものであろう。

しかし、息子に逮捕をおもいとどまらせる行為は、ナチスにとってみれば妨害行為であり、ナチズムに同調しない、反ナチ的な態度とみられてもしかたのないものだろう。ところが、このおなじ人物が、一九三三年五月十二日の村議会では、村にある広場を「ヒトラー広場」に改称するように音頭をとっているのである。この提案は、保留一名をのぞいて採択された。当時、社会民主党は、まだ村議会に議席をもっていたが、社会民主党の議員もこの提案に賛成している。

「ヒトラー広場」への改称は、ナチ体制への同調と忠誠の表明にほかならない。改称の音頭をとったXの父親の行為は、外からみれば、ナチズムに共感を示すもので、彼は根っからのナチスか、すくなくとも親ナチ分子ということになる。すると、ひとりの人物が、反ナチ的であると同時に親ナチ的であったということになる。この白であると同時に黒であるという問題は、現在のナチズム研究のひとつの到達点でもある。それだけに、すこし立ち入って考えてみたい。

灰色の構造

微視的なアプローチの利点は、対象に肉薄できる点にある。しかし、対象との距離が縮まれば縮まるほど、かえって対象の輪郭がぼやけてくることがある。たとえば、ナチズムに断固と反対していた人物が、よくみると権威主義的で、反ユダヤ主義的な感情をもっているばあいなどがそうである。

こうした白でもあり、黒でもあるという灰色の状態は、ナチズムに賛成するか、反対するか、という二者択一的な歴史の見方にたいしては、批判的な意義をもっている。しかし現在のナチズム研究の多くは、この灰色の確認が分析の終結点になってしまっている。極端なばあいには、「人間とはそもそも複雑なものである」という常識の再確認におわることがある。ナチズム研究が、量的には拡大の一途をたどっているのに、いまひとつ停滞感がつきまとうのも、そこに一因があるかもしれない。

ここでは一歩ふみこんで、灰色の構造を考えてみたい。手がかりとなる点は二つある。ひとつは、Xの父親が「村から逮捕者をだしてはならない」といっている部分である。もうひとつは、「ヒトラー広場」問題で、社会民主党の村会議員も改称に賛成している点である。

まず、Xの父親はなぜ、息子に逮捕をおもいとどまらせたのであろうか。なにかよからぬことがおこるからである。ケルレ村には、警察官がひとり駐在していて、毎日、自転車でパトロールしていた。彼が村の法と秩序を維持するやり方は、口頭での注意という、いってみれば非公式なルートを用いるもので、できるかぎり事をあらだてないようにすることであった。もし逮捕などしたら、村人の非難をあび、村全体を敵にまわすことになった。村から逮捕者をだすということは、村の平和をみだし、分裂を引きおこすことになるからである。

馬農家には、村の名望家として村の一体性を守る義務があった。だから、村から逮捕者をだすような事態は、彼の名誉にかかわることはまちがいない。それだけではない。この馬農家は、当然、逮捕された者の家族から、うらみをかうことになるだろう。それは馬農家にとってはマイナスであり、家の利害にかかわることでもある。つまりXの父親は、村における自分の名誉と家の利害を守るために、おもいとどまらせたと考えられる。

つぎに「ヒトラー広場」への改称には、ナチスに敵対する社会民主党の議員も賛成している。だから改称は、たんなる親ナチ的行為ではない。それ以外の意味があるはずである。この提案がなされたのは五月十七日であったが、その当時はちょうど、それまで日和見《ひよりみ》を決めこんでいた多くの人びとがナチ党に殺到して、大量入党がおきていた時期にあたっていた。地方自治体も、各地であいついでナチスへの忠誠を表明している。たとえばルールの炭鉱都市のボーフム市は、ヒトラーに名誉市民の称号をおくっている。また各地で「ヒトラーの樫《かし》」とか「ヒトラーの菩提樹《ぼだいじゅ》」などの植樹が挙行されている。こうしたなか、ケルレ村でも「ヒトラー広場」に改称するよう提案がなされたのである。

Xの父親は、共産党員の逮捕を妨害してしまった。逮捕の指令は党の上層部からでていた可能性があるので、悪くすれば村はナチ党の制裁をうけるおそれがあったであろう。「ヒトラー広場」への改称提案は、それをさけるための行為とみることができる。ナチ体制への同調を表明することで、ナチスの村への介入を回避することをねらったのである。

したがってこの行為は、親ナチ的なものというよりは、ナチスの介入を阻止するためのものといえる。われわれは、こうした対応をすでにみている。ドイツ革命のときに、社会民主党の得票率が八一％にたっしたことがそれである。革命に賛同を表明することで、外部から村に革命がもちこまれることを阻止するという、あの考え方である。

こうしてみると、Xの父親の態度は、けっして矛盾したものではなくなってくる。反ナチ的であると同時に、親ナチ的にみえ、矛盾しているように思えたのは、Xの父親の行為が、ナチズムへの賛否にもとづくものと考えたからである。彼の行為が、ナチズムへの賛否ではなく、馬農家としての面子《メンツ》、村の一体性の維持、つまり村の論理にもとづいているとみるならば、なんら矛盾したものではなく、一貫したものとして理解できることになる。

自転車没収未遂事件

ナチスは、政権についたあと、敵対的な党派や団体を排除し、諸団体のナチ化にのりだした。村議会からも、まず共産党の議員が排除され、ついで社会民主党の議員が議席を奪われた。村議会の画一化について、元村長の社会民主党員はこう述べている。

われわれは、村会議員をやめさせられて、ナチ党員と交代させられるであろう、との指令をメルズンゲンからうけた。そこでしかたなく荷物をまとめて出ていった。迫害などはなかった。なにもなかった。われわれ左翼のなかの数人は、毎週一回、警察に出頭しなければならなかった。それがすべてであった。警察官はわたしの親戚のひとりで、早まったことはするなと警告してくれた。だけど、さからうことなど、いったいなにができたというんだろうか。[23]

ここでも、なにもなかったことが強調されているが、それはナチスにたいして抵抗などとてもできなかったという思いとも結びついている。画一化は、村の余暇団体にもおよんだ。労働者系つまり社会主義系の団体は禁止され、村のスポーツ団体は一本化された。これは、第一章の四〇ページでふれたように、村人からはすっきりしない状況を解消するものとして歓迎されている。

ナチスはすべての労働者協会を禁止した。それで、労働者協会のメンバーの何人かは、別の協会へ移っていった。その協会は、いまやケルレ・スポーツ協会と名のるようになった。労働者協会の用具は、没収されて、学校やそのほかの協会にゆだねられた。二つの労働者協会には楽隊があった。労働者スポーツ協会の楽器も同様に没収されたが、関係者は、楽器が村の外にはでないように、ナチ組織の手にはわたらないように気をつけた。[24]

自転車スポーツ協会も、共産党系の団体とみなされて、解散を命じられ、自転車が没収されることになった。しかし自転車スポーツ協会のほうは、みすみす自転車をナチスに引きわたすつもりはなかった。そこで、あるトリックを考えついた。村の団体は、それぞれ行きつけの居酒屋を集会所としていたが、自転車スポーツ協会もあるレストランに本拠をおいていた。そのレストランの主人が、一役かったのである。

ある日、ナチスの突撃隊が自転車を没収にくると、この主人は、一枚の借用書を彼らに示した。それは、協会が自転車を購入するにさいして、この主人から金を借りたことを証明するもので、その支払いはまだすんでいないというものであった。主人は、自転車にたいする自分の権利を主張した。このトリックがうまくいって、自転車は没収をまぬかれた。レストランの主人は、この自転車を地下室に隠して、戦後までそれを保管していたという。没収が未遂におわったこのエピソードも、「なにもなかった」という記憶に対応するものである。しかし、ここで注目されるのは、ごまかしに協力したレストランの主人が、れっきとしたナチスだったことである。彼は、まえまえからナチ党のシンパで、一九三三年五月一日にはナチ党に入党した人物である。そうすると、ナチスなのに、ナチの活動を妨害したことになる。表面的には、矛盾しているようにみえるが、これもさきの馬農家の父親のばあいと、おなじように考えることができよう。

ヒントは、労働者協会の禁止にかんする回想のなかにある。「関係者は、楽器が村外にはでないように、ナチ組織の手にはわたらないように気をつけた」というくだりがそうである。村のクラブの財産が、ナチスの手にわたらないようにするのは当然としても、おもしろいのは「村の外にはでないように」している点である。そこには、村のものは村のものので、外にはやらない、村の内と外を区別するという考え方が、表現されている。そうするとレストランの主人が、突撃隊による没収行動を阻止したのは、村の内と外の区別というケルレ村の社会論理に、したがったためにすぎないと考えることができる。いっけん、反ナチ的にみえる行動も、じつはナチスに賛成するか反対するかという考えに立つものではなく、村の論理と村の利害にもとづくものであったといえる。

このレストランの主人は、自転車を戦争がおわるまで一二年あまりも地下室に保管している。ナチスならば、この自転車をあとで村のナチ組織に引きわたしてもよかったのに、そうはしていない。保管しつづけた理由は、明示されていないが、この主人は、自転車スポーツ協会のメンバーが、自転車を購入するために、どんなに汗水たらして、お金をためたかをよく知っていた。勤労の成果を、働きもしない者に、むざむざ横取りされることには、おおいに抵抗感があったろう。もしそうならば、そこに「勤労のエートス」をみてとることができよう。「勤労のエートス」は、ひたいに汗することを評価するだけではなかった。勤勉で、よく働けば、たとえ共産党員でも相手にするところに、その核心があったのである。

ケルレ村におけるナチスの権力掌握を、政治史からみてゆくと、全国のミニチュア版にすぎず、国政レヴェルの動向を確認するものでしかなかった。そこで、人びとの記憶に注目してみた結果を、まとめれば、つぎのようになる。

(1) 人びとの証言にあるように、たしかにケルレ村では、たいしたことはなにもおきていない。ただし、それはなにもなかったのではなく、すでにみたように事をあらだてないように、事件が未然につみとられたり、うまく回避されたためであった。そうした村人の行動は、村の論理とでもいうべきものにもとづいていた。いいかえれば、ケルレ村の人びとは、ナチス政権成立という事態にさいして、村の論理を用いることで衝撃を吸収し、状況をうまくコントロールできた、ということになる。

(2) ケルレ村の事例は、これまでならナチズムへの抵抗と評価される行動も、じつはそうした抵抗の意図にもとづくものではなく、まったく別の思惑からでていることがありうることを示している。親ナチ的行動とされるものが、かならずしもナチズムへの賛同からでているものにかぎられないことも同様である。こうした視点からすれば、従来、白と黒の共存とされたものも、矛盾ではなく、別の論理にもとづくものと解釈することができるようになる。

(3) おなじ親子でも、ナチ政権成立というあらたな状況にたいして、馬農家の息子はナチズムの論理で対応しようとした。父親は、それが村の秩序を破壊するのをおそれて、村の論理で状況を再構築した。こうした行為者による状況の構造化や再構築を、社会的実践とよぶことができるであろう。こうした社会的実践に注目すると、ナチスの支配は、そのまま上から下へと貫徹したわけではないことがみえてくる。末端では、状況に対処する複数の「生き残り戦略」がせめぎあい、選択されるなかで、ナチスの政策は、個人的、あるいは集団的に、回避されたり、ねじまげられたり、あるいはより過激なものにされたりしているのである。

それでは、ヒトラー政権が成立したときの炭鉱町の状況はどうであったろうか。ホーホラルマルクの住民は、どのようなことを記憶しているのだろうか。

4 もう他人を信用できなくなった

ハーケンクロイツの旗が一本

一九三三年に、ナチスは、炭鉱住宅の団地を「粛清」しようと思い、父さんの家を捜索し、父さんを連行しようとしました。その日の朝、わたしは子どもを産んだばかりでした。突撃隊員が戸口の前に立つと、お産婆《さんば》さんが窓から外をのぞいて、「突撃隊がそこにいるよ」といいました。「彼らは、父さんを探しているんだわ。内にはいってきたら、ベッドからとびだしてやるわ」と、わたしはいいました。「なんてばかなことをいうの」と、お産婆さんはいいのこして、彼らに話をするために通りにでてゆきました。それで、彼らはおもいとどまって、帰っていきました。

あとになって、彼らは、父さんにこう語りました。「アウグスト、おれたちは、あんたの家を捜索する気はなかったんだよ。だけど、上からのいいつけで、しかたなかったんだよ」と。うちの父さんは、あまりに顔を知られすぎていました。父さんの思想がどんなものかは、だれでも知っていました。父さんは、闘士で、経営評議会のメンバーで、市会議員でした。一九二七ないし二八年には、共産党の代表に選ばれて、ロシアに行ったことがあります。モスクワ、ハリコフ、そのほかいろいろな町に行きました。帰ってきてから父さんは、町のゲストハウスでみんなの前でそのことを報告しています。

ヒトラー時代にナチ党員だったFさんが、父さんのところにやってきて、もし父さんがナチ党に移れば、背広をただでくれるといいました。父さんは「おれにはできない」といっただけでした。

家にあった政治関係のものは、一九三三年に処分しなければなりませんでした。だけど父さんは、共産党の党員証だけは、すてたがりませんでした。そこでわたしが、それをとりあげて、戸棚のなかのくぼみに隠しておきました。でもあとで、心配でしようがないので、破ってすててしまいました。

ヒトラー時代の最初のころ、父さんは、「旗が残念だな。すくなくとも旗だけは、とっておくか」といいました。そこで、小さな階段をのぼったところにある屋根裏部屋の角材を、一本はずして、その下に共産党の旗を隠しておきました。戦争で爆弾が降ってくるようになると、旗をかたずけようと思いました。だって爆弾が家に落ちれ

図12　ケルレ村のハーケンクロイツ　ケルレ村では、ナチスの権力掌握前後に旗をめぐる争いがおきた。

図13　ホーホラルマルクにおける5月1日のパレード　メーデーはナチ化されて「国民的労働の日」となった。このパレードに参加すると食事とビールがでた。

ば、旗があるのがみんなにわかってしまうから。そうなれば、父さんにお鉢がまわってきたでしょう。わたしたちは、角材をはずして、旗を別のところに隠そうとしました。ところがもうすでに、母さんが旗をびりびりに破ってしまっておいたのです。[25]

これは、ホーホラルマルクの英雄ともいえるアウグスト・ビトナーの娘の回想である。この町は、共産党の牙城であっただけに、さぞかしナチズムへの頑強な抵抗や、抗議行動が展開されたのではないか、と思われるかもしれない。ところが、この回想をみるかぎりでは、どうもそうではなさそうである。ケルレ村とおなじように、「たいしたことはなく、なにもおこらなかった」のだろうか。

ホーホラルマルクでは、ヒトラー政権成立時についての証言は意外に少ない。わずかに、当時十歳の少年であった鉱夫のものがあるだけである。この鉱夫は、一九三三年一月三十日、ヒトラーが権力を掌握したとき、ヴェストファーレン街にハーケンクロイツの旗が、一本でていたことをおぼえていた。ただし、少年には、それがなにを意味するのか、わからなかったという。[26]

旗が一本ぽつんというのは、ホーホラルマルクにおけるナチスの勢力が、いかに小さなものでしかなかったかを、よく象徴している。ただちに盛大な祝賀パレードが挙行されたケルレ村とは、対照的な光景といえる。ホーホラルマルクで、まっさきにナチ体制に協力を表明したのは、在郷軍人会と、それに近い青少年団体「キフホイザー同盟」で、それも二月になってからだった。ナチスが、公然と「赤い牙城」を行進できるようになったのは、二月も末になってからのことだったといわれる。

現在のわれわれからすれば、ナチスの政権獲得は、歴史的な大事件である。だから、当時のひとびとにとっても大事件で、記憶も鮮明にちがいないと、つい思いこんでしまう。また、人びとの記憶も、この事件を境にして、ヒトラー政権の成立前と成立後とに、二分化されていると考えがちである。しかし、ホーホラルマルクの証言からは、かならずしもそうとはいえないことがわかる。

この時期の『ホーホラルマルク読本』にある鉱夫たちの回想は、どこかで失業という問題とつながっている。人びとの記憶は、失業という経験を中心に組み立てられていて、ナチズムは、大量失業の長期化という流れのなかでの、ひとこまでしかない。鉱夫たちの記憶は、政治史の時代区分とは別のリズムによって、形づくられている。ナチスの勢力が弱かったこともあるが、こうした記憶のあり方が、ナチスの政権掌握についての人びとの証言の少なさと、関係しているのかもしれない。

それでは、人びとは、ヒトラー政権の誕生がたんなる政権交代にとどまるものではなく、新しい政治体制のはじまりと、いつ認識するようになったのだろうか。ビトナーの娘のばあいは、ナチスの手入れや迫害が、身近にせまってきたときであった。

労働者街の手入れ

レクリングハウゼン郡部のマールでは、ヒトラーが政権について二、三日しかたたないうちに、早くも労働運動の活動家にたいする家宅捜索がおこなわれた。その手際のよさから、人びとは、ナチスの権力掌握が、事前に十分に準備された計画的なものだという印象をうけたという。

マールでは、二月二十七日の国会議事堂放火事件の直後、ふたたび家宅捜索がおこなわれた。四八人が逮捕され、逮捕者は、レクリングハウゼンの警察本部に引きわたされて、虐待された。ついで三月末から四月はじめにかけて、また一連の手入れがおこなわれ、四七人が逮捕されている。共産党の幹部は、ほぼ全員逮捕されたが、これは共産党員の密告によるものだった。逮捕された共産党員の多くが、ブラッセルト炭鉱の鉱夫であった。これを報じた新聞は、共産党員を犯罪者集団あつかいしている。五月二日には、労働組合会館が占拠されて、組合活動家が逮捕されている。

おなじ炭鉱町といっても、ホーホラルマルクで家宅捜索がおこなわれるようになったのは、マールよりも遅く、三月になってからのことだった。ビトナーの娘の回想では、逮捕にやってきた突撃隊員は、どうやらビトナーとは顔見知りのようである。逮捕が未遂におわったのは、手入れが自分たちの意思ではなく、「上からの命令」であったことや、お産婆さんの説得がきいたためなのであろう。あるいは、町の英雄を逮捕すれば、鉱夫仲間から村八分にされるかもしれないとの恐れが、逮捕を最後の瞬間におもいとどまらせたのかもしれない。しかし、この証言では、そこまではわからない。

一九一七年生まれの鉱夫が、別の未遂事件について、こう述べている。

> 社会民主党員の父と二人の仲間が、ホーホラルマルクから社会民主党の旗を家に運んできて、隠した。母も子どもたちも、だれもそのことに気がつかなかった。そのほかにも、旗の救出を手助けした者がいた。それがフランツ・Dで、彼はナチ自動車運転手軍団にいて、自動車化SAだった。ナチスのやつらがなにか企んでいるので、彼はオートバイで父たちに報せにやってきたんだ。「おおい、家宅捜索がくるぞ」と。それで旗は安全なところにしまわれたんだ。[27]

ここでも、逮捕や手入れが失敗におわった背景には、顔見知りのナチスの存在がある。彼らはナチスでありながら、逮捕活動に協力しなかったのだから、表面的にはケルレ村のあのレストランの主人とおなじように、親ナチ的であると同時に反ナチ的、白でもあり、黒でもある、ということになる。しかし、ここでも、ケルレ村のばあいとおなじように考えることができる。顔見知りのナチ党員は、ナチズムの論理ではなく、つきあいの世界の論理を優先したのであると。ケルレ村では村の論理が、逮捕が未遂におわったこととかかわっていたが、ホーホラルマルクでは、鉱夫どうしのつきあいや、炭住街の結びつきがそれにあたる。

しかし、すべてが未遂におわったわけではなかった。そこがケルレ村との大きなちがいである。一九〇九年生まれの鉱夫は、こう回想している。「一九三三年三月に、突撃隊と警察が、家にやってきて家宅捜索をした。父は、共産党員で、ユング・カルテット、フライエ・ビューネ、労働者ラジオクラブのメンバーだった。ラジオなどは押収され、父は、レクリングハウゼンの警察署に連行された。政治活動はもうしない、と誓わせられて、釈放された。……しかし、よく顔を知られた数人の共産党員は、逮捕され、監獄か強制収容所に送られた」と[28]。

また、一九三三年に炭鉱を「国家の敵」として解雇された、あの経営評議会の議長も、突撃隊と警察による家宅捜索をうけている。彼の家にあった社会民主党と旧組合の文庫は、没収されただけでなく、炭鉱住宅の三角団地にある広場で焚書にされてしまった。ゲッベルスの煽動のもと、ベルリンで、大々的に「非ドイツ的」な書物の焚書がおこなわれたのは、五月十日のことである。ホーホラルマルクの焚書は、それと連動したものであろうが、ケルレ村では、焚書はおきていない。

こうして労働者街の手入れは、ホーホラルマルクでは、三月になってからはじまり、五月から七月にかけて精力的におこなわれた。その結果、すくなくとも七人が逮捕されたといわれている。

ナチスへの鞍替え

ビトナーの娘の回想は、三つのエピソードからなっていた。最初のは、いまみた炭鉱住宅街の手入れと、活動家の逮捕をめぐるものであった。そして第二のエピソードは、背広による買収の試みである。その背景には、ホーホラルマルクのナチスの勢力が弱かったことがある。彼らは、なんとかして労働者を味方につけ、勢力を拡大しなければならなかった。そのため、鉱夫仲間に信望のあるビトナーに接近したのであろう。ビトナーは、ナチスに鞍替えはしなかったが、だれもがそうであったわけではない。一九三三年の春には、共産党の別の大物が、突撃隊に入り、ナチスに転向している。

ある鉱夫は、かつての同志に、「ハイル・ヒトラー」の挨拶《あいさつ》をしなければならなかったときの複雑な気持ちをいまでもおぼえていて、こう語る。

わたしにとって、ヒトラーのもとで最悪だったのは、もう他人を信用できなくなったことだった。政治向きのことは、もしナチ体制にたてつくようなことならば、ごくごく親しい隣人か、身内のなかでしか話題にできなかった。そうでないばあいには、口をつぐんでいた。外にでたら、天気のことを話題にした。それでもう十分だった。……そして、ある日突然に、共産党員で、もと経営評議員だった人物が、褐色の制服に走った。わたしは、彼とはそれ以後も口をきいたが、政治についてはもう話さなかった。用心しなければならなかった。[29]

顔見知りだからといって安心できなかった。密告される恐れがあったからだ。そして鉱夫たちの、つきあいの世界に亀裂が入り、コミュニケーションの範囲が、どんどん縮小してゆくさまがみてとれる。労働者の余暇団体も、うちとけて話しあう場ではなくなっていったようである。

「一九三三年四月に、わが伝書鳩協会は集会をひらいた。……もうナチスの制服を着ている者もいた」。このナチ党員にたいして、「黙れ、このナチ野郎」という野次がとんだ。すると彼は、立ち上がって、「よく聞け、三十分したらもどってくるが、そのときに、もう一度おとなしくいってもらおうじゃないか。そうすれば、総統を侮辱したことになるんだぞ」といった。「彼は、数人の男たちを連れてもどってきた。……みんなおとなしくハイル・ヒトラーの挨拶をした。だって、やつの頭は狂っていたから[30]」。

社会主義系とみられていたクラブや協会は、禁止され、解散させられた。演劇グループの「フライエ・ビューネ」や、労働者ラジオクラブなどがそうである。残ったのは、非政治的な「伝書鳩協会」と「山羊の飼育協会」だけであった。それらも、この伝書鳩協会のように、内部にナチ党員が出現したうえ、当局に集会を監視され、議事録を検査されるようになった。

ビトナーの娘の回想のばあいには、まだ鉱夫どうしのつきあいや、炭住街の結びつきが、ナチスのテロルにたいする防波堤となっていた。またビトナー自身も、それまでの思想を守りつづけようとしている。しかし、ホーホラルマルクにおいても、鉱夫たちの生活世界における結びつきは、無傷ではなくなってきた。それは、外部からの攻撃によるだけでなく、なによりも内部から裏切り者や、密告者がでることによって、亀裂が入りはじめたからである。

ナチズムへの抵抗

ビトナーの娘が語る第三のエピソードは、ナチズムへの抵抗についてであった。

その回想では、党員証と旗が、アイデンティティのシンボルとして登場していた。旗は本来、外に向かってひるがえるべきものなのに、ここではもっぱら隠されるものとして語られている。しかも最後には、これらのシンボルも処分されてしまい、ビトナー家の抵抗が、個人的、内面的なものに後退してゆくさまが明らかにされている。自分の家や、プライベートな世界でも、安心できず、いたるところに監視の目が光っているという雰囲気が伝わってくるようである。

それでも、赤旗が、公然とかかげられたこともあった。一九三三年の九月から十月にかけて、三角団地の古い枯れ木にかかげられたのである。木の幹にはバラ線が巻きつけられ、さらにごていねいに人糞が塗りたくられていた。ナチスは、木のまわりをとりかこんで、旗をどうとりのぞいたものかと思案にくれたといわれる。結局、木を切り倒して、赤旗を撤去したのだが、まる三日もかかったという。

おなじころ、炭鉱の発電所の煙突にも赤旗が結びつけられた。「ナチスの豚どもはだれひとりとして、煙突に登ってとってくる勇気がなかった。旗は風でもっていかれるまで、はためいていた」と、一種の痛快なエピソードとして記憶されている。[31]

こうした赤旗の登場の背後には、共産党組織の再建の動きがあった。ナチスが政権をとると、共産党は、まず炭鉱で影響力を失い、五月には、国民学校の父兄会からも排除された。ようやく一九三三年の八月になって、エムシャー川の対岸にあるヘルネの共産党支部との連絡がつき、地下組織が建設されるようになった。五人ごとに細胞がつくられ、党費や寄附金の徴収、ビラの配布、仲間をかくまうなどの活動がおこなわれた。こうした非合法活動にかかわった者のほとんどは、鉱夫で、若者は少なかった。そうした活動家のひとりで、一九〇九年生まれの鉱夫は、こう回想している。

一九三三年一月末、ヒトラーが政権についたとき、わたしはかなり打ちのめされてしまった。ほとんどの人びとにとっても、心が浮きたつようなことではなかった。あとからみれば、ナチスの時代は、まったくそのとおりになった。……

仕事仲間の大部分は、ナチ党や突撃隊には入らなかった。わたしもまたそうだった。……わたしは一九三〇年に失業した。道路建設の仕事にありついたのは、一九三五年だった。毎日、自転車で一二キロはなれたダッテルンの町までかよった。ようやく一九三七年一月三十日に、ふたたびレクリングハウゼン第Ⅱ鉱で採炭夫の職をえた。……一九三八年には、社宅に移ることができた。

わたしは、一九三三年ないし三四年ごろまでは、まだ共産党のために非合法に活動していた。しかし、それ以後は、もうかかわらなかった。あまりに危険だったから。……わたしは自分にこういい聞かせた。「おまえには家族がある」と。わたしは、死にたくはなかった。けっして英雄なんかになりたくはなかった。最初のころは、一九三三年から三四年ごろは、ひそかにビラをくばっていた。そのビラは、ヘルネの同志から入手した。……もはやおおいなる抵抗はできなかったが、ナチスはわれわれの心までは奪うことはできなかった。[32]

一九三三年夏に再建された組織は、二カ月半しかもたなかった。十月には、大規模な逮捕活動により、ヘルネとレクリングハウゼンで、共産党員があわせて五〇人逮捕された。そのうちホーホラルマルクの者は一三人であった。彼らは、翌三四年四月に一八〜二〇カ月の懲役刑に処された。共産党の抵抗運動は、三七年にはほぼ終息した。この年は、景気の回復がおくれていたルール炭鉱でも、ようやく人びとが長い失業から解放されて、職に復帰できるようになった年であった。レクリングハウゼン第Ⅱ鉱も、三八年には、逮捕された活動家の大部分をふたたび雇用している。

この回想でも、ナチ体制への抵抗が、心のなかの抵抗へと後退してゆくさまが語られている。また彼らの抵抗運動が孤立しており、鉱夫の生活世界と結びついていないのも注目される。もっとも、『ホーホラルマルク読本』が伝えたいことは、内面的な抵抗への後退ではなく、多くの鉱夫たちは、あくまでナチズムに屈服することなく、非同調の精神を失わなかった、ということのほうであろう。一九〇四年生まれの鉱夫による、つぎの証言も、そうしたメッセージとみることができる。

> 鉱夫たちは、外にたいしてはしたがわざるをえなかったが、多くの者たちは、心のうちでは赤いままだった。何人かは、こう自分にいって聞かせた。「〔ナチ〕党には入らない。やつらは好きなようにすればいいんだ。ようするにおれにはおれの仕事があるんだ」と。人びとは、ふたたび仕事にありついて喜んだ。ヒトラーのもとで、十分に食べられるようになったが、口をひらくことは許されなかった。文句をいった者は、引っぱられていった。[33]

たしかに、心のなかでは、ナチスの圧力に屈してはいない。しかし外にたいしては、忠誠ぶりを表明しなければならなくなっている。ナチスのテロルをさけるためには、人びとは、面従腹背をしいられ、内と外に引きさかれてゆく。同時に、他人は他人、自分は自分というように、人びとの結びつきが切断され、バラバラになり、アトム化する傾向が、この証言からも読みとれる。

社会民主党の抵抗運動については、一九一二年生まれの熟練労働者の回想がある。彼の父親は鉱夫で、両親、兄弟とも社会民主党員だった。それによると、まず、一九三三年の夏に、ヘルネに住む彼の義兄が逮捕された。ところが義兄は、警察から脱走し、オランダに逃亡している。「たぶんナチスをこころよく思わない警察官の助けをかりたのだろう。警官は、ヴァイマル時代には圧倒的に社会民主党員だったから」という。彼は、姉の頼みで、アムステルダムに義兄の消息をたずねてゆき、帰りに、亡命グループの抵抗新聞をドイツにもちこむ活動に従事した。

彼が、抵抗運動に参加したのは、「父の影響をうけたもの」で、彼の父親はビスマルク時代の迫害を経験していた。一九三五年から三六年にかけて、彼の身辺に危険がせまってきた。彼の義兄の兄弟で、ヘルネ市の職安の所長をしていた者が、ゲシュタポが彼をつけねらっていると教えている。この回想では、兄弟や親族のネットワークが、重要な役割をはたしている。父親がシュレージエンから移住してきた鉱夫だったことが、そうしたネットワークの強さと関係しているのかもしれない。

彼を尾行する自動車のなかに、ホーホラルマルクの男がいたという。結局、非合法のビラをもっているのがみつかってしまい、彼は逮捕された。ゲシュタポは、彼が自転車のフレームのなかに隠しておいた非合法文書を押収したが、そのことを知っていたのは、ゲルゼンキルヒェンの国旗団のメンバーだった人物だった。あとで、その男もスパイだったことがわかっている。

一九三七年、彼は、ベルリンの民族裁判所で、「反逆罪準備のかど」で三年の懲役刑をいいわたされた。彼の兄のアウグストは、四年の懲役刑だった。彼は、一九三九年の開戦直前に釈放されたが、すぐにザウアーラントに引っ越している。「それからは用心深くすごした」という。[34]

「用心深くすごした」というが、それは慣れ親しんだ生活空間にひそむことではなく、ルールから離れ、遠くの町に移ることを意味している。ナチズムの権力掌握を、政治史的にみてゆくと、ケルレ村とホーホラルマルクの事例は、たんなる中央の不完全なミニチュア版でしかなかった。しかし、人びとの記憶に目を向けると、別の姿が浮かびあがってきた。

親ナチ的なケルレ村の人びとは、「村の論理」というべきものによって、ナチスの権力掌握という事態に対処し、衝撃を吸収し、たくみに距離をたもつことに成功している。

これにたいして反ナチ的なホーホラルマルクでは、鉱夫たちは、自分たちの「上」と「下」の世界の断絶という社会観では、ナチズムがうまくとらえられなくなっている。たしかに、鉱夫の生活世界の結びつきは、当初はナチズムの権力掌握によって発動されたテロリズムに、部分的には対抗しえたものの、もはや無条件で信頼できるものではなくなってしまった。鉱夫町のミリューには、内側から亀裂がはしり、「他人が信用できなくなる」ことで機能を縮小・喪失していったのである。

第三章――民族共同体の夢と現実

ナチスは、政権につくと、わずか半年のあいだに、つぎつぎと重要な政策を実施に移していった。すでにみたように、まず社会主義政党が非合法化され、労働運動が解体されている。また社会主義系の新聞も禁止され、ナチ系以外のメディアは統制され、画一化されていった。

国政面では、いちはやく政治的テロルが支配体制にくみこまれ、さらに全権委任法により、議会政治が排除された。非常事態は、人びとの楽観的な予想をみごとに裏切って、その後も永続化されることになる。

ヒトラーがめざしたのは、ドイツが第一次世界大戦に敗北することで剝奪された、列強の地位を回復することであった。そのためには、国防軍を再建し、戦争ができる国家を建設し、国民、とくに青少年を戦争にむけて鍛えあげることが必要であるという。ヒトラーは、この構想を、一九三三年二月三日、国防軍首脳との夕食会のスピーチで披露し、さらにゆくゆくは、ヴェルサイユ条約体制を打倒し、ドイツ民族の生活空間（生存圏）を東方に拡大し、そこをゲルマン化するという目標もほのめかしている。この戦争国家の建設と東方生存圏のゲルマン化という構想は、ドイツ民族の強化と深くむすびついていた。

この段階ではさすがのヒトラーも、まだ、ヴェルサイユ条約の恥辱《ちじょく》をそそぎ、ドイツ民族の生存圏を拡大する膨張政策は発動していない。しかし、ナチスは、一九三三年四月一日には、全国的なユダヤ商店のボイコットを発動し、七月十四日には、強制断種を可能にする疾病遺伝防止法（遺伝病をもつ子孫を予防するための法律）を制定している。いずれも、人種主義をもとに選別と排除をめざすもので、ドイツ人を支配民族たらしめるための第一歩であった。

ナチスによれば、これらの基本政策は、国内的には、階級闘争を克服し、民族共同体を実現するためとされる。しかし、本当に、ナチスのいうような民族共同体が実現されたのだろうか。ナチスは、ドイツが固く団結し、調和のとれた民族共同体であると、さかんに宣伝し、演出につとめたが、人びとは、ナチスの政策やナチ体制をどのようにうけとめたのだろうか。

1　記憶に残らない不満と批判

高すぎる給与と二重所得への批判

幸いケルレ村のあるカッセル県については、県知事、郡長、ゲシュタポによる情勢報告が残されている。ゲシュタポの報告は、一九三三年七月からはじまる。郡長の定期的な情勢報告のほうは、翌三四年七月からはじまり、いずれの報告も三六年の二月分をもって終了している。世論の動向がおもわしくないため、プロイセン州首相ヘルマン・ゲーリングが、報告の打ち切りを決定したのである。まず、これらの情勢報告から、みてゆくことにしよう。

一九三三年七月のカッセル国家警察支部による最初の情勢報告は、ナチ党の幹部にたいする住民の不満についてであった。国会議員は、歳費のほかに、国家評議会のメンバーとして一〇〇〇マルクの経費を支給されていたが、これがナチズムの精神に反するという批判である。こうした批判は、ナチ党内部の古参闘士からもあがっていた。また、この高給批判は、当局の情勢報告にしばしば登場し、しかも全期間をつうじてみられるのが特徴である。

たとえば、一九三五年一月のカッセル県知事の報告にはこうある。

ナチ党の幹部については、共和国時代の役人よりも、もっとたくさんの給料をとっているとか、……管区指導者が郡長を兼任するのは、二重稼ぎだとか、いろいろ批判されている。また大管区指導者についても、彼らは、国家評議員、国会議員、大管区指導者、参事官という四つの役職を兼務する四重稼ぎで、月収は三〇〇〇マルクになると指摘されている。こうした批判は、党の幹部に問題がなくはないだけに、ゆゆしいものである。というのも、ある管区指導者が、国民連帯の日に、公務員に、模範を示すため給料の一〇%を拠出するように命令し、住民にたいしても同様にはたらきかけた。はたして、人口六万人のカッセル郡は、一万八〇〇〇マルクも募金を拠出した。

これにたいして、〔そうした命令のなかった〕人口一八万人のカッセル市では、一万二〇〇〇マルクしか集まらなかった。この一万八〇〇〇マルクの拠出のために、多くの涙が流され、多大の憤りがうまれたのである。[1]

ナチ党の幹部にたいする不満や批判が、彼らの高給への批判という間接的な形をとってあらわれているのである。この高給批判にはわけがあった。ひとつには、ナチスは、不況に苦しむ民心をつかむため、ナチスが政権につけば、高級官僚たちの高い給与を引き下げて、年額一万二〇〇〇マルク以上の給与はなくすと宣伝していたからである。もうひとつは二重所得批判である。ドイツ語にすれば、二重所得も共稼ぎもおなじであるが、ナチスは失業対策として、一家で二人が働いているところでは、ひとりが仕事を失業者にゆずるべきであるというキャンペーンをくりひろげていた。実質的には、女性をターゲットにしたもので、女性は、失業中の男性に職をあけわたすべきとしていた。

人びとは、この共稼ぎ批判を、役職をいくつも兼務し、二重三重に収入をとっているナチ党幹部への批判に転化したのである。批判がナチ党内部からもあがっていることは、職や地位につけなかった末端の党員たちの不満やねたみが、権力についた「褐色のボス」たちに向けられたからであろう。

この高給批判は、また、ナチ党の公約をたてにとって、その実現をせまったものであった。人びとは、政権獲得から二年半たった一九三五年の夏になっても、この約束をはっきりとおぼえていた。たとえば、ハーナウにあるダンロップのゴム工場が、労働者の解雇と賃金切り下げをおこなったところ、労働者はこれに抗議してさわいだ。労働者たちは、職員と経営陣の給与が月額一〇〇〇マルクをこえていることを指摘し、これは総統の言葉に違反するものだとさわぎたてたのである。

これをみると、高給批判の矛先は、ナチ党関係者だけでなく、経営者にも向けられたことがわかる。おなじようなケースはほかにもある。一九三五年八月のマールブルク郡の郡長の報告によれば、ロラールにある鉄工所の労働者は、時給二プフェニヒの賃上げを要求した。それが拒否されると、彼らは「年収一万二〇〇〇マルクの問題をまたもちだした」のである。

こうしたケースは、人びとが、高給批判、二重所得批判というナチズムの「たてまえ」を逆手にとって、あるいは勝手に利用して、自分たちの状況の改善をはかったものとみることができよう。ナチスの主張は、いわば水戸黄門の印籠《いんろう》のように利用されたのである。ところでさきのマールブルクの郡長は、最高給与の引き下げが実現していないことに、深い憂慮を表明している。当局は、なぜこの問題に神経質になっていたのだろうか。そのひとつの理由は、ナチスが政権を獲得しても、約束された平等な社会がまだつくりだされていないという点にあった。民族共同体はまだ未完成であるという認識である。そのため、ゲシュタポや行政当局者は、おなじ民族同胞のなかでの社会的不平等、不公正に敏感にならざるをえなかったのである。

もうひとつは、そうした不平等や不公正が、地下にもぐった共産党や社会民主党によって、かっこうの宣伝材料として利用されることへの懸念である。つまり、当局が警戒していたのは、極論すれば、個別的な不満そのものよりも、それがナチ体制をおびやかすものに発展することであった。共産党などの反体制グループは、そうした個々の不満を全面化する回路のひとつとして位置づけられ、監視の対象となっていたのである。

期待から幻滅へ

ドイツは、一九三三年十月に、軍縮会議から、ついで国際連盟から脱退した。これにたいする国民投票が十一月におこなわれ、ドイツ全体では、九〇％の国民が政府を支持した。ヒトラー政権が国民の広い層から支持されていることを、内外にみせつける結果となった。しかし、興味深いのは、国民投票でみせた圧倒的な支持とは対照的に、一九三四年にはいると、国民の不満がひんぱんに情勢報告に登場してくることである。ヒトラー政権の成立で、いったんはかきたてられた期待が、いっこうによくならない現実を前に、かげりはじめたといったらよいだろうか。

なかなか解消されない失業への不満や、募金やナチ党幹部への批判、教会問題へのナチスの介入、ヒトラー・ユーゲントへの苦情など、不満は多岐にわたる。なかでも農民たちの不満がいちばん多い。たとえば、経済統制や、世襲農場法、全国食糧生産者団の職員の給与の高さと、その官僚主義などが、批判のまととなっている。このうち世襲農場法とは、一定規模の農民経営に相続税の免除などの特典をあたえて、その保護をめざしたものである。一九三三年九月に制定されたときには、歓迎されたが、土地を担保にして金を借りられないなどの制約が、いろいろ問題になってきている。

また、ナチスの経済統制としては、一九三三年の十二月に導入された「卵の流通にかんする法律」がある。これによって、農民たちは、ナチスが設立した販売流通機構をとおさないと、鶏卵を市などにもっていって売ることができなくなった。そのうえ支払いが、現金でなく、証書になったのも不満のもととなった。また消費者のほうも、この経済統制には、好感をもっていなかった。流通過程が複雑になり、中間マージンの増大によって鶏卵価格が上昇したからである。

この問題に関連して、メルズンゲン郡の郡長は、「女性たちが統制経済に敵意をもっているが、これは理解できることである。統制経済は女性たちの副収入を奪うことになるからである」とコメントしている。[2] ここから、ケルレ村のあたりでは、養鶏などの副業が女性の仕事であり、そこからあがる収入も女性のものになる、という性別役割分業の存在を読みとることができよう。

人びとのナチ体制への幻滅には、カッセルのゲシュタポも気がついていた。一九三四年の六月一日の報告で、「これまでは総統の側近や、とりまき連中のみが、攻撃やあざけりの対象となってきたが、最近では総統がいわゆるジョークに登場するようになった」と述べているからである。しかしその一方で、この報告は、つぎのようにも述べている。

総統にたいする信頼はどこでも微動だにしない。しかしその一方で、下級機関にたいする批判、ならびに各地区特有の状況にたいする批判には、たいへん強いものがある。古参党員のなかからは、とくに党の代表が自動車や散歩用の馬を購入するなど、そのぜいたくぶりが問題にされている。さらに高級官僚や経済界の収入問題が、党が闘争期にずっと訴えてきた方向で解決されていないことが、たえず批判のまとになっている。そうした批判にさいしては、総統個人の生活のあり方が質素でつつましいことが引きあいにだされている。[3]

この報告は、さきの高給批判の一例でもあるが、ここで注目したいのは、批判の内容ではなく、方法のほうである。どのような形で批判しているかといえば、人びとは、ヒトラーを引きあいにだして、ナチ党や幹部を批判している。ナチ党批判とヒトラーへの信頼はセットになっている。セットにされることで、両者のちがいが強調され、党の腐敗はいよいよきわだち、ヒトラーの清潔さはますます引きたつことになる。

ヒトラー神話の形成

こうしたナチ体制の危機を打開する契機となったのが、一九三四年六月三十日の「レーム一揆」事件であった。ヒトラーは、この奇襲攻撃で、批判のまととなっていた突撃隊幹部と、政敵など八九名を一気に粛清した。この非合法大量殺人にもかかわらず、ヒトラーの威信はかえってたかまった。

たとえば、メルズンゲンの郡長によれば、「住民は、総統が断固たる措置をとったので、総統への信頼はいっそう強いものになった。だが、その一方で、ナチ運動のリーダーと組織にたいする全面的な信頼はおおいにゆらいでいる」とされる[4]。カッセル県の知事も、ヒトラーの行動は「ナチ党員だけでなく、ナチスに批判的で、距離をとっていた人びとからも評価され、総統の威信がたかまった」と述べ、人びとはいまや粛清が幹部だけでなく、末端の指導部や、ヒトラー・ユーゲントなど他のナチ組織にもおよぶことを期待していると指摘している[5]。

ナチ組織の腐敗、幹部の目にあまる増長ぶり、これにたいする人びとの不満と批判が、そうした幹部を押さえつけてくれる人物、すなわちヒトラーへの期待と信頼となってあらわれているのである。ナチ党への不満が、ヒトラー人気に水をさすどころか、逆にそれを押しあげている。

ヒンデンブルク大統領が、この年の八月二日に死去すると、ヒトラーは首相と大統領をかね、名実ともに独裁者となった。その可否を問うた国民投票について、カッセルのゲシュタポは、つぎのように総括している。

今回の選挙では、総統個人が問題となったため、国家や党の政策への不満、個々のリーダーへの不満は、選挙には反映されなかった。総統にたいする信頼は、とどまるところを知らないが、数多くの下級機関にたいする批判は、あいかわらず強い。選挙の結果だけをみて、まさに賛成票を投じた者のなかに、たくさんの責任感のある批判者がいることを忘れてはならない。長年スイスのフランス系地区に住んでいて、ドイツの擁護につとめていたドイツ人が帰国したところ、ドイツ国内のいたるところで不満や批判が聞かれるので、びっくりすると同時にあきれていた。国家の統一は事実上、ただひとつの点で維持されているにすぎない。すなわち総統の人柄によって。[6]

ナチ体制が維持されているのは、ヒトラーの人気のおかげである。人びとはおおいに不満をもっているが、個々の不満が、なぜナチ体制全体にたいする批判につながらないかといえば、それはヒトラーの人気、ヒトラーへの国民の期待のおかげである。この史料は、そうしたヒトラー人気の機能と構造に、ゲシュタポ自身も気がついていたことを物語っている。

県知事もそれを認識していた。「農村住民たちは、経済問題にかんしてはさまざまな苦情を申し立てているが、国民投票にさいしては、不満をひっこめて、全員が一致して総統に賛意を表明したことは、喜ぶべきことである」と述べているからである。[7] ナチ体制下の農民については、ナチスの政策にたいする彼らの批判を、「ナチズムにたいする農民の抵抗」と評価したり、「したたかな農民たち」の姿や、農民を掌握できない「ナチスの弱さ」を強調する研究がある。しかし、ゲシュタポや県知事のこうしたコメントをみると、農民の抵抗が、かならずしも体制そのものに向けられたものではないこと、「抵抗」と「体制への合意」とが両立しうるようにも、思えてくるのである。

ヒトラーのカリスマ性や、熱狂的なヒトラー崇拝については、多くの人びとが言及している。しかし、ヒトラーのイメージが、どのような機能をはたしたのかという問題については、イアン・カーショーの『ヒトラー神話』が示唆に富んでいる。彼の研究のポイントのひとつは、ナチズムとヒトラーを切りはなしてみた点にある。ヒトラーはナチズムの理念や理想をつかさどり、ナチ党は現実を分担する。ヒトラーは、党利党略を超越した存在、国民全体のことを考える存在として、演出され、また民衆にそうイメージされたというわけである。そして一九三四年の春から夏にかけて、民衆の不満の高まりを背景に、レーム事件を契機として、ヒトラーと党のイメージの分極化が定着し、「もしヒトラーが知っていたら」という神話が機能しはじめていたということになる。

ホーフガイスマールの郡長も、一九三五年四月の報告でこう述べている。

図14　女性は家庭へ　女性は家庭に入って母親となること。ナチスは失業解消と、人口・人種政策のかなめに女性をすえた。しかし共稼ぎ批判では、失業をとりのぞくことはできなかった。

図15　ヒトラーにかけよる少女たち　ヒトラーは、ナチスと民衆を結びつけるかけ橋のようにみえる。ヒトラー神話は、この写真のように、巧みに演出・宣伝されたものであると同時に、民衆が自己の期待や願望を投射して、つくりあげ、利用してゆくものでもあった。

ナチ政府にたいする住民の信頼は大きい。とくに総統個人にたいする信頼は、とどまるところを知らない。しかし、住民は、中級および末端の役人と、ナチ党の幹部には不満をいだいており、総統が断固たる取り締まりを指示しているのに、それが厳格には実施されていないのではないかという懸念を表明している。これは小官が、しばしば見聞きするところである。こうした声は、まあり大きくは口にされない。なぜならば、ひとつには事実にもとづいた正当な批判でも〔口にすることに〕不安があるからであり、もうひとつは、あきらめがあるからである。そのあきらめとは、総統は、最善を望んでおられるが、すべてを知らされていないのではないか、総統には不都合なことが伝えられていないのではないか、という予断にもとづいているのである。[8]

たしかに、ナチ党への批判がたかまれば、たかまるほど、党の腐敗を糺《ただ》してくれるヒトラーの人気はあがる。ナチスへの批判が、ヒトラー批判につながらず、むしろ逆になってしまうのである。また、清潔なヒトラー、党利や私利私欲をこえたヒトラーというイメージは、たしかにゲッベルスなどによって演出されたものである。しかし、こうしたヒトラーとナチ党との分離は、たんにナチスの運動のスタイルや、プロパガンダによる演出のせいだけではなかった。

「行為者による状況の構造化とその論理」という本書の視点からすれば、なによりも注目されるのは、人びとが、ヒトラーを引きあいにだして、腐敗した幹部を批判している点である。相手の主張を逆手にとって、それで相手を攻撃している。ヒトラーのイメージは、たんに演出されただけではなく、民衆もまた、そうしたイメージを利用し、自分たちの期待や願望を投射して、ふくらませていったのである。こうしてレーム事件以後、ヒトラーへの信頼と期待がたかまることによって、ヒトラー神話は、成長してゆくことになる。

そうしたヒトラー神話のひとつの機能は、人びとの不満や批判を吸収することで、個別的な不満が、ナチ体制そのものへの批判へと発展してゆくのをブロックすることにあった。つまり、ヒトラー神話は、個々の不満や批判が全面化しないための回路の役割をになっていたのである。

「住民の情勢は依然として憂慮すべき状態にある」

当局の情勢報告では、レーム事件以後も、状況は、いっこうに改善のきざしをみせず、むしろ悪化の方向をたどっていた。一九三四年秋には、ジャガイモや、とくにバターと鶏卵など、生活に不可欠な食糧品の価格の上昇が深刻になっている。メルズンゲンの郡長は、「鶏卵統制価格にたいする不満、洗濯石鹼《せっけん》不足への不満はたいへん大きい。もし、本当にこうしたことが必要ならば、できれば総統みずからの言葉で、説明してほしい。経済が苦しい状態にあることを、ごまかしたり、たいしたことがないようにいうのは無意味なことである」と述べている。[9] これは郡長の政府にたいする批判であるが、そこにヒトラーへの要望と期待が顔をだしているのが注目される。

こうした経済問題のほかに、このころ強制断種への批判が、おりからの教会問題とのからみで、ゲシュタポの報告に登場している。ゲシュタポは、カトリック勢力の動向を注視していたが、一九三四年十月、フルダの病院で強制断種の手術をうけた精神病者が死亡したことを、カトリック系の新聞が報道していたことをみのがさなかった。そして、その二カ月あとに、ツィーゲンハイン郡の人口六〇〇人の小さな村でおきた、強制断種をめぐる騒動について報告している。

それによると事のおこりは、その村の住人六人が、当局から断種の必要ありと認定されたことであった。この村は、プロテスタントの村であったが、となりのカトリックの村は、人口はこの村の二倍もあり、身体障害者の数もおなじようなのに、ひとりも断種の必要ありとはされなかった。村人は、断種の適用は宗派によって差があるのではないか、プロテスタントだから不利にあつかわれているのではないかと、とりざたした。また、これは村の教師が、ナチスのお先棒をかついで、断種すべき人物の名前を当局に告げたからだとして、その教師への反感があおりたてられ、断種を実力で阻止しようという発言まで聞かれるほどだったとされる。近隣の村で、強制断種の手術をされた少女が死亡したことも、村人に影をおとしていたようだ[10]。

残念ながら、ケルレ村で、こうした断種があったかどうかはわからない。人びとは、この問題については、沈黙を守っている。ちなみに、ホーホラルマルクでも、断種については言及がないが、安楽死問題については、ひとつのエピソードが記憶されている。内容からみて、それは第二次世界大戦中のことで、一九四一年ごろの話と思われる。それは、ナチスの宗教政策に反対する告白教会の信者のもので、彼女の息子と学校の教師とのやりとりをめぐるものであった。

それによると、熱狂的なナチスだったその教師は、安楽死を擁護し、これに批判的なベーテルを槍玉にあげたという。ベーテルというのは、ルール北部のビーレフェルト近郊にある精神病者のための施設で、院長はプロテスタントの牧師でもあった。彼女の息子がベーテルを擁護したところ、この教師は腹をたてて、教室をでていってしまった。教師は、しばらくしてもどってくると、罰としてクラスにナチスの歌を歌わせたというものである。[11]この話が事実ならば、戦争中に、安楽死の問題がかなり公然と話題にされていたことになる。

さて、一九三五年にはいると、ナチ体制の低迷は、外交面での勝利によって、一時的に吹きとばされることになった。一月十三日、ヴェルサイユ条約によって国際連盟の管理下におかれていたザールで、住民投票がおこなわれ、その結果、この地域の住民の九〇％がドイツへの復帰に賛成したからである。投票前には、「住民各層は多かれ少なかれ不安げに戦争について口にしていた」だけに、事が平穏にすんで、住民の士気は好転した。しかし、経済的な不満はあいかわらずつづいており、低賃金、二重所得、国会議員の歳費などが、槍玉にあげられている。

三月には、義務兵役制度が復活した。悲惨な第一次世界大戦の記憶がまだ生きているにもかかわらず、人びとの興奮と熱狂ぶりはすさまじかった。郡長たちは、口をそろえて、住民の圧倒的多数は、徴兵制の復活を歓迎していると報告している。これは、人びとが徴兵制の復活を、戦争と結びつけたからではなく、ドイツの国防自主権の回復、「恥辱の講和」であるヴェルサイユ体制のくびきからようやく解放され、ドイツの名誉が回復されたと、うけとめたからであろう。

イギリス、フランス、イタリアが、ドイツの再軍備宣言に対抗する声明を発表すると、たちまち「住民は、対外関係の推移に緊張し、憂慮を示した」。ヒトラーが、五月二十一日に国会で平和演説をおこなうと、「住民の士気は改善し、これまで距離をとっていた層にも影響をあたえた。注目すべきは、総統を冗談の種にすることがなくなったことである」とある。ヒトラーの平和演説を歓迎したように、人びとは戦争を望んでいたわけではなかった。しかし、こうした外交的勝利によって、国内の不満が解消されたわけではなかった。ゲシュタポも行政当局も、口をそろえて「住民の情勢は依然として憂慮すべき状態にある」と述べている。

ケルレ村の近くでは、アウトバーンの建設がはじまったが、村の失業者数名が雇用されただけで、失業はいっこうに解消されなかった。一九三五年の八月の情勢報告では、政治にたいする飽きがめだつこと、党の集会や催し物への集まりがよくないことが訴えられている。人びとは、欠席することで、ナチ党やリーダーへの不満を表明しているのだ、と当局は判断している。また、ハイル・ヒトラーの挨拶がますます用いられなくなり、それは労働者層にかぎられず、農村でもますますそうなっている、と報告されている。当局は、「住民の心をとらえるためには、これまでとは異なるプロパガンダの方法を用いなければならない」と反省している[12]。これまでのように、政治やイデオロギーをふりまくものから、もっとソフトな、非政治的なものへの転換が模索されることになる。

一九三五年から三六年にかけての冬、状況は一段と悪化していった。農村では、農業労働者が冬季救済事業のおかげで働かなくなったという不満の声があがっている。これは、農業労働者が都市へ流出し、農村が深刻な労働力不足になるまえぶれであった。

記憶に残らない不満と批判

こうして当局の情勢報告をみてくると、ナチ体制は、ナチスが演出しようとしたドイツのイメージとは、まるで正反対の方向にすすんでいるように思えてくる。ナチスがめざしたのは、階級闘争を克服し、調和と規律のとれた民族共同体であった。ところが、情勢報告には、国民各層の深刻な不満と批判が、数多く記録されているばかりか、ナチ体制が四年目にはいっても、状況の根本的な改善に成功していないと述べられているからである。当局の悲観的な報告だけをみると、第三帝国の現実は、まるで粘土でつくられた巨人のようにもろく、いまにも足元からくずれおちそうにみえる。また農民たちは、自分の都合だけしか考えず、ナチズムにはまったく非協力だったようにみえる。本当にそうだったのだろうか。

そしてまた、ケルレ村とホーホラルマルクの人びとは、どのような不満や批判をもっていたのだろうか。彼らの回想には、ふしぎなことに、不満や批判は、ほとんどでてこない。それが登場するのは、戦争がはじまってからのことである。

たしかにケルレ村の農民たちは、ナチスの農業政策でも、農産物価格の安定や、強制競売の停止、農民身分の地位向上などは、肯定的に評価していたようである。これにたいして世襲農場法や、農場カード制などには、不満をもっていたといわれている。農場カードは、五ヘクタール以上の農場に、耕地面積や、作物、家畜の種類と頭数、生産手段などについて記入するよう義務づけられたもので、戦時の統制経済をみこしての措置でもあった。このように人びとの不満は、戦争と結びついて記憶に登場する傾向にある。

大戦中のことについては、第四章の第3節にまわすとして、ここで注目しておきたいのは、当局の情勢報告と人びとの記憶とがあまりにかけはなれていることである。当局の報告には、住民の不満や批判があふれているのに、ケルレ村、ホーホラルマルクともに、統制経済以外の不満は、ほとんど証言には登場していない。これはどうしたことだろうか。

もし、ケルレ村やホーホラルマルクの住民たちが、インタヴューで、「あなたはナチ体制についてどのような不満と批判をもっていましたか」とストレートに聞かれていれば、きっとこれこれの不満がありましたと、いちいち具体的に数えあげたことであろう。けっして不満がなかったわけではないのだから。それが、自由に語るばあいには、ナチ体制にたいする不満や批判が、ほとんど口にされていない。当局の情勢報告がひろいあげているような不満や苦情は、当局にとっては意味のあるものであったとしても、人びとには長く記憶に残るような重大なものではなかったのだろうか。それとも、もっと別のことのほうが印象に残っていたからなのであろうか。

いずれにしても、個々の不満や批判が、人びとのなかで、ナチ体制そのものにたいする批判と結びつけられ、構造化されていないことが、重要である。つまり、問題は、個々の不満や批判が全面化しないメカニズムである。さきにみたヒトラー神話は、そうしたもののひとつといえるであろう。ほかにも、不満を体制批判へと発展させない構造のようなものがあったのだろうか。こんどは、人びとの不満ではなく、もっと別の記憶を手がかりにして、この問題にアプローチしてみよう。

2　いい時代だった

職を回復した喜び

ケルレ村と、ホーホラルマルクのインタヴュー記録をみていて目につくのは、ナチズムへの不満ではなく、それとは正反対の記憶である。意外にもそれは、ナチスの時代がいい時代であったという記憶である。第三帝国といえば、恐怖が支配する国家で、ゲシュタポが、国民の一挙手一投足に監視の目を光らせ、いつ、どんなことで強制収容所に送られるかわからない社会というイメージがある。それが、いい時代だったと記憶されていることは、どうしてなのだろうか。

ホーホラルマルクの鉱夫たちにとっては、二〇年代末からの時代は、不況と合理化の影響がかさなった長期的失業の時代であり、悪い時代であった。ヒトラー政権の成立も、この「悪い時代」のひとこまにすぎなかった。鉱夫たちが、いい時代になったと感じるようになるのは、なによりも景気の回復にかかっていたようである。

一九一三年生まれの鉱夫で、社会民主党員であった人物は、こう述べている。

一九三六年ごろが転換点だった。一般兵役義務が導入され、軍需がフル回転した。

失業者が街頭から職場にもどり、炭鉱ではまた残業方がおこなわれるようになった。みんな仕事とパンをふたたび手にいれて喜んだ。恐慌時代の耐乏生活はおわりを告げた。人びとは、軍備拡大のために仕事をしているのを十分承知していた。でぶのゲーリング自身が、「バターのかわりに大砲を」といっていた。しかしみんなは、ふたたび仕事をできるようになっただけで、うれしかった。四年、五年、六年にわたる失業を味わってきたから。たとえ悪魔のもとでも、個人的に働きはじめたであろう。しかし、多くの人びとは気がついていた。ナチスが戦争に向かってまっしぐらに進んでいることを。[13]

一九三六年が転換点という証言は、統計数字からも裏づけられる。ホーホラルマルクのレクリングハウゼン第Ⅱ鉱のばあい、長らく不況のシンボルであった休業方は、ようやく一九三六年八月をもってゼロとなった。この三六年は、またゲーリングを長とする四カ年計画が発動された年でもあった。四カ年計画とは、四年のうちに、戦争にたえる経済体制を構築し、国防軍を戦場に投入可能な状態にすることをめざすものであった。ナチスは、政権基盤をかため、国内秩序の再編にめどをつけると、国防能力の強化と戦争準備にのりだしていたが、それがこの四カ年計画でいよいよ本格化したわけである。

この軍需景気により、レクリングハウゼン第Ⅱ鉱では、低迷していた従業員の数も、一九三六年にはいっきょに前年よりも二〇〇人ふえた。三七年には、さらに三六年よりも四〇〇人ふえている。こうして雇用情勢は、失業から人出不足へと急転した。それは共産党や組合の活動家たちが、再雇用の対象にされるようになったことにも、みてとることができる。

つぎにあげる証言は、そうした共産党の活動家のものである。彼は、一九三〇年に失業し、三七年一月に、レクリングハウゼン第Ⅱ鉱に採炭夫として雇用されている。彼が共産党の地下非合法活動から手をひくのは、この三七年のことである。

戦前の時期には、ホーホラルマルクの鉱夫たちの多くは、こう思っていた。「ようやく景気がよくなるぞ。たとえ、まだそれほどではなくとも、ともかくも景気がよくなることを心から願っている」と。失業が後退したことと、それは関係していた。アウトバーンが建設され、失業者が街頭から消えていった。炭鉱でふたたび石炭が掘られるようになった。一般兵役義務が導入され、こうした軍備拡大が、あえていえば、資本主義社会にとって一定の意義をもっていたとしても、多くの人びとはこのことに目をつぶっていた。[14]

鉱夫にとっては、たとえ戦争のためだとしても、職を回復した喜びは大きかったようである。その切実さが伝わってくる。仕事は、たんに経済的な問題だけでなく、自尊心や、鉱夫としてのアイデンティティとかかわっていたからであろう。また、長期的な失業のなかで、そうした点を痛いほど思いしらされていたからであろう。

この二つの証言は、社会民主党員と共産党員のものであるが、内容は驚くほど似ている。そして、ある種の「後ろめたさ」のようなものが、読みとれる点も、共通している。後ろめたいのは、景気の回復が軍備拡張のおかげであり、そのさきには戦争があったからであろう。これは、その後の歴史を知る者の証言であるから、多少割り引いてみる必要があるかもしれない。しかし、この「後ろめたさ」は、かならずしも「いい時代」が手ばなしでよろこべるものではなかったことを物語っている。いい時代の裏側には、ナチズムがぴったりと張りついていたのである。ホーホラルマルクの鉱夫たちは、そのことにうすうす気がついていた。そしてそれを承知のうえで、職についたのである。共犯意識というのはいいすぎだとしても。

この二つの記憶からは、世界恐慌を経験した人びとの価値観、行動様式を読みとることができる。それは、失業と貧困、無力さとみじめさ、家族のバラバラ化、小犯罪の横行という悪い時代からの脱出願望といえるであろう。いいかえれば、正常化志向である。ナチズムの問題を考えるには、この世界恐慌を経験した人びとのメンタルな部分に注目しておく必要があるだろう。

ところで、一九三六年が転換点であったことは、ホーホラルマルクのクラブや協会の動向からもみてとれる。サッカークラブ・プロイセンは、「七年にわたる不況期に会員の気持ちはしぼんでしまったが、三六年には上昇に向かい」、この年、設立二五周年を記念するスポーツ週間を、外部から有名なサッカーチームをまねいて挙行するまでになった。[15]
市民射撃協会も、一九三七年には四年ぶりに射撃祭を挙行している。また伝書鳩協会は、三三年には七組織であったが、それが三七年には九つに増加している。さらに合唱協会は、会員数が減少し、会費もとどこおり、会の存続が危ぶまれていたが、三七年の総会では、最大の危機はのりこえたという安堵感がみられたといわれる。

ヴェルサイユ体制からの解放

それでは、ケルレ村ではどうだったろうか。熱狂的なヒトラー少年だった人物はこう語る。

> なぜ人びとは、ナチズムにこんなに熱狂し、心から信じこんだのだろうか。それにはいくつもの理由があった。まず、ナチスは失業を解消してくれた。これは、街頭に放りだされていた人びとにとっては、とても重要なことであった。それから「歓喜力行団」の旅行があった。人びとは客船に乗ってマデイラ島やノルウェーのフィヨルドに旅行した。これはもうまったくすばらしいことだった。
>
> わたしにとって決定的だったのは、ラインラントの占領と、国防軍の復活だった。第一次世界大戦に出征した兵士たちは、当時、全員が勝利をわかちあった。わたしの父親であろうと、だれであろうと、みな心から感激した。一九三七年には第一次世界

大戦に出征した兵士たちが、全員、もういちど軍事教練をうけた。兵役にたえるかどうか調べるために。そうした人びとが当時ケルレ村に何人いたか、いうことはむずかしいが、一〇〇人から二〇〇人というところだっただろう。いずれにしても、彼らは教練をうけたあと、楽団を先頭に隊列を組んで村中を行進した。まるでキルメス〔村の祭り〕の行列のようだった。それから会場に集まって祝杯をあげた。[16]

この牛農家の息子は、一九三七年に義務教育をおえると、半年ばかり商業学校にかよい、事務職員の見習いとなった。十八歳になると、ナチ党に入党し、ケルレ村の山羊農家の娘と結婚している。四一年のことだった。当時はまだ少年だったからだろうか、失業の解消とか、ナチスの大衆団体が組織する旅行については、あまりリアリティがなく、具体性を欠いている。ホーホラルマルクの鉱夫の記憶とはちがい、ナチスの宣伝を真にうけたところがあるようにも感じられる。

話が具体的になるのは、愛国主義、ナショナリズムのところからである。この少年にとっては、いい時代とは、ドイツが屈辱的なヴェルサイユ体制から解放されて、主権を回復した時代であった。そうした対外的勝利に、同時代人として立ち会うことができたという感激が、記憶の中心にある。そして、愛国少年であったことと、ナチズムに熱狂したこととは、どうやら深い関係があるらしい。

愛国主義と、徴兵制の復活と、ナチズムを結ぶ回路については、ケルレ村ではなく、ホーホラルマルクの鉱夫の息子が、こう語っている。

なぜおれたちの世代は、こんなにナチズムに熱狂したんだろうか。たぶん教育に原因があったのだろう。家では全体主義的に教育され、学校ではドイツの栄光の歴史を教えられた。……ヴァイマル共和国については、ほとんどなにも教えられなかった。非常にたくさんの政党があったこと以外には。それから偉大な指導者がやってきて、ドイツをひとつにしたと教えられた。ドイツが第一次世界大戦後、植民地を奪われたことは不正義であるといわれた。だけど、たとえばドイツ領西南アフリカで、ヘレロ族が〔ドイツの植民地支配に抗議して〕蜂起したことについては、だれも口をつぐんでいた。……ヘレロ蜂起についてはじめて知ったのは、千年王国〔ナチ時代〕のマッチの絵からだった。でもそこには、「圧倒的に優勢な敵と英雄的に戦うドイツ守備隊」とだけしか書かれていなかった。[17]

この鉱夫の息子は、一九二二年生まれであるから、ケルレ村の牛農家の息子よりも、ひとつ年上である。彼らは、義務教育の後半が第三帝国にかかった世代で、ナチズムの本格的な洗礼をうけた最初の世代ということになる。

この鉱夫の息子は、一九三三年十一月の、あの国際連盟からの脱退の可否を問うた国民投票のことをおぼえていた。彼によれば、子どもたちは、学校でドイツの地図が印刷された絵葉書に色をぬらされた。その地図の上には、ドイツの戦闘旗が、フランス、イギリス、ソ連の国旗にとりかこまれるように印刷されていて、「君は、賛成票でこれを阻止せよ」と書かれてあった。投票日の前日には、パレードをおこない、絵葉書を通行人にくばった。投票日の翌日には、両親と「賛成」というプラカードをもって学校にいったというものである。

絵葉書の図案が象徴的である。ナショナリズムは受け身で表現されている。「敵に包囲されるドイツ」とか、「植民地を奪われたドイツ」のように。そしてヘレロ蜂起についても、「圧倒的に優勢な敵にたいして英雄的に戦うドイツ守備隊」というように、ドイツ側があたかも被害者であるかのように書かれている。

ナチズムのばあいは、こうしたナショナリズムが人種論と結びついて、さかんに宣伝されていた。しかし、ケルレ村の人びとの記憶には、ナチスのとなえるこうした支配民族の宣伝はあまり登場しない。だからといって、彼らが人種主義とは無縁だったというわけではない。あとでみるように、ケルレ村は、ドイツでも反ユダヤ主義運動がもっともさかんな地域にあったからである。むしろ、反ユダヤ的な伝統がそれほど強くないホーホラルマルクで、この宣伝についての記憶が残っている。

一九〇九年生まれの鉱夫はつぎのように証言する。

「土地のない民族」というスローガンに、心を動かされた者は、まちがいなくそんなに多くない。むしろ、鉱夫たちはこう思っていた。「土地のない民族、土地のある民族、だけどおいらは働きつづけなきゃならない」と。

とはいえ、なかにはポーランド系の名前をかえて、ドイツ風の名前にする者がいた。だけど炭鉱住宅街では、そうしたことはよく思われず、冗談の種にされた。ある者が突然生粋のドイツ人の名前になったのに、その兄弟がまだ語尾にツィクとかツァクなどをつけていると。[18]

この証言は微妙である。この証言の前半では、ホーホラルマルクの鉱夫たちは、自分たちの生活のことで手いっぱいで、ナチスの人種主義的宣伝などうけつけるひまはなかった、といっているようにも聞こえる。しかし、後半にある、ポーランド系鉱夫の改名のエピソードはどうだろうか。人種宣伝への批判といえるだろうか。炭鉱では、寛容が支配したとはいうものの、「このポーランド野郎」という差別的な非難が口にされたこともたしかである。ナチスの人種論のもつ意味については、第四章の外国人労働者のところで、あらためてふれることにしよう。

みんな家を建てた

さて、いい時代という記憶にもどると、つぎのケルレ村の山羊農家の証言は、失業の解消とナショナリズムのほかにも、いい時代と思わせる要因があったことを示している。

それから本当に上向いていった。ナショナルな問題に賛成する者は、みな喜んで同調した。そして、それから路頭に迷っていた失業者がやってきて、アウトバーンが建設された。〔ナチ体制から〕離れていようとする者や、関係したくないと思う者は、もうひとりもいなくなった。[19]

一九三九年までは、すべてがうまくいっていた。戦争にならないかぎりは、すべて良しというわけだ。だれもが生活でき、仕事にありついていて、満足していた。ごらん、だれそれはもう自転車を買ったとか、だれそれはまだもっていないとか。住宅の建築がおこなわれた。この上手にいる人たち、労働者たちは、当時みな家を建てた。住宅は土地代もふくめて六、七〇〇〇マルクから一万マルクかかった。彼らは、いつもこういっていた。「仕事があって、金がかせげるかぎり、おれたちは満足している」と。戦争になると、みんなの意見は後退していった。〔満足感は〕消えてしまった。すべてがだめになった。ほとんどだれもがこういった。彼〔ヒトラー〕は、戦争なんかはじめないで、そのままでいてくれたらよかったのにと。[20]

この山羊農家は、一九三〇年からケルレ村の建築業者のもとで左官の見習いになり、三三年からは左官職人として働いていた人物である。彼は、三三年にそれまで所属していた労働者スポーツ協会から、ドイツ体操協会に移っているが、ナチ党やナチスの団体とは関係がなかったようである。そのせいか、さきの熱狂的なヒトラー少年の回想とは、ニュアンスのちがいがみられる。

二人とも、いい時代であった理由として、ナショナリズム、すなわちヒトラー外交の成果と、失業の解消をあげている。しかし、左官職人のばあいは、明らかにナショナリズムよりも失業の解消のほうを重視している。それと、いい時代には戦争にならないかぎりという条件がついている。この左官職人の証言で注目されるのは、ナチスの時代が、一九三九年を境に二つに切断されていることである。いい時代と悪い時代とに。それと、そのいい時代にケルレ村では、住宅建築ブームがおきていたという点である。

ナチスは、「借家から持ち家へ」をスローガンにかかげ、とくに労働者たちに彼らの住宅事情を改善すると約束していた。しかし一九三八年十月の『ドイツ通信』によれば、住宅事情は、むしろヴァイマル共和国時代にくらべれば悪化したとされる。一九三三年から三七年まで、ナチ統治下の五年間に建築された住宅の戸数は、一四五万七〇〇〇戸であった。この数は、一九二七年から三一年までの一五五万八〇〇〇戸よりも、一〇万戸も少ない。その理由のひとつとして、ナチスが住宅建設を国家から民間のイニシァティヴに移したことが指摘されている。たとえば住宅建設に投じられた公的資金は一九二九年で一二億三〇〇〇万マルク、全体の四〇%であったのが、三七年にはたった二億マルク、全体の一〇%にすぎなかった点があげられている。[21]

『ドイツ通信』が亡命社会民主党の情勢報告書であることもあるが、ナチスの住宅政策は共和国時代よりも後退したという見方である。こうした視点は、その後の研究にも引きつ

図 16　住宅のパンフレット　所帯をもとうとしている恋人どうしを暗示する小道具に使われている。ナチスが推進した典型的な個人住宅。

図 17　四カ年計画　1936 年の四カ年計画は戦争準備のためであった。鉱夫は、軍需景気に後ろめたさを感じたが、背に腹はかえられなかったという。レクリングハウゼン第Ⅱ鉱は、やがてこの写真にあるヘルマン・ゲーリング・ライヒスヴェルケの傘下に入ることになる。

がれて通説となっている。しかしケルレ村の左官職人の証言が正しいとすれば、村では建築ブームがおきていたことになる。たしかにナチ体制下では、公的資金による住宅建設は大幅に減っている。それが、住宅政策の後退を主張するひとつの根拠になっている。しかし公的資金による建設は減ってはいるが、個人の資金によるものは大幅にふえているのである。この点をみのがしてはならないだろう。

ナチスは、農業労働者を確保するために、一九三四年八月に既婚農業労働者の住宅建設を援助する命令をだしている。ケルレ村の山羊農家たちの建築が、これをうけてのものかどうかはわからない。重要なのは、不況と失業の時代がおわり、村の労働者たちも、結婚して、家族をもち、家をつくる気になったということである。住宅建築ブームが象徴するのは、生活が安定し、経済的な余裕がみこめるようになった時代の到来である。

一九三〇年代にケルレ村でおこなわれた家の新築や改築には、ひとつの共通点があった。それまでは山羊や豚などの小型の家畜は、住居の地下室を家畜小屋にして、そこに収容していた。ところがこの三〇年代の改築では、地下室から家畜小屋がとりのぞかれ、新築の家ではもうはじめから設置されていなかった。一九五〇年代になると、山羊農家や、牛農家では、こんどは家畜小屋がガレージに改造されていった。零細農家が自給用の農業をやめても食べてゆけるようになったためであり、自動車が普及しはじめたためである。家畜小屋の移動と変化は、村人の生活ぶりや生活感覚の変化を物語っているようである。

これにたいしてルールの炭鉱町では、あいかわらず住宅不足は深刻であった。いや、それどころか、以前にもましてひどくなっていた。ツィマーマンの研究によれば、一九三七ないし三八年には、炭鉱住宅の空き部屋ひとつに、応募者が二八〇人も集まったとされる。三角団地とよばれる炭鉱住宅では、四部屋住宅一戸あたり二家族が居住し、ひどいところでは一部屋に六～七人が寝起きするようになった。炭鉱が、景気の回復によって、新規に鉱夫を雇用したことがその原因だったが、それだけではないようである。失業時代に狭い住宅に甘んじていた鉱夫が、もっと広い住居を求めるようになったことも住宅不足に拍車をかけたとされる。[22]

ホーホラルマルクの鉱夫たちのあいだでは、ケルレ村のように住宅建築ブームはおきていない。ケルレ村とホーホラルマルクのちがいは歴然としている。ケルレ村の住宅建築ブームは、ドイツ全体には、とてもあてはまらないようにみえる。しかし、重要なのは、くりかえせば、この時代が家の建築に象徴されるゆとりや、安定が感じられるようになり、将来への見とおしがつくようになった時代であったということである。

たしかにホーホラルマルクの鉱夫たちの生活は、つましいものであった。それでも彼らのなかには、住居を分割払いで手にいれようとする者や、もっと広い住居を求めたり、家具やラジオ、洗濯機などを購入しようとする者がでてきている。つまり、ホーホラルマルクにおいても、住居の質について考える動きがでてきたのである。

鉱夫たちの生活は、住宅不足という問題なしに語ることはできなかった。ひとつの家のなかに、下宿人や他の家族が同居しているという状態は、ルールの鉱夫たちにとってはあたりまえのことであった。それが鉱夫の生活様式であり、また共通の考え方をつくりだす一因となっていたのである。広い住居を求めたり、家具調度に気をつかうようになったことは、ふところ具合がよくなっただけでなく、住居にたいする新しい感性の登場にもよると考えられる。

一九三八年に、ホーホラルマルクのある若い鉱夫は、全国職業コンクールの予選にでるため、よその炭鉱町にゆき、炭鉱係員の家に宿泊した。そのとき経験したカルチャー・ショックをつぎのように語っている。

「係員の住居のなかに入ったときのことは、けっして忘れない。まわりにある家具や調度品はまるで別物であり、考えていた以上にはるかにすばらしいものだった。一度みただけですっかり感動してしまった。食事で、テーブルにつくと、すべてがそろっていた」。この少年は、家でしているようにパンにハムをはさんで食べようとすると、主人の係員から、うちではそんなことをしてはいけないと注意されたそうである。ハムは、一枚一枚パンの上にのせるもので、はさんで食べるようなケチなまねをしてはいけないというのである。[23]

全国職業コンクールは、ナチスの青少年指導部と労働戦線が、一九三四年からはじめたもので、三八年には一六〇〇の職種で二二〇万人が参加する大規模なコンクールになった。

この三八年、ルールの炭鉱では、一万二五五六人の若者が参加した。全員が自発的に参加したわけではないだろうが、この数は、十四~二十一歳のルール鉱夫の約半数にあたる。

全国職業コンクールの目的は、おもてむきは青少年の職業訓練をさかんにし、技能を向上させ、自分の仕事に誇りをもたせることにあった。しかし同時に、技能と競争意識をつうじて、ナチスの手がとどかないところにいる青少年を体制に統合することも重要なねらいであった。多くの人びとにとって、技術は政治とは無関係で、個人的上昇志向も政治とは直接関係しないようにみえる。それがつけめであった。ナチスは、非政治的な回路をつうじて、国民を統合しようとしたのである。

このホーホラルマルクの若い鉱夫は、全国職業コンクールをつうじて別の世界を知った。彼が経験したカルチャー・ショックは、個人の努力と上昇志向によって、「上と下の世界の断絶」の壁をこえられることを教えてくれた。上と下の世界の断絶が、未来に向けて解消されるという視点がここにはある。どうやら、いい時代という記憶には、たんなる経済状態の改善や、失業の解消だけでなく、またナショナリズムだけでもなく、もっと別の要因がからんでいたようである。

3　行ったこともない旅行の記憶

歓喜力行団の旅行

ホーホラルマルクの鉱夫で社会民主党の活動家だった人物は、ナチスが労働組合を解体したあとにつくった労働戦線を批判してつぎのように述べている。

ドイツ労働戦線は、鉱夫の利益代表とはならなかった。鉱夫たちは、労働戦線のいうことを、まともにはうけとめなかった。わたしのみるところ、よかったのは労働戦線の余暇組織だけだった。つまり歓喜力行団がそれだ。わたしは、歓喜力行団といっしょに旅行に行ったことがある。一〇日間アルゴイへ。三食つきで三四マルクだった。費用は給料から天引きされた。当時、採炭夫の賃金は、一回の作業方あたり七・三〇マルクだった。[24]

雑費をのぞけば、ほぼ五日分の給料で、アルプスのふもとにある風光明媚《めいび》な観光地アルゴイに、一〇日間の旅行が楽しめたことになる。ずいぶん割安だ。ナチズムには批判的な活動家も、この余暇組織だけは評価している。そういえば、ケルレ村の熱狂的なヒトラー少年も、人びとがナチズムに熱狂した理由のひとつにこの歓喜力行団の旅行をあげ、こういっていた。「人びとは客船に乗ってマデイラ島やノルウェーのフィヨルドに旅行した。これはもうまったくすばらしいことだった」と。

ケルレ村の山羊農家の息子で、社会民主党のメンバーだった人物は、もうすこし具体的な証言をしている。

ケルレ村では労働戦線は、かつて労働組合や社会民主党のメンバーだった人たちに、計画的に大旅行の機会を提供した。労働戦線は、初期の旅行にはいつも彼らをまぎれこませていた。そしてもどってきた。考えてもみてくれ。この村から一歩も出たことのないような人びとだ。せいぜい遠くてもカッセルぐらいしか行ったことのない人びとが、マデイラ島やフィヨルドに船の旅をしたんだ。しかもごくわずかな費用で。一マルクを旅行金庫に振りこめば、それで名目上は〔切符を〕買ったことになる。労働戦線は、彼らに計画的に心理戦をしかけ、餌《えさ》でおびきよせたんだ。[25]

豪華客船によるクルージングなんて、労働者にとっては手のとどかない夢であった。ナチスは、その海外旅行に組合や党の活動家を連れてゆくことで、ナチスに距離をおく人びとにナチズムの成果をみせつけて、彼らを心理的に武装解除したというものである。

あとでみるように、この証言がどこまで信用できるかは慎重に判断しなければならないが、ナチスが当初、こうした優遇策をとったことは、ルールの事例からも確認できる。ルールの労働戦線は、一九三四年五月、歓喜力行団の第一回目の航海にさいして、意図的に炭鉱労働者を優先した。さらに翌三五年には、操業短縮に不満をつのらせていた鉱夫をなだめるため、八〇〇人を無料で、モーゼル川流域のアイフェル丘陵に、九日間の旅行につれだし、これを大々的に宣伝している。

こうしたナチ党が費用を負担する旅行は、例外的にあったとしても、歓喜力行団の旅行が、労働者対策のひとつの手段として用いられたことは事実である。ナチスは、経営内協議機関として、それまでの経営評議会を廃止して信任者評議会をつくったが、バイエルンのペンツベルクにある炭鉱では、一九三六年と三八年のマデイラ旅行に、信任評議会のメンバーを各二名ずつ送りだしている。また、この炭鉱では、敗戦が目の前にせまった四四年になってもなお、歓喜力行団による鉱夫たちのバイロイト旅行がおこなわれている。

こうしてみると歓喜力行団は、まさにナチスが労働者を体制につなぎとめるために、最後の最後まで固執したシンボルのようにみえる。しかもその旅行は、ナチズムには批判的な社会主義者ですら評価しているのである。いったい歓喜力行団とは、なんであったのだろうか。

歓喜力行団《クラフト・ドウルヒ・フロイデ》(喜びをつうじて力を)は、ドイツ労働戦線の一部局であった。労働戦線というと、なにか社会主義的な労働団体のようにきこえるが、れっきとしたナチスの組織である。もっとも労働組合とまったく無関係というわけではない。ナチスは、一九三三年の五月に労働組合を解体したが、労働戦線は、その受け皿となる組織として設立されたからである。

ロベルト・ライを指導者とする労働戦線は、やがて労働組合でないことを明確にし、「すべての創造する人間」の組織として再編されていった。会員数は、一九三四年の一四〇〇万人が、四二年には二五〇〇万人に達し、ナチ党付属団体のなかでも最大の大衆組織に発展してゆくことになる。この組織の任務は、労働者を階級闘争から引きはなし、民族共同体意識を育成し、業績社会の建設を宣伝することにおかれていた。いったい労働者の社会的地位の向上を、階級闘争なしにどのように実現するのか。三三年十一月二十七日、歓喜力行団の創立パーティでのライの演説によれば、それは文化面での「ブルジョワ特権の打破」をつうじてである。

ライがいうには、労働者がブルジョワにたいしてねたみや劣等感をもつから、それがマルクス主義につけこまれることになるのである。だからそれを阻止するためには、ブルジョワ階層のステータス・シンボルを労働者でも享受できるようにする。すくなくともそれに手がとどくものにすることが肝要である。ブルジョワならではの特権とは、暇とお金、いわゆるレジャーで、たとえば観劇や、コンサート、テニスやスキー、旅行などがあげられる。とりわけ外国旅行、豪華客船による海外旅行や、自家用自動車は、労働者にとってはとても手のとどかない、夢のまた夢であった。

歓喜力行団は、それを労働者にも可能にするというのである。「一年に一回一〇日間、できれば家族旅行を」が、そのスローガンであった。なかでも最大の目玉は、豪華客船による海外旅行であった。「労働者が自分たちの船で船旅ができるようにする」という労働組合の長年の夢が、いまや歓喜力行団の手によって現実のものとなったと、ナチスは大々的に宣伝した。そして一九三七年には、「だれもが自分の車を」のスローガンのもと、国民車の開発にものりだした。それがあの有名なフォルクスワーゲンである。

この歓喜力行団という名称は、一九二五年に設立されたファシスト・イタリアの余暇組織「ドーポ・ラヴォーロ」(労働のあとに)がヒントになっているといわれる。ちなみに一九二〇年代から三〇年代という時代は、国家が「余暇」という問題に関心をもち、積極的にとりくむようになった時代である。フランスでも一九三六年に、人民戦線内閣のもとでヴァカンスがはじまっている。その背景には、第一次世界大戦後、労働者が政治的に無視できない勢力となったことや、有給休暇制度が普及しはじめたこと、大衆文化や大衆消費社会がしだいに姿をあらわしはじめたことなどがある。

では、人びとはこの歓喜力行団をつうじて、どのていど大衆消費社会を享受したのだろうか。かなり否定的にみる研究者が多い。たとえば、ルールの普通の労働者には、長期の休暇旅行を楽しむ余裕はなかった。たとえ割安な料金だったとしても。また、上流階級のスポーツをするために、衣装をととのえたり、費用を負担するだけの金はなかった。現実の労働者の生活は、貧しく、余裕のないもので、とてもテニスをし旅行を楽しむ労働者というような、ナチスが宣伝につとめる労働者像とはまっこうから矛盾するものであった、と主張する者もいる。[26]

一九三九年四月の『ドイツ通信』の報告者も、おなじようなことを述べている。ルールの鉱夫は、歓喜力行団の旅行に参加するようくりかえし要請されるが、いったい仲間のだれが、旅費の二五マルクに経費の三五マルクをあわせた六〇マルクをはらえる余裕があるのだろうかと。ちなみに、三九年の労働者の平均週給は三六・五一マルクで、サラリーマンの月給は一八九マルクであった。

一方、ケルレ村のあるヘッセンでは、一九三四年七月のゲシュタポの情勢報告によれば、歓喜力行団の旅行の恩恵にあずかっているのは、労働者ではなく、生活に余裕のある中間層のほうであった。マールブルク郡の地方警察の巡査部長は、三五年八月に、「歓喜力行団の旅行よりも、労働者に二〇マルクを支給すべきである。そのほうがもっと役に立つ。だいいち普通の労働者は、歓喜力行団の旅行にありつくことができない。行けるのは選ばれた者だけだ」、という地元の声を伝えている。[27] すくなくとも三五年までは、こういう状況であった。

ナチスが大々的に宣伝した客船による海外旅行に、参加できた者の数は、一九三四年から三九年までに、およそ七五万人にのぼる。しかし労働者は、そのうちの一〇万人にすぎなかったといわれている。労働者のための船旅といいながら、じっさいに参加しているのは、経済的に余裕のある階層が中心であった。よくみかけるのは、毛皮の上着や、エレガントに着飾った女性たち、高価なカメラを首からぶらさげていない者はほとんどいない。値のはるライカをよくみかけるが、それが乗客の階層をよく物語っていると、三九年四月の『ドイツ通信』は報告している。だから、たとえ歓喜力行団の客船では、客室の等級が廃止されていたとしても、労働者の社会的地位の向上、民族共同体の実現は、まだほとんどフィクションの域をでていなかったことになる。

歓喜力行団の旅行の中心をしめたのは、そうした海外旅行よりも、安くて、短い旅行のほうであった。たとえば、歓喜力行団が一九三八年にとりあつかった旅行者数は、ほぼ八五〇〇万人であったが、そのうちのおよそ六〇〇〇万人が、一〜二日の短期旅客であった。とくに人気があったのは、ボーデン湖、ハルツ、それにミュンヒェンのオクトーバーフェストなどである。労働者にとっては、豪華客船による海外旅行は、やはりまだ夢でしかなく、じっさいには日帰りの旅行か、週末の一泊旅行がせいぜいのところであった。しかし、客船による海外旅行を楽しんだ一〇万人の労働者の数を、はたして少ないとみるか、それとも多いとみるかは、議論が分かれるところである。

ところが、ケルレ村の人びとの証言からは、もっとおもしろい問題をとりだすことができる。村人の二人にひとりが、そうした客船による海外旅行に参加したように語っているのである。それほど豊かとは思われないケルレ村の住民が、はたしてそんなに大勢、海外旅行に出かけたのであろうか。そうした旅行は余裕のある階層が中心だったという研究とは、くいちがっているようにみえる。

行ってもいない旅行の記憶

もう一度、本節の最初にあげた証言を思い出してみよう。ホーホラルマルクの鉱夫があげているのは、アルゴイへの国内旅行である。それには彼自身が参加している。ところがケルレ村の二つの証言は、歓喜力行団の旅行として、冬でも海水浴ができる常夏の島マデイラ島と、ノルウェーのフィヨルドをあげていた。いずれもナチスが、ナチズム体制の目にみえる成果として、大々的に宣伝した客船による海外旅行である。しかし、証言からは、彼ら自身がじっさいにそれに参加していたかどうかは、はっきりしない。むしろ行っていないようにもうけとれる。

ケルレ村でインタヴューにあたったヴァーグナーによれば、村人の二人にひとりは自分がマデイラ島やフィヨルドに旅行したかのように話したそうである。そこで彼がもっと詳しく聞いてみると、「多くの人びとにとって、当時はじめて長期の休暇旅行にゆけるようになった」とやや後退し、「たぶん、この村からは二、三人がこうした大旅行に参加した」と語ったそうである。[28] あたかも本人が参加したように語るが、じっさいにはそうした旅行には行っていないらしい。

おなじような事例が、一九三九年四月の『ドイツ通信』にものっている。ある通信員の報告によれば、彼と話をした労働者は口ぐちに、「ヒトラーは歓喜力行団の旅行というすばらしい制度をつくった」と賞賛する。しかし驚くことに、だれひとりとしてじっさいには旅行に参加していなかった。新聞には、これこれの労働者が歓喜力行団の旅行に参加した、という記事がくりかえしでているので、労働者たちはそれを読んで、こう思いこんでいた、というものである。[29]

そうすると問題は、行ってもいない旅行を、あたかも行ったかのように語るのはなぜかということになる。

『ドイツ通信』の通信員は、それは新聞記事のせい、つまりナチスの宣伝のせいとみている。ヴァーグナーも、ナチ・プロパガンダの暗示力をその理由と考えている。マデイラ島やフィヨルドとかいうのは、いかにも紋切り型で、ナチスの宣伝文句をそのままくりかえしているようにみえる。ファシズムとは、人びとに沈黙をしいるというよりは、なにかを強制的に口にさせてしまう体制という見方がある。だれに聞いてもおなじような紋切り型の答えが返ってくるというのである。これもそうしたメカニズムによるものなのだろうか。

その可能性は否定できない。ただ、すべてを巧みなプロパガンダのせいにするのはどうだろうか。分析はそこでとまってしまうことになる。ナチズム研究に風穴をあけるには、「巧妙な宣伝に操作される大衆」という図式を考えなおすことからはじめなければならないだろう。ここでは、プロパガンダの側からではなく、ケルレ村やホーホラルマルクの住民の側から、つまり行為者の側から、行ってもいない旅行を、なぜ行ったかのように語るのか考えてみたい。

まず、ナチスの宣伝がいかに巧妙であったとしても、それが成果をあげるには、受け手の側にそれなりの条件がととのっていなければならないであろう。暗示が成立する前提条件のようなものである。これまでみてきたところでは、失業が克服されたこと、ヒトラーの外交が成果をあげ、国民が自信をとりもどしてきたことなどを、そうした前提条件として考えることができる。ヒトラーへの国民の信頼もこれにふくめてよいだろう。

じっさい鉱夫たちは、景気の回復によって生活が安定し、ケルレ村の女性たちも、歓喜力行団のおかげで、一九三八年にはそれほど遠くないハルツへの旅行を集団で楽しむようになった。こうした現実面の改善によって、ナチスのプロパガンダは、たしかに効果をあげることができたと思われる。しかしそれでも、行ってもいない旅行に、行った気になるにはすこし飛躍がある。

おそらく、現実の改善だけでは、このギャップはうめられないであろう。むしろ、現実をみる人びとの「まなざし」を問題にすべきなのかもしれない。つまり、ささやかな現実をもっとポジティヴにみる視線のほうである。そこでM・マイヤー『彼らは自由だと思っていた　元ナチ党員十人の思想と行動』(田中浩・金井和子訳、未來社、一九八三年)をみると、つぎのような表現がよくでてくることに気がつく。この本は、ケルレ村とおなじヘッセンにある大学町に、戦後すぐにやってきたアメリカ人のジャーナリストが、元ナチ党員らにインタヴューして、その結果をまとめたものである。それによると、たとえば家具職人クリンゲルヘッファーは、こう述べている。「当時の生活がいちばんよかった。……一九三三年以降、子どもたちを大勢もてるようになり、未来が開けました。貧富の差がちぢまりました。どこでもそれがわかりました。チャンスが与えられたのです」と［六八頁］。

また、反ナチのある女性は、一九三八年にシュトゥットガルトで、ナチ党の祭典を見物していて、突然わきあがってきた熱い思いをつぎのように述べている。「そのとき私は、これで長い絶望と幻滅の時代はおわった、よき生活への新しい希望と新しい信念が生まれたのだという熱狂から、その場にしゃがみこんでしまうところでした」と［五八頁］。

長い絶望と幻滅の時代が終わり、未来への希望と信念がうまれてきた時代、未来がひらけた時代、そうした時代としてナチスの時代は、マイアーの本では人びとに記憶されている。いい時代とは、未来に希望がもてるようになり、生活の見とおしがついた時代ということになる。このまま一所懸命に働いてゆけば、いまは国内の一泊旅行だが、そのうちきっと海外旅行も夢ではなくなるだろう。悪い時代には、将来の見とおしは不確かで、どうなるかわからなかったが、いまや人びとの将来へのまなざしは安定し、未来が計算できるようになったのである。つぎにあげる、一九三六年二月のヘッセンの行政当局の報告は、

図18　ケルレ村のナチ女性団の旅行　1938年ケルレ村のナチ女性団は、歓喜力行団の旅行でハルツに行った。この写真はそのときのもの。中年の女性たちも、パック旅行を楽しめるようになった。

図19　マデイラ島でくつろぐドイツ人　ケルレ村の人びとは、あたかも歓喜力行団の豪華客船でマデイラに行ったように語るが、じっさいには国内旅行がせいぜいだった。

こうした視線の存在と、はたらき方を、じつにみごとに表現している。

政府が過去三年間にあげた成果は、ごく普通の民族同胞の目にも明らかである。だから、今後もさらによくなるだろうということを疑う者はほとんどいない。平和は国防の自由の回復によって保障され、パンは経済の活性化で保障された。つい先ごろまでは、まだとても望めなかったものが、現実のものとなった。まだ不完全であったり、のりこえるべき壁があったとしても、対策が立てられて、たいがいのものが短期間で達成されるであろう。食肉不足や脂肪不足がこんなに物わかりよくがまんされているのも、そのためである。こうした不足を比較的早期にとりのぞいたことが、国家指導部への信頼をいっそうつよめたのである。[30]

今後もさらによくなるだろうという枠組こそが重要である。たとえば、夏休みの家族旅行で下田にきたが、この調子で働いてゆけば、数年先にはハワイ旅行も夢ではないと。下田の海は、ハワイのワイキキ海岸につながっている。行ってもいない旅行に、行った気になるのは、生活の見とおしがつき、安定した生活がこのままつづくという感覚をぬきにしては語れないであろう。現実はささやかなものにすぎなくとも、その延長上に豊かな未来を夢みるまなざしが、ここでは重要な役割をはたしている。

非政治的な回路による合意の形成

労働者にとっては、海外旅行などは手がとどかず、国内旅行か、週末の一泊旅行がせいぜいだった。しかし、それでも、ナチズムに批判的なホーホラルマルクの鉱夫ですら、「歓喜力行団の旅行だけはよかった」と評価しているのは、なぜなのだろうか。彼はいったい、歓喜力行団のどこを評価しているのだろうか。

費用が割安だった点は、たしかにそうである。あるいは、歓喜力行団が、労働組合の長年の夢を実現してくれたからであろうか。そして、労働者に充実した余暇を提供してくれたからだろうか。残念ながら、ホーホラルマルクの鉱夫の記憶からは、なんともいえない。しかし亡命社会民主党は、そうした問題に気がついていた。一九三五年十一月の『ドイツ通信』は、つぎのように分析している。

ときどき歓喜力行団の活動に感激した労働者がこういう。「以前にはだれもわれわれのことをかまってくれなかった」のに、ナチスはそうではないと。それにたいして『ドイツ通信』は、こうこたえている。昔は労働者は自前で余暇を楽しみ、それが誇りでもあったのだと。そして、こう述べる。「ファシストの大衆支配の特徴は、人びとをバラバラな個に分析するアトム化と、それとは逆の強制的な組織化、大衆化にある」。その目的は、「人びとが自発的に結びつかないようにすること、ほんとうの結びつきがうまれないようにする」ためであると。[31] つまり、ナチズムの恐ろしさは、人びとの社会的結合の根本に食いこみ、それを解体してゆく点にあるとみているわけである。歓喜力行団は、余暇という領域でそれをおこなう組織ということになる。

余暇は以前には、労働者の生活のなかにうめこまれていて、労働者のミリューと切りはなせなかった。ところが、ナチスの時代になると、余暇が労働や生活から切りはなされて、余暇として組織されるようになった。そして人びとは、自立性を喪失して、歓喜力行団のような余暇組織や制度に、依存する傾向をつよめている。お仕着せの余暇活動が、人びとから「ほんとうの結びつき」を奪っているのだ、といっている。さらに『ドイツ通信』をみてゆくと、ホーホラルマルクの鉱夫とおなじように、根っからの社会民主主義者でありながら、歓喜力行団の余暇活動に心を動かされずにはいられなかった報告がある。彼はこう語っている。

歓喜力行団の催し物への人気は、非常に大きなものとなっている。普通の労働者でも、このような徒歩旅行ができるようになった。というのも個人で行くよりは、こちらのほうがたいへん安くつくからである。民族同胞の大部分は、歓喜力行団をナチズムの本当にすばらしい成果として評価している。歓喜力行団のスポーツ・コースは、年配者のあいだでも、ますます人気を集めている。だれでもそれに参加できる。……ウいまや歓喜力行団は、毎週田舎からミュンヒェンへの観劇旅行を組織している。ウィークデーには一二〇キロメートルもはなれた所から、ミュンヒェンへの観劇列車が仕立てられている。こうして農村に住む人びとにも、大都会での観劇が可能になった。評判はたいへんよい。……

わたしは歓喜力行団の水泳コースにかよっているが、このコースには五〇人をこえる女性が参加している。ここには、ナチ党らしい雰囲気がほとんどないことに、気づかざるをえなかった。参加している女性は、まったく普通の人びとである。ここでは「ハイル・ヒトラー」など聞いたこともない。かつて労働者スポーツ団体に属していたわれわれのような者にとっても、いわゆる自分の家にいるように、くつろいでいられる。最初は歓喜力行団のコースに参加するのがためらわれたが、でもほかにしようがなかった。それだけに、このコースの参加者や運営がナチ的なものとはまったく関係ないのを知って、驚くと同時にうれしかった。[32]

この元社会民主党員自身が驚き、喜んだのは、歓喜力行団の余暇活動が、ナチ的なものとはまったく関係ないことだった。ナチスの統括する活動といえば、当然、ナチスのイデオロギーが強制されたり、いろいろわずらわしいことがあると思われたのに、そうではなかったということである。つまり、予想に反して非政治的だったことが、評価のかなめになっている。

この非政治性という点については、歓喜力行団の客船による海外旅行に、幸運にも参加できたベルリンのある女性も、指摘している。

プロパガンダの演説なんか、一回もありませんでした。党員章などをつけている人もほとんどなく、船のうえではおよそ政治とは無関係でした。そのかわりに、わたしたちは競技をしたり、音楽を聴いたり、ダンスをしたり、新しい映画を観たり、それはそれはおおいに楽しみました。[33]

もちろん、歓喜力行団の活動は、ナチスにとってみれば、すでにみたように、ただ余暇を楽しんでもらうだけのものではなかった。それはなによりも、労働者を階級闘争から引きはなし、民族共同体に統合し、リフレッシュさせて労働能率をあげるためのものであった。また、ナチ体制は、人間生活のすべての領域にたいする全面的な統制志向をもっていた。歓喜力行団の使命は、そのなかでも余暇という非政治的領域で、人びとを把握することにあったのである。

この章の第1節「記憶に残らない不満と批判」のところで、一九三五年八月のヘッセン行政当局の情勢報告にふれた。それは、ナチスの集会や催しへの集まりがよくなく、住民のあいだに政治ばなれがおきていることを問題にしたものであった。「住民の心をとらえるには、それまでとは異なる宣伝方法を用いなければならない」ところまできていたのである。

ナチスが得意にする大規模なパレードや政治集会が、そうそういつまでも効き目があるわけではなかった。そのうえ多少とも参加が強制的なものであれば、それに欠席することで、ナチ党やリーダーにたいする不満を表明する機会として利用することもできたのである。

ナチスにとってみれば、政治やナチズムからのがれようとする人びとを、つかまえなければならなかった。それには宣伝などを、政治やイデオロギーを正面にかかげたものから、もっとソフトな、非政治的なものに転換する必要があった。一方、人びとのほうでも、密告の恐れのある政治的なものをさけ、気のおけない私的空間や「政治から自由な空間」、つまり非政治的領域への逃げこみをはかった。非政治的領域こそは、人びとが避難した先であると同時に、ナチスが人びとを組織しようとして手ぐすねをひいてまっている所でもあったのである。

歓喜力行団のユニークなところは、他のナチ組織とはちがって、強制組織ではないという点にあった。そもそも余暇は、公然たる強制が役に立たない領域である。映画を観たくもない人間に、むりやり映画館に行くように命令したり、旅行などしたくない人間に、金をはらって旅行するように命令することなどは、無意味だったからである。人気の理由は、歓喜力行団が強制組織ではなく、その活動への参加が、原則として自由意志にもとづくものだったところにある。

その結果、ナチズムに批判的な者でも、自由意志と非政治性につられ、結果的にナチズムを評価してしまうことになる。「非政治性」と「政治から自由な空間」は、ナチ体制への合意を形成するひとつの回路を形成していたわけである。ケルレ村の「すっきりしない状況」のところでふれたが、スポーツもそうした非政治的な回路とみることもできよう。また少年たちがあこがれた、戦闘機や自動車といったモノや技術も、そうしたものにふくめられるだろう。

自動車といえば、一九三九年四月の『ドイツ通信』にのっているルール地方からの報告が興味深い。それが、車、消費社会、労働者のナチ体制への統合について語っているからである。

昨年の春に発表されたＫｄＦ自動車（フォルクスワーゲン、歓喜力行団（ＫｄＦ）の車）にたいする、ドイツ国民の関心と熱狂ぶりは、外国人にはとても想像もつかないであろう。車を所有するなんて、ほとんどの人びとにはまったく夢のまた夢でしかなかったのに、それが一夜にしてすぐにも実現する希望となったのである。……国内、国外の重苦しい問題は、ＫｄＦ自動車の話題のまえでは、すっかりひっこんでしまった。……ヒトラーが、ドイツの労働者は自分の自動車を所有すべきであると思いたったら、ヒトラーは、いつものような熱狂的な、ものに憑《つ》かれたやり方で、この考えを実行に移すであろう。そしてドイツの労働者は、自動車を手にするであろう。……

元社会主義者がいうには、このＫｄＦ自動車問題で、第三帝国は、国家社会主義への重要な第一歩をふみだしたことになる。ヒトラーがはじめての社会主義へふみだし

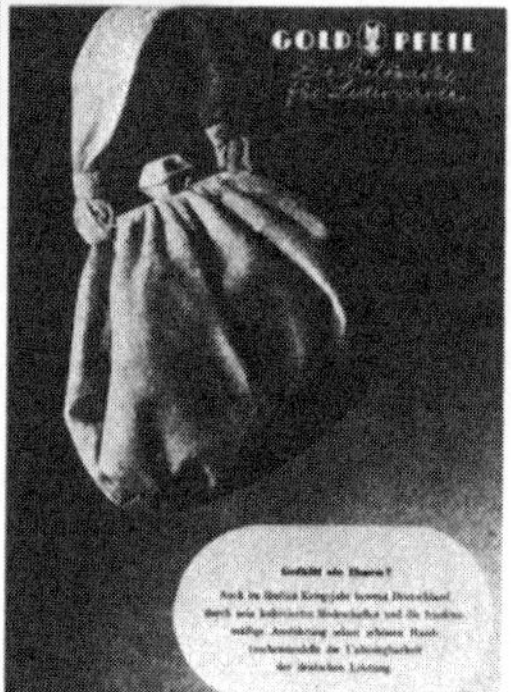

図 20（左上）『自動車の世界』1938 年 5 月号の表紙　左上にさりげなく自動車が写っているが、自動車があれば、都会の喧騒や政治からのがれて、自然につつまれて、ごく気のおけない親密な人たちだけで、プライベートな空間と時間を楽しむことができると暗示している。右上にハーケンクロイツがみえるように、この雑誌はナチスの時代のものである。非政治的な領域、私的な領域は人びとが避難した先であると同時に、ナチスが人びとを組織しようとして手ぐすねひいてまっている所でもあった。

図 21（右下）ハンドバッグのニューモードの宣伝　敗色が濃厚になった 1944 年の宣伝ポスターであることに注意。消費物資へのこだわりがみてとれる。

たのだ。ヒトラーは、計画経済の基盤のうえに立って、おしみなく資金や資材をつぎこんで、大衆消費の問題を満足ゆくように解決しようと試みている。……「だれもが自分の車を」というスローガンが実現したら、ひとりひとりの生活や、国民全体の生活に、はかりしれない影響をおよぼすであろう。職場への通勤の問題だけでなく、住宅問題も解決に近づくであろう。土地が安い郊外や、田舎が住宅地となることで。同様に、仕事のあとや、休暇のすごし方も変化するだろう。大都市に住む人びとが、セメントの砂漠から、自然を求める声をあげているが、これも静かになるだろう。あこがれの多くが実現するであろう。人びとの多くは満足するであろう。社会の溝はそれだけ縮まるだろう。これが、ナチス体制の国内政治に敵対する者の見解である。[34]

残念ながら、この夢は、ナチスの時代には実現しなかった。ひとつには、ＫｄＦ自動車が生産に移ったときには、戦争がはじまっていて、それが軍用車に転用されてしまったからである。もうひとつには、ケルレ村やホーホラルマルクの住民が、じっさいに手にしえたのは、証言にあったように自動車ではなく、自転車だった。彼らが、自家用車や冷蔵庫などの耐久消費財を、購入できるようになるのは、戦後の奇跡の経済復興以降のことである。

しかしだからといって、消費やモノは、まだナチスの時代には、大きな役割をはたさなかったということにはならない。たとえささいなものでも、消費やモノは、正常性のシンボルとして機能したのである。たとえば、敗色が濃厚になった一九四四年になっても、ハンドバッグのニューモードがだされている。さきにふれたペンツベルクの炭鉱における、歓喜力行団のバイロイト旅行といい、このハンドバッグといい、とても敗戦まぎわとは思えない。正常性へのこだわりぶりがうかがえる。

それと同時に、そこにはいかにナチ体制が、消費やモノに配慮したか、あるいはせざるをえなかったかが示されている。一九四四年の消費財生産は、質を別にすれば、戦争がはじまった三九年のまだ九三％を維持していたといわれる。日本のことを考えれば、おどろくべき数字といえよう。それだけナチスは、国民の反乱や体制からの離反をおそれていたのである。第一次世界大戦のように、食糧や生活物資の不足が、ゼネストや革命につながった経験、ナチスにすれば「悪夢」が、彼らの頭にこびりついてはなれなかったからである。

戦時下において、そうした国内の消費のレヴェルを維持するためには、国外からの労働力や物資がなければ不可能であった。ドイツの国民は、他国や占領地域などの徹底的な収奪のうえに、「正常な生活」を維持していたことになる。

4　たいていの家でもめごとがおきた

ヒトラー・ユーゲントの制服へのあこがれ

あのハーケンクロイツの旗が一本ぽつんとかかげられていたと、記憶していた少年によれば、ホーホラルマルクのナチスは、一九三四年に、カール街にある学校を「褐色の家」（ナチ党本部）と定めた。それからホーホラルマルクの若者たちも、しだいにナチスに組織されてゆくようになったという。ナチスは子どもたちを引きつけるすべをよく心得ていて、楽隊や行進、スポーツと制服などで子どもたちの心をつかんだとされる。

この少年は、一四歳になっていなかったので、少年団（ユングフォルク）に加盟した。少年団には制服の規定があったが、きちんとした制服をもっているのは、炭鉱職員と商人の息子だけだった。鉱夫の息子たちは、バラバラな服装だったというから、制服を買う余裕がなかったのだろうか。

ちなみに、ゲルゼンキルヒェンの鉱夫の娘は、当時をこう回想している。「ドイツ女子青年団（BDM）には、制服があった。黒いスカートに、青いブラウス。わたしは、それがとても着たかった。けれども父は、長年にわたって失業していた。母は裁縫ができたが、それでもわたしは制服を手にいれることができなかった」と。[35] 長年の失業に苦しむ、鉱夫家庭の困窮ぶりがよくあらわれているが、ルールの鉱夫の子弟たちが、ナチ青少年団体の制服を着ることができなかったのは、貧困のためだけであったのだろうか。それともほかにも理由があったのだろうか。

さきの少年の回想にもどると、一九三五年ごろには、少年団にたいする関心もうすれていった。「みんな訓練にいやけがさしてしまった」のがその理由とされる。ところが、三六年にはふたたび人気がもりかえした。土曜日が「国家青年の日」と決められ、少年団員は土曜日には学校にゆかなくてもよくなり、かわりに十時から二時間の訓練をうければよかったからだ。そこでこの少年は、また少年団に入りたいと父親を説得した。「土曜日に学校に行きたくなかったし、そうすれば父を助ける時間もできると説得につとめた」という。とうとう父親は同意した。しかし、

> 父は、行進するよりも畑仕事と家畜の面倒をみるようにと、頑固にいいはった。父は、そのほうが本当に意味のあることと思っていたんだ。このほかにも、家ではやっかいなことがあった。少年団の会費二五プフェニヒを払わなければならなかった。わたしは、その金を親からはもらえなかった。ほかの多くの少年たちもそうだった。

二五プフェニヒが問題だったのだろうか。お金にこと欠いていたのは確かである。それとも両親の〔ナチズムにたいする〕受け身の抵抗だったのだろうか。その可能性は十

分にあったと思う。両親は、なんのこだわりもなく子どもたちをナチスに託したわけではなかったから。[36]

この文脈から判断すると、制服を着ることができなかったのは、かならずしも貧しかったからではない。両親の政治的な立場が、関係している可能性も否定できない。いずれにしても、この回想は、ナチ青少年団体への加入をめぐって、親子のあいだに、意見の対立、もめごとがあったことを示している。

ところで、当時、少年だった人びとの証言には、制服のことがよくでてくる。この少年も、少年団の制服についてこまかく記憶している。そして制服には強い関心があったらしく、担任の教師が空軍の予備役将校の制服を着て授業にあらわれたとき、生徒たちはたいへんな感銘をうけたと述べている。ゲルゼンキルヒェンの少女も、ドイツ女子青年団の制服へのあこがれを語っていた。

ケルレ村でも、制服にかんする証言がある。一九二〇年生まれの山羊農家の息子は、ナチスではなかったが、こう語っている。

一九三四年のあとだったが、「君たちは、土曜日にはもう学校へ行かなくてもよい」といわれた。だからわれわれはみな感激した。さらにそのほかにまだ制服というものがあった。制服を着ない者は、村にはもういなくなった。[37]

制服は、なぜ子どもたちをとりこにしたのだろうか。少年団の夏の制服規定によれば、

図22　1935年のケルレ村での卒業写真　女の子は、女子青年団の制服を、男の子はヒトラー・ユーゲントの制服をうれしそうに着ている。おさげ髪と短髪も規定どおり。制服が買えなかった鉱夫の子どもとちがって、ケルレ村では全員が制服を着ている。

図23　ナチスの教会政策のカリカチュア　1934年10月の『ル・デルニエール・ヌーヴェル』誌に掲載されたもの。ヒトラーらしき人物が、教会の尖塔の十字架を一所懸命にハーケンクロイツにかえようとしている。ゲシュタポの報告では、ヒトラー・ユーゲントの指導者講習会から帰ってきた子どもは、親の信仰をばかにするようになったとある。

ズボンの丈は手の幅だけ膝上にくるようにし、それにハイソックスをはき、靴はしっかりしたもので中くらいの高さ、それに長袖のシャツを着用する。髪は突撃隊や親衛隊にならって短髪にし、左に分ける（これまで子どもは、夏には丸坊主）。つまり制服や髪形は、大人に準じたものだった。ケルレ村の証言によれば、これが、大きな魅力のひとつだったとされる。制服とくらべると、いつもの普段着はあまりに子どもっぽく、自分たちの年齢にはふさわしくないようにみえた。制服を着ると、大人になったような気分になり、もう子どもではないという意識にぴったりくるものであったという。

世代間のずれと対立

ナチズムは、青少年をとくに重視した政治体制だったといえる。ヒトラー・ユーゲントは、もう子どもでもなければ、まだ大人でもないといった不安定な存在に、あるまとまった形と意味をあたえるものであった。ナチスの支配は、ナチズムにひかれる子どもと、それを危惧《きぐ》する親との対立、家庭内のもめごととしてまずあらわれてきたのである。

さきのホーホラルマルクのエピソードにも、ナチ青少年組織に入りたい子どもと、それにこころよく賛成できない父親とのずれが表現されていた。赤い炭鉱町では、親子のもめごとは、ナチズムへの態度をめぐる世代間のずれや対立としてあらわれている。

ホーホラルマルクの別の鉱夫は、ヒトラー・ユーゲントに入っている者がうまいことをしているので、自分も入りたいと父親にいったところ、社会民主党員の父親は、こう答えたという。「もし、おまえがヒトラー・ユーゲントに入ったら、もうわしの家にはいれてやらない」と。

そしてこの鉱夫によれば、この言葉が何人もの人びとや、父親を、強制収容所へ送りこむことになったのだという。「父親を密告しようなどという悪意はないのに、『なぜ君はヒトラー・ユーゲントに来ないんだ』と聞かれて、『父さんがだめだっていうんだ』と答えたばかりに」と。こうして、ホーホラルマルクでは、多くの家で親子のあいだのもめごとや、にらみあいがおきたという。社会主義者の両親たちは、子どもたちの密告をおそれて、子どもたちの前では、うかつに政治にかんすることを話題にしないようにしていたともいわれる。

ある父親が、ヒトラー・ユーゲントの隊員で、家では反抗的な息子を叱りつけたところ、レクリングハウゼン郡の炭鉱町マールの例であるが、こういう証言がある。

この少年は、「よく考えてみな。あんたがなにをしているのか。おれを殴るんではなく、制服を殴ることになるんだよ」と口答えした。このため父親は、殴ろうとしていた手を途中でとめて、あえて殴ろうとはしなかった。その後も口論がくりかえされて、父親は強制収容所に送られた。「きっと息子が父親を密告したにちがいない」とまわりの人びとは思ったという。[39]

ケルレ村でも、例のヒトラー・ユーゲントの班長をつとめた牛農家の息子は、自分のケースをこう語っている。

熱狂的なヒトラー少年と両親のあいだでは、しばしばもめごとがもちあがった。たとえばこうだ。わたしは十六歳だったから、おおいに酒をのんだ。ワインを五リットルにシュタインヘーガー〔ジン〕を二〇杯。当然、家では大喧嘩《けんか》をやらかした。あんたにも、想像できるだろう。言い争っているうちに、わたしは父と母にきっぱりとこういってやった。「もうたくさんだ。わたしが自分を作ったのか、それともあんたたちがわたしをつくったのか。ナチズムの遺伝教義によれば、わたしは両親や祖父母からいいところも、悪いところも引きついでいるんだ。よく考えてもみれくれ。いったいわたしは、だれから悪い性格をうけついでいるのか。わたしのことで大騒ぎするのはやめれくれ。さもないと、〔ナチ〕党に訴えでて、白黒つけてもらうぞ」。わたしは、父が気が狂ったんじゃないかと思った。だって、父は腕を後ろに引いて〔勢いをつけて〕、わたしに一発くらわせようとしたからだ。しかし、わたしがかがんだので、父の手は空をきった。そうしたら父は本当に手がつけられなくなった。だからわたしはずらかって、Xの家で寝た。自分の家では安心できなかったから。[40]

もちろん、子どもの親にたいする反抗は、なにもナチ時代にはじまったのではなく、それ以前からもあったし、いまでもある。これはあたりまえのことである。ただ、親という権威に対抗するために、なにを子どもがよりどころとして、もちだしてくるのか。どういう権威を、後ろ楯にすれば、両親にたいして強い態度にでられるかは、時代によってちがってくるだろう。このばあいには、ナチスのイデオロギーであった。ナチ党やヒトラー・ユーゲントのは、一種の対抗権威として利用されたのである。

この牛農家の息子は、自分でも熱狂的なヒトラー少年であったことを認めているが、ナチズムの信奉者でなくともナチスの権威を利用して、状況を自分に有利にしようとするたくらみはありえたであろう。ヒトラー・ユーゲントの活動だといえば、時間どおりに仕事をおえて職場からでてきても、職長は文句をいえなかったのである。

この時代は、人びとの証言では、いい時代だったと記憶されていた。ナチズムへの不満や批判は、あまり回想のなかにはでてきていなかった。しかし、当時、少年だったホーホラルマルクとケルレ村の人びとの回想には、もめごとについての記憶が登場している。いまみてきたように、ヒトラー・ユーゲントをめぐる親子の対立、世代の対立がそのひとつであった。こうした対立やもめごとについての記憶に注目すると、いい時代はどのようにみえてくるのであろうか。

堅信礼をめぐる紛争

一九三六年にケルレ村の牧師が、村の子どもたちに堅信礼の準備のための教育をしているときのことだった。牧師が、ゲルマン人を異教徒というと、ヒトラー・ユーゲントのメンバーのひとりが立ち上がってこう反論した。

「牧師さま、われわれゲルマン人は、異教徒なんかではありませんでした。ゲルマン人も神がみを信仰していました。それを異教徒とはいいません。いったい旧約聖書とユダヤ人が、われわれになんの関係があるんでしょうか」。つまり、われわれはそこまでいってしまったんだ。するとZ〔牧師〕は、腕を振りあげて、わたしに平手打ちをくらわせた。当時はまだそういうことが許されていた。……その結果、一二人の少年のうち九人が、つぎの日曜日に教会で立ち上がり、腕をドイツ式挨拶《あいさつ》にのっとって高くかかげて、声をあわせてこうさけんだ。「われわれゲルマン人は異教徒ではない。われわれゲルマン人は異教徒ではない」。たぶん一〇回くらいさけんだと思う。それから「ヒトラー万歳」とさけんで、教会から出ていった。それ以後、われわれは、受堅資格者のための教理授業にはもう出席しなかった。牧師は〔説得のために〕家々をまわったが、わたしの父親は〔牧師に〕こういった。「息子はもう十分に歳がいっていますから、自分のしたことぐらいは承知していなければなりません。わたしには、それはなんの関係もありません」と。祖母はもうわたしにおこづかいをくれなくなった。わたしがもう教会にかよわなくなったから。そこで家族のなかでいさかいがおこった。……そうして〔教会との紛争は〕十一月から翌年の三月までつづいた。われわれはこの間、受堅資格者のための教理授業には一回も出席しなかった[41]。

こう語るのは、あの熱狂的なヒトラー少年の牛農家の息子である。このエピソードもまた、ヒトラー・ユーゲントの権威を楯にすることで、牧師という伝統的な権威に立ち向かい、攻撃的な態度をとることができたことの一例といえる。さらに、子どもがナチズムにひきつけれらることで、「家族のなかでいさかいがおこった」こともみのがせない。

ところで堅信礼は、キリスト者として成人し、キリスト教への入信を完成させる儀式である。そのためか、ナチスのなかには、このキリスト教の儀式をおもしろくなく思う動きがあった。堅信礼の日にヒトラー・ユーゲントの入団式をぶつけたり、人生祭という別のナチ的な儀式をつくろうとする試みがなされている。たまたま、この堅信礼をめぐるある事件が、亡命社会民主党の『ドイツ通信』に、関係者の申し立てや、新聞報道などとともに詳しく報告されている[42]。

それによると、事件は、一九三五年九月十六日、北西ドイツにあるシュターデ市でおきた。ベーレンスという牧師が、親衛隊員と突撃隊員によって「わたしはユダヤ人の奴隷です」というプラカードを首にかけられ、楽隊に先導されて、町中を引きまわされたのである。ことの発端は、その三日前、堅信礼の準備教育のさなかに、子どもたちが反ユダヤ的な新聞『シュテュルマー』紙をさしだしたり、反ユダヤ的な発言をして、授業を妨害したことにある。牧師は、授業を中止して、子どもたちを煽動したとみられる教師でナチ党管区指導者のホルステと話をつけようとしたが、逆に襲撃されて、みせしめにされたというわけである。

この事件には、明らかに反ユダヤ主義の問題がからんでいる。子どもたちがいうには、「ユダヤ人はみんな詐欺師で、臆病者だ。聖書は半分だけ真実だとホルステがいっている、だから聖書は勉強しなくてもよいのだ」と主張したり、ある少女は、「ユダヤ人はキリストを憎む、だからわたしたちはユダヤ人を憎む」といっている。牧師が、どこからそんなことを思いついたのか聞くと、ホルステがいったとか、『シュテュルマー』紙にでていたとかいう答えが返ってきている。ナチ党の幹部である学校の教師に反ユダヤ感情を吹きこまれ、それを牧師にぶっつけてみたのだろう。なかには、それを、聖書を勉強しない口実に利用しようとする子もいるようだ。

ケルレ村の騒動では、裏であやつる者がいたのかどうかはわからないが、反ユダヤ的表現がみてとれる点ではシュターデの事件と共通している。

注目されるのは、この反ユダヤ主義が、ユダヤ人ではなく、牧師に向けられている点である。ケルレ村でもそうである。これらの事件は、たんなる反ユダヤ行動ではなく、ナチ党による教会攻撃という文脈のなかでおきたものといえる。そこで、ケルレ村のエピソードを教会闘争のなかでとらえなおしてみよう。

ヘッセンにおける教会闘争

カトリックとは異なり、プロテスタントの勢力の強い地域は、ケルレ村のようにナチ党への投票率の高い地域であった。すでに一九三二年には、福音教会の内部には、ナチズムに共感をよせる信仰運動として「ドイツ的キリスト者」がうまれている。福音教会は、領邦教会制の伝統にもとづいて、全国的な指導部をもっていなかったが、全国教会をつくる動きがナチ党の支持のもとに強まった。三三年五月には、全国の福音教会の頂点に立つ全国監督の選挙にこぎつけたが、ナチスではなく保守派の候補が選出されてしまった。

その後、ドイツ的キリスト者はまきかえして、公職からユダヤ人を排除するアーリア人条項を福音教会に適用することや、牧師もヒトラー個人にたいして宣誓をおこなうべきことを主張した。これを批判する人びとは、一九三四年春に告白教会を結成して対抗するようになる。ケルレ村のあるヘッセンでは、同年七月に領邦教会の指導部が罷免され、ドイツ的キリスト者にとってかわられた。これがヘッセンにおける教会闘争のはじまりである。翌八月一日、メルズンゲン郡の郡長はこう報告している。

教会政策は、当地の住民にとってはたいへん重要な意味をもっている。〔当地では〕教会政策の対象となるのは、ほぼ福音教会である。とくに農村の住民たちは、ヘッセンの領邦教会にしたがっているが、プロテスタント内部の争いにたいへん困惑している。告白教会のとなえる方向で、事態を収拾することが、つよく望まれている。当地では、カトリック教徒は数が少なく、国政上なんの役割もはたしていない。ドイツ的キリスト者運動は、当地ではこれまでのところ、ほとんどめだってはいない[43]。郡長としては、ドイツ的キリスト者よりも、住民の多数が支持するほうに肩入れしているようにみえる。九月の報告で、郡長は、福音教会にたいする政策では、住民の文化的な一体性をそこなわないようにすることが望ましいと政府に注文をつけているからである。十二月末の報告では、ナチスに対抗する告白教会側の戦いを、国家に敵対する陰謀とみなそうとする試みは、まったく支持されていないと述べている。

ゲシュタポの報告も、この問題を大きくあつかっている。最初のうちゲシュタポは、教会闘争は、牧師たちの争いで、一般信徒が関心を示さなくなって、すぐにおわるものと高をくくっていた。しかし、すぐにこうした見方をすて、この闘争が失敗におわるのではないかと憂慮するようになる。「当地の住民は信仰心があつい」とくりかえし述べ、「ナチスがキリスト教信仰に反対しているかのような印象をあたえてはならない」とか、「殉教者をつくるな」と警告を発している。そして信徒たちの反発をまねくような突撃隊、ヒトラー・ユーゲントなどの行動を批判している。ほかの問題では、政府批判はあまりみられないだけに、目につく[44]。

ヘッセンでは、一九三四年の十一月にもとの教会指導部が復職し、十二月にはドイツ的キリスト者の教会監督が辞任して、いちおう紛争は収拾の方向に向かっている。郡長やナチ政府が、この問題で無理押しをせず、柔軟な態度に転じている点が注目される。しかし、これで問題が片づいたわけではなかった。翌三五年二月、メルズンゲンの郡長は、教会にたいする国とナチ党の態度、とくにヒトラー・ユーゲントの態度が、ますます懸念されるようになっていると報告しているからである。また三六年二月の報告でも、「ヒトラー・ユーゲントの指導者講習会などで、党代表が教会に敵対的な発言をすることに、広範な人びと、とくに農民層が憂慮している」と述べている。[45]

ケルレ村における堅信礼をめぐる紛争は、たんなる教会闘争のひとこまにすぎないが、こうしたヘッセンにおける文脈においてみると、ある動きを鮮明にしてくれるように思える。それは、政府が柔軟姿勢に転じたあと、それをうめあわせるかのようにヒトラー・ユーゲントや『シュテュルマー』紙などが、あくまでナチ・イデオロギーの擁護につとめ、攻勢にでているという姿である。

それを裏づけるように、ヒトラー・ユーゲントへの民衆の苦情と批判は、カッセル県の行政当局の月例報告には、毎回のように登場する。とくに一九三五年の秋以降、それが目につくようになっている。たとえば三五年十二月に、マールブルクの郡長は、「指導者講習会へ送られたヒトラー・ユーゲントが、家に帰ってくると、聖餐式《せいさん》にでることを拒否するようになった。少年がいうには、指導者講習会で聖餐式などはばかげたことだと習った」と報告している。[46]翌三六年二月にも、「子どもたちは指導者講習会に参加して帰ってくると、みな信仰心がそこなわれてしまっていた。彼らは宗教上の概念をばかにして、両親が聖餐式にでかけようとすると、『まだそんなばかげたことを信じているのか』と両親がおくれていると決めつけた」と述べている。[47]

村の論理による解決

ケルレ村では、子どもたちが堅信礼の授業をボイコットしたあとは、どうなっだのだろうか。シュターデ市のような牧師のつるしあげには発展しなかったようだ。むしろ逆で、牧師は断固として、この少年たちに堅信礼を授けることを拒否している。そのため村は大騒ぎになった。

紛争は、牧師と一部の子どもたちの問題ではなくなり、村の秩序、信仰秩序の問題に発展したのである。各家庭や、ナチ党幹部、教会幹部のあいだで長いこと対立がつづいたという。結局、党と教会の幹部は、いつものように堅信礼をとりおこなうように牧師を説得することに成功した。というのも、「こうした少年たちに堅信礼を授けないままに世の中にだすことは、家族にとっても村にとっても不名誉なことだから」と、牛農家の息子はその理由を述べている。[48]

こうして、堅信礼がとりおこなわれて、紛争はおさまったわけであるが、このエピソードは、伝統的な権威にたいする、若者の反抗やいたずらとして読むことも、もちろんできる。若者の反抗やいたずらは、ヴァイマル共和国時代にもあった。たとえば、牧師館の扉をはずして隠してしまうとか、教師の家のまえの階段に「バレリアナ」（かのこ草の根茎から とった鎮静剤）の液をたらして、猫をおびきよせ、ひどい鳴き声をあげさせようとした事件もあった。ただ、この堅信礼のような面と向かった公然たる反抗はなかった。

ところが、告白教会派の牧師のばあいとは対照的に、ナチズムの信奉者である教師には、こうしたいやがらせはおきていない。若者の儀礼化された暴力（シャリヴァリ）は、規範から逸脱した者にたいして発動される。だとすれば、このばあいの規範は、ナチ的な秩序ということになり、それまでの村の秩序とはおなじものではない。

ナチズムの宗教政策や、青少年政策、反ユダヤ政策は、人びとの記憶のなかでは、まず家庭内のもめごととして、家族内部の世代対立として表面化していることに注目したい。家族という場が、あんがいナチズムを分析するひとつの手がかりとなるかもしれない。それに世代対立という問題がある。ナチズムは、階級や、地域、宗教などではくくりきれない世代という問題を、われわれに提起しているといえよう。

そのほかにも、ケルレ村のこのエピソードは、ある重要なことを物語っている。ナチズムの政権掌握によって、村の内部に対立と分裂が生じた。村はそうした状況に、どのように対処したのだろうか。このエピソードの意義は、それを示している点にこそある。「こうした少年たちに堅信礼を授けないままに世の中にだすことは、家族にとっても村にとっても不名誉なことだから」とあるように、最終的には、家と村の「名誉」に訴えることで解決されている。これは、ナチスの時代になっても、それまでの紛争解決システムが、まだ機能していることを意味する。村人は、子どもたちに代表されるナチズムの論理を、村の論理によってうまく無害化することに成功したといえるのではないか。

一方、ホーホラルマルクでは、プロテスタントの牧師は、ナチズムへの共感をかくそうとはしなかった。牧師は、一九三三年八月にようやくホーホラルマルクでナチ経営細胞が結成されると、さっそく発会式で演説し、十月の収穫感謝祭でも演説している。告白教会の牧師は、レクリングハウゼン・ジュートの教会にいて、信徒はそこにかよった。三五年の秋には、ホーホラルマルクでも告白教会の教区ができたといわれる。

ホーホラルマルクでは、ケルレ村とちがい、カトリックが多数派であった。一九〇九年生まれの市の職員によれば、カトリックの青少年団体は、三五年に「ホーホラルマルクではまだみたこともないようなイースターの火祭り」を挙行して、その存在をナチスにみせつけている。

しかし一九三六年には、ヒトラー・ユーゲントが国家青年とされ、カトリックの青少年団体にたいする締めつけが強化された。リーダーであった彼は、ゲシュタポに呼びだされ、青少年団体から手をひくか、市の見習い職員を首になるか、選択をせまられた。司祭と相談のうえ、団体をやめるが、活動には参加する。この青少年団体も、三八年には禁止されたので、「偽装としての九柱戯クラブをつくり、プロテスタントの者もメンバーにくわえて、これがカトリックの偽装団体とさとられないようした」と回想している。[49]

ヘッセンのゲシュタポ史料では、カトリックが共産党についで主要な敵とみなされていた。なかでもカトリック青少年団体の若者にたいする影響力が、警戒のまととなっていた。ホーホラルマルクの市職員の回想は、そうした当局の動きとかさなるものである。

トラクターの導入をめぐる親子の対立

ケルレ村では、一九三四年に、トラクターがはじめて導入された。これを購入したのは馬農家であったが、その経営規模は一〇・四ヘクタールで、馬農家にしては小さいほうであった。この馬農家は、ナチ党の地区支部リーダーの役職についていた。だからこの農家は、じっさいにトラクターが必要だったからというよりも、生産戦争キャンペーンに協力し、手本を示すために購入したのではないかとみられている。

もし、そうならば、トラクターはナチスへの忠誠心のシンボルであったわけである。馬農家たちは、さきをあらそってトラクターの導入に走り、ケルレ村では一九三〇年代に、いっきょに馬農家の機械化が進展したといわれる。しかし、これもナチスに忠誠を示すためであったのだろうか。ヴァーグナーはこの点には直接にはふれていない。しかし、彼が村人からえた情報では、トラクターの導入をめぐって、何軒かの馬農家では家庭内のもめごとがおきたとされる。

トラクターの導入に積極的だったのは、息子のほうであったという。息子にとっては、トラクターは経営の近代化と機械化のシンボルであり、ステータス・シンボルであった。だから、なんとしても遅れをとりたくない。これにたいして父親のほうでは、これまでの馬を用いた耕作を放棄したくない。ところが、息子が新しい技術をマスターすることで、父親の権威がそこなわれることをおそれたのだとされる。[50]

ケルレ村では家長の権力がたいへん強かった。しかし、いったん家督を息子にゆずると、父親の威信はたちまち低下した。それまで二階に住んでいた息子夫婦は、家の中心である一階に移り、両親はそこをあけわたして二階に引きこもらなければならなかった。だから父親は、できるかぎり家督を手放そうとはしなかった。彼らが機械化に消極的だったのは、息子が新しい技術や農法をうけいれて、父親たる自分の影響力が小さくなることを心配したためであることは、十分考えられる。とすれば、このエピソードも、世代間の対立をめぐるものとみることができる。

しかし、トラクターがこうした父親たちのためらいにもかかわらず、あいついで導入されたのは、トラクターがステータス・シンボルの役割もはたしていたからである。まわりの馬農家が購入しているのに、自分のところだけになれば、面子《メンツ》と名誉にかかわってくる。じっさい、すでにみたようにナチスの時代に、村では住宅の建築ブームがおきているが、それには体面と対抗意識が密接にからんでいたのである。農地がそれほど広くない農民がトラクターを買うことは、経済的にはあまり意味のないことであるが、トラクターを所有することで、まわりからは一目おかれ、娘の結婚に有利になることもある。

機械の奨励は、ナチスによる食糧増産運動の一環であった。ドイツは食糧の輸入国で、輸入総額にしめる食糧品の割合は、一九三二年で四五・七%にたっしている。ナチスは、貴重な外貨を軍需用原材料の輸入にあてるため、三四年十一月に、農業生産の飛躍的な増強運動「生産戦争」をはじめた。そのために生産増強運動のための「十戒」なるものを発表して、機械化、選抜育種や化学肥料の使用などの生産手段の改善をはかることを宣伝したのである。

ケルレ村の農家にとっては、生産増強につとめることは珍しいことではなかった。これまでにも、第一次世界大戦と戦後の食糧不足の時期や、二〇年代末の経済危機の時代に、なんとか生きのびるために努力してきたことであったから。新しいことといえば、ナチスの時代の特徴といえるのは、トラクターの導入に象徴される機械化の進展である。統計によれば、一九二五年に、ヘッセン・ナッサウ全体でトラクターを保有している農家の数はわずか五四戸で、保有台数は五九両にすぎなかった。それがケルレ村のような片田舎にもトラクターが登場するようになったのである。

これと関連するのが、ナチズムを近代化と結びつけて、ナチスを近代化を推進する勢力とする見方である。そうした近代化論からすれば、さしずめ農村は前近代的な関係を色濃く残しているおくれた存在ということになろう。しかし、最近ではまた、農村共同体のナチズムにたいする抵抗力に注目して、ナチスは農村をかえることができなかったという説もとなえられている。[51] ケルレ村のトラクター導入にかんするエピソードからすると、こうした議論はどうみえてくるだろうか。

たとえば、トラクターが導入されたこと自体は、近代化をうけいれたようにもみえる。ただ、その動機や、導入の論理はかならずしもナチスの論理をうけいれたものではなかった。馬農家は、別の論理でトラクターを導入しているのである。一方、農民たちは、近代化や、新しいことにはなんでも反対なのではなく、それが自分たちの利益になることがわかれば、態度をかえてもいる。ナチスの要求や主張にたいしても同様で、ことごとくはねつけたわけではなかった。また、はじめから農村共同体を一体のものとして、自明視するのも性急すぎる。ケルレ村では、すくなくともナチスの主張に共感する若者世代と、事を荒立てたくない両親の世代という、世代による対応のちがいが識別できるからである。

トラクターの問題は、ナチスの時代になって、農業がどういう問題に直面したかということにかかわることであった。ホーホラルマルクでも、炭鉱業が直面した後継者問題が、やはり家族内のもめごとや、世代間の対立としてあらわれている。鉱夫の仕事は、ナチスの時代になると、若者にとってはもはや魅力のある業種ではなくなった。若者たちのあいだでは、炭鉱からの脱出願望が切実なものとなったのである。この問題については、つぎの第5節であらためて考えることにしよう。

5 ハンチングはタブーだった

鉱夫職の魅力の低下

制服にあこがれたホーホラルマルクのあの少年は、一九三七年に義務教育をおえた。彼が、炭鉱以外の仕事につこうと職業安定所にいったところ、窓口で「父親が鉱夫なら、息子も鉱夫になるのに決まっている。はい、つぎの人どうぞ」といわれた。

以前なら親が鉱夫なら、息子も鉱夫になった。それがあたりまえのことだったのだが、第三帝国では、それがくずれてしまっている。また当局のほうも、後継者を確保するために、窓口で圧力をかけるようになっていることがわかる。いったい炭鉱でなにがおきていたのだろうか。

一九三六年十二月のルールの労働戦線の調査によれば、

鉱夫の息子の大部分は、もはや父親とおなじ職業につくことを望んではいない。鉱夫になった者も、みずからすすんでなったのではなく、強制されてなったのであり、鉱夫の仕事にたいする喜びからでたものではない。彼らは、この仕事が自分にむいているのだという確信をいだいて、職についたのではない。若者たちが、鉱夫職をいやがるのは、父親自身が自分の仕事をいやがっていることからすれば、あたりまえのことである。[52]

とある。たんに息子だけでなく、父親自身も鉱夫の仕事をいやがっているというのである。鉱夫の娘は、こう証言している。

父さんがいつも口ぐせにしていた文句がありました。もし結婚するのなら、鉱夫はごめんだと。……父さんの父親も鉱夫で、父さんの兄弟たちも鉱夫でした。いったん坑内にはいると、無事に地上にでてこれるかどうか、いつもわかりませんでした。父さんは、娘がすぐに寡婦になるのを望みませんでしたし、息子が鉱夫になることも望みませんでした。[53]

鉱夫の仕事は、事故がつきもので、危険な仕事なので、娘を嫁にはやりたくないというものである。しかし、危険なのは昔からで、ナチスの時代にそうなったのではない。もっとほかに理由があるのだろう。かつて鉱夫の職は、娘を嫁にやりたい職業のひとつであった。そもそも鉱夫は、十九世紀のなかばまでは、いくつかの権利を認められた特権的な身分であった。その後、炭鉱の自由化によって特権は失ったとはいえ、第一次世界大戦がはじまるまでは、ほかの産業にくらべて、比較的短い労働時間と、充実した社会保障、高い賃金を維持していた。そうしたプラスの条件が、きつくて、危険な仕事を十分にうめあわせていたのである。

だから、炭鉱が成長産業であるころは、鉱夫の仕事は魅力のある職業であった。ところが一九二〇年代には、そうしたプラスの条件が失われていった。短かった労働時間は、他の産業に八時間労働日が導入されたことで、ほとんどかわらなくなってしまった。経験と技能の重みも、合理化によって軽くなってしまった。鉱夫の仕事は自律性が高かったのに、機械化により、労働のリズムとテンポが上から決められるようになった。賃金の面でも、繊維労働者よりはまだいいとはいえ、鉄鋼産業の労働者には遅れをとるようになった。

ルールの工業地帯では、炭鉱と製鉄所が近接しているばあいが多かった。鉱夫と製鉄労働者は、たいていとなりあって住んでいた。いやでも、おたがいの収入の格差が気になってしまう。収入の差が拡大すれば、それは社会的なステータスにかかわってくる。

ナチスの時代になっても、炭鉱は長びく不況に苦しんでいた。鉱夫の収入は、戦争がはじまるまでは、ついに世界恐慌前の水準を回復することはできなかった。製鉄労働者との格差は、一九三八年には月に二〇マルクにもなった。鉱夫の職は、ついに高給職としての地位を最終的に失ったのである。炭鉱離れの背景には、こうした賃金や、ステータスの低下への不満があったと考えられる。

る。

技術へのあこがれ

若者たちのあいだには、それと同時に、鉱夫の仕事をかっこうわるいとみるような感性がめばえてきているようにもみえる。一九一七年生まれの鉱夫は、つぎのように述べている。

若い鉱夫のだれもが、一生、炭鉱にいようと思っていたわけじゃない。多くの者が、炭鉱から足を洗うことを夢みていたんだ。わたしの時代にもそうだった。われわれ若者たちは、軍需産業が建設されるという話を、一九三五年に、当然にも小耳にはさんでいた。それはわれわれ若者にとっては、鉱山からぬけだすことを意味していたんだ。

当時われわれは、女の子を探すとき、炭鉱から来たとはいわなかった。かわりに「そう、あっちの組立て現場にいる」といった。というのも女の子が最初に口にする質問は、「あんた仕事している?」「どんな仕事?」だったからだ。炭鉱と答えると、女の子はもうかかわりあいになろうとはしなかった。だからそれだけで、たくさんの仲間が炭鉱から出てゆこうとしたんだ。

じっさいに炭鉱から出ていった者は、ごく少数だった。若者も、年をくっている者もいた。数人は、航空機産業にいった。……出ていったのは、たとえば炭鉱の手工業

図24　全国職業コンクールのポスター　鉱夫の息子は、炭鉱町からの脱出を夢みた。ナチスは、技術へのあこがれと、競争意識をつうじて、若者を体制に統合しようとした。

図25　誇らしげに樽型洗濯機をみせる鉱夫の娘　1940年代初頭の炭鉱町アーレンの写真。洗濯は鉱夫家庭にとっては重要かつ骨のおれる仕事であった。家事の合理化がはじまる。

職についている者、鍛冶職、旋盤工などだった。……私も出てゆきたいと思ったが、炭鉱にとどまらざるをえなかった。父さんの言葉は絶対だったし、しかも父さんは社会民主党員だった。「軍需のために働くことはない。軍備をすれば、撃ちたくなるものだ」。これが父さんの言葉だった。それで、炭鉱から出てゆきたいというわたしの希望は、片がつけられたんだ。[54]

これも家庭内のもめごとといえるかもしれない。それにしても鉱夫だと、女の子にもてず、相手にされないというのは切実な問題である。鉱夫職の魅力の低下ぶりが、手にとるように、具体的に語られている。鉱夫の仕事はかっこうわるいが、航空機産業のような組み立てや、金属加工の仕事はかっこうがいいというのである。肉体労働よりは、技術へのあこがれがみえる。

この時代、自動車レーサーが少年たちのあこがれのまとであった。ルールの炭鉱町でも、少年たちはオートバイに熱をあげている。一九四二年の炭鉱経営者団体の研究によれば、六歳の子どもはだれでも、ドイツで生産される飛行機や自動車、ラジオについてどんなものでも技術の細かいところまで知っているが、しかし石炭と褐炭の区別については知らないとされる。

技術は中立なもので、それへのあこがれは、ナチズムや政治からの逃避を意味しているという見方がある。たしかにそうした面はあるが、技術にあこがれて、ナチスのオートバイ軍団や、ヒトラー・ユーゲントの自動車青少年団、航空青少年団、海洋青少年団などに入っていった少年もすくなくない。このばあい、技術が、ナチズムへの窓口になっている。ホーホラルマルクの事例からいえることは、技術が鉱夫の世界からの脱出願望と結びついていたことである。

もっとも、証言では、「じっさいに炭鉱から出ていった者は、ごく少数だった」とされる。制服にあこがれたあの少年の証言でもそう述べられている。彼は、鉱夫の見習いになったが、同級生のうち三人は、農村修業年に応じ、炭鉱からの脱出をはかった。これは農村で一年間労働奉仕をすると、炭鉱以外の職業訓練をうける権利をもらえたからである。しかしこの三人のうち、ひとりは戦死し、あとの二人も、戦後ふたたび炭鉱にまいもどってきたとのことである。

ハンチングと正常化

スポーツやオートバイにまっさきに関心を示し、新しい文化に順応していったのは若者たちであった。語り手が、その当時若者であったことにもよるのであろうが、証言には若者文化や余暇のすごし方についての記憶がよくでてくる。

ホーホラルマルクに映画館がオープンしたのは、一九二〇年代も末になってからのことだった。二二年生まれの坑内係員によれば、「グルルバートに住んでいたわたしたちが、ホーホラルマルクのスカラ座に映画をみにゆくときは、一〇人から一五人くらいで出かけました」とある。

ひとりや二人では、地元の若者に喧嘩をふっかけられて、殴られることがあったからだ。縄張り意識のようなものがからんでいるのであろう。それに腕っぷしの強い若手鉱夫のなかには、日曜日にひと騒動おこさなければ、月曜日に仕事に出かけられない者もいたという。技術へのあこがれが芽生えていたとはいえ、炭鉱の世界では、まだまだ筋肉を誇示する文化が根づいていたことになる。いずれにしても、ここでも映画は若者文化の文脈のなかで記憶されている。

若者の徒党でとくにめだとうとするものを、当時、わたしの両親はいつもこういっていた。「なんてこった、正真正銘のブフケだよ」と。こうした若者のかっこうは、両手をズボンのポケットにつっこみ、ハンチングをななめにかぶるというものだった。ななめにかぶるほどよかった。それが目印だった。……別のグループもあった。彼らは、ちゃんとしたダンス学校にかよっていて、ダンス用のハンカチをもっていて、女の子の背中にそれをあててからおどった。そうした若者はワイシャツとネクタイをつけていて、ハンチングをかぶっていては入れないようなダンスホールを好んだ。こうした若者たちとブフケとでは、こんにちのポップス派とパンク派くらいのちがいがあった。

ハンチング・スタイルはナチスのもとで消え去った。ハンチングそのものは、服飾の一部としては存続した。しかしニッカーボッカーと結びついて、まったく上品でエレガントにかぶられた。ようするに、もやはブフケのようにではなかった。

もし、それでも若い鉱夫や鉱夫見習いがハンチングをかぶって仕事にあらわれると、マイスターは帽子をとりあげて、火のなかに投げ込んだ。ブフケのようなもの、ルイのようなもの〔不良っぽいもの〕は、あっさりと消えさるべきものであった。そのかわりにヒトラー・ユーゲントと突撃隊の制服が登場した。全体としてみれば、軍国主義的なものがあらわれた。このほかにナチスの時代には、しばしばゼッペルハット〔アルプス地方の縁飾りのついた帽子〕がかぶられた[55]。ハンチングについては、あの制服にあこがれた少年もおなじようなことを記憶している。

炭鉱の構内では、安全靴を着用しなければならず、ハンチングはだめだった。親方がそれを許さなかったからだ。ハンチングはとりあげられて、鍛造作業用の火床にくべられた。たくさんのハンチングが燃やされた。髪は軍隊風にしなければならなかった。つまりマッチの長さということだ。朝、仕事がはじまるまえに、親方が若者に家に髪を切りにゆかせることがよくあった。わたしも、何回かそうさせられた[56]。

一九〇九年生まれの公務員は、子ども時代の記憶をこう語っている。ホーホラルマルクでは、「夕方になると、学校の教師が街路を巡回して歩いた。彼は、商店のなかをのぞきこんで、子どもがいないかどうか、子どもがハンチングをかぶっていないかどうか、調べて歩いた。ハンチングをかぶるようなことは、われわれには許されていなかった」というのである。[57]

さきに第一章の第4節「悪い時代のはじまり」のところでもふれたように、ハンチングは、労働者の服装の一部をなすものであった。しかし、いまみてきた鉱夫などの証言からは、ハンチングはそれ以上の意味をもっていたようである。つまり、ハンチングは子どもにはふさわしくないもの、大人のシンボルであり、子どもがかぶれば不良のしるしとみられている。また、オフィシャルなものにたいして、カジュアルなもの、だらしのないものを意味しているようである。

ハンチングを労働者階級と不良のシンボルとしてみると、ハンチングがナチ政権のもとでたどった運命は、いかにも象徴的である。一九二二年生まれの坑内係員の証言からは、ハンチングにたいするナチスの対応には、三とおりのやり方があったことがわかる。ひとつは、単純に火に投げこんで燃してしまうこと。廃止、抑圧である。二つめは、ハンチングをニッカーボッカーと結びつけて無害化すること。三つめは、ナチ的なものとおきかえること。ヒトラー・ユーゲントの制服や突撃隊の制服にかえることや、ゼッペルハットをかぶることがこれにあたる。

ハンチングを労働者階級という言葉とおきかえてみよう。そうすると、こうなる。ナチ体制のもとでは、労働者階級の存在や労働者文化を誇示するものは、廃止され、抑圧され、消え去るべきものであったと。そして不良とおきかえると、こうなる。不良とは、規範から逸脱する者であり、かわった見なりをする者である。ナチ体制は、こうした存在にたいしては、排除し、抑圧するか、規律化して正常化すると。

つまり、ハンチングの排除は、ナチ体制のもとで進行した「正常化」がいかなるものかを、われわれに教えてくれるのである。ナチスの時代は、不良や、同性愛者、ジプシーとよばれたシンティーやロマが街頭から姿を消し、自転車が鍵をかけずにとめておいても盗まれなかった「いい時代」として、秩序がとりもどされた時代として記憶されている。しかし「正常化」は、こうしたハンチングの排除と不可分に結びついていたことになる。

ダンスの流行

若者文化についての人びとの回想は、第一次世界大戦から第二次世界大戦の時代をひとまとまりのものとしてくる傾向にもある。大人たちの記憶が、世界恐慌期の悪い時代で分断されたり、不況の影を引きずっているのとは対照的である。

たとえばダンスについての記憶がそうである。ホーホラルマルクの回想では、さきに引用した文のようにナチ以前なのか、以後なのかはっきりしない。ダンス学校にかよい、ダンスホールに出入りできる余裕のある若者たちが、存在したことが述べられているにすぎない。そこで、ルール東部のアーレンという炭鉱町にかんする聞き取り調査の記録を参考にすることにする。

この調査は女性だけを対象としたもので、ダンスにかんしてはかなりの記述がある。それによると、アーレンの町では、第一次世界大戦の末期、せまりくる革命の足音が聞こえてきそうな一九一八年九月六日に、最初のダンス教室の広告がアーレンの新聞にのった。それから半年もたたないうちに、炭鉱住宅街の酒場でも、ダンス教室がひらかれたとある。まるで革命はダンスとともにやってきたかのようである。

ダンス熱は革命期だけでおわらず、合理化が進展した時期にもつづいている。一九二五年一月二十五日のカトリック系の『アーレン新聞』には、「グロテスクで野蛮なステップ」とダンス熱を批判する記事が掲載された。三〇年代になってもダンス熱はつづいた。

> わたしたちは、蓄音機をもうすでにもっていました。ワルツやポルカをおどりました。……タンゴももちろん。わたしたちは、いつもレーリングに踊りにでかけました。……イギリスのワルツ。ほんとうにすばらしい時代でした。当時、スウィングも登場しました。アメリカの音楽など。チャールストンはわたしたちの時代よりも前のことです。[58]

彼女は一九二一年生まれで、鉱夫の娘である。ダンスは、戦間期の若者たちの新しい生活感覚の表現といえる。また、三〇年代には、鉱夫家庭にも蓄音機が入りこんできたようだ。アーレンの炭鉱町の女性たちの証言からは、ダンス、化粧、絹の靴下という「黄金の二〇年代」の文化が、貧しい炭鉱住宅街にもおよんでいたことが確認される。

スウィングに興じた三〇年代は、炭鉱町にとっては長くきびしい世界恐慌の時代でもあった。しかし、若者たちの回想からは、この時代がかならずしも貧困や苦難の暗い影ばかりにおおわれていたわけではないことがみてとれる。世代により恐慌のうけとめ方や記憶のあり方が異なるのかもしれない。

紡ぎの部屋の消滅

ケルレ村でも、ダンスは若者たちをとらえた。しかし村では、長いこと「紡ぎの部屋」が若者たちの余暇の中心をなしてきた。紡ぎの部屋というのは、毎年、収穫がおわった十一月から二月の末にかけて、冬の晩に、堅信礼をおえた少女たち六、七人が、ひとつの家に集まり、手仕事をしながら夜のひとときをいっしょにすごすものである。仕事が一段落したところをみはからって、それまで酒場などで待機していた少年たちがやってきて、これにくわわり、歓談をする。

当時の紡ぎの部屋について、北部ヘッセンにあるリポルツベルク村の女性がこう語っている。

わたしの村では、一九二〇年代のなかばには、もう紡ぎの部屋では糸を紡ぐことはしませんでした。そのかわりに手仕事をしました。編み物、つくろいもの、縫いものなどです。両親はそばにいるときもありましたし、出ていって女の子だけのばあいもありました。ときどき果実酒をふるまってくれました。男の子が酒場から、ビールをもってきれくれることもありました。でもアルコールは限度をこさないようにしていました。たいてい夜の七時から十時ごろまですごしました。男の子たちは、一時間遅れてこれにくわわります。男の子たちといっしょに、歌をうたったり、ゲームをしました。たくさんのカップルが紡ぎの部屋で出会って、知り合いになりました。

結婚をしたあとも、女性たちは冬になると、午後に集まって、お茶をのんだり、編み物をしたりして、おしゃべりをします。一九五〇年代までそうでした。若い人たちの紡ぎの部屋は三〇年代になくなりました。ますますたくさんの女の子たちが、カッセルやゲッティンゲンなどの遠くはなれた町に「家事奉公」にでかけるようになったからです。家事奉公とは、お金持ちの家で家政を勉強して、嫁入り道具をそろえたり、お金をかせぐこととみんな理解していました。[59]

紡ぎの部屋は、ケルレ村では、このリポルツベルク村とは異なり、階層ごとに組織されていた。しかしそのほかの点ではまったくおなじである。ケルレ村でも、一九二〇年代には糸紡ぎはされなくなり、三〇年代には紡ぎの部屋の慣習が姿を消している。消滅の理由には、徴兵制の導入や、労働奉仕団などにより若者が村を離れたり、ナチスの余暇組織などが男女の交際の機会を提供したことなどがある。しかし、それだけでなく、リポルツベルク村の証言にあるように、女性たちが職業訓練などで村を離れるようになったことも大きく作用している。

一九三〇年代には、「男の子が職業教育をうけることは、当時もうすでにあたりまえのことになっていました。けれども、わたしたち少女のばあいには、やっとだんだんそうなりはじめたところでした。女の子たちは、縫製、裁断、織布などの職業訓練をうけました。ようするに繊維生産か繊維加工に関係する職業ばかりでした」[60]。女性の職業訓練や、工場労働への統合に拍車をかけたのが、一九三六年からの軍需景気であった。とくにカッセルを中心に軍需産業が拡大してゆくと、農村から賃金がよい軍需産業へ男女の農業労働者が流出していった。

ホーホラルマルクでも、このころおなじような動きが登場している。ナチスの時代に、鉱夫の娘たちも職業訓練をうけるようになったからである。そしてドイツ女子青年団や、ナチ国民福祉団などのナチ機関や義務修業年で経験をつんだ鉱夫の娘たちのなかからは、看護婦などの熟練職につく者がでてきている。この時代、鉱夫の息子たちのあいだでは、炭鉱からの脱出願望がめばえ、ステータスの高い金属加工職などへの出世志向がみられるようになった。女性たちの職業訓練なども、そうした動向にみあうものだったのだろうか。

別の世界の体験

わたしが学校を卒業したのは、一九三八年でした。わたしの目標は、職業訓練をうけることでした。ナチ時代には、それを望む少女にたいして、「義務修業年」とよばれる制度がありました。職業訓練をうけるまえに、農村で農家の手伝いをする修業年を修了しなければならなかったのです。わたしもそれに応じました。

わたしは、レクリングハウゼンの三人の少女といっしょに、ザウアーラントのアルンスベルクに向かいました。アルンスベルクの近郊の小さな農家で、就業年をすませました。ということは、家事や、菜園、畑できつい労働をしたということです。……一週間に七日働きました。休みなんかありませんでした。村にも行ったことがありません。給料ですって？　食事と宿はただで、月に五マルクでした。でも農家のおかみさんが、すすんでそれに五マルク上乗せしてくれました。このわずかなお金のなかから、二回ほど帰省しました。それでも八〇マルクの貯金ができました。当時はみんな、とても節約していたのです。

父さんは、出発するときに、「がまんできなければ、帰ってきてもよい」といってくれました。でも、わたしは、「このあとで勉強したいことがあるから、この一年はなんとしてもがんばらなくては」と思いました。義務修業年をすまさないと、職業訓練がうけられなかったのです。三九年にレクリングハウゼンにもどってきました。母さんが、美容院の徒弟の口をみつけておいてくれました。四二年に職業訓練が修了すると、そのまま勤労奉仕を義務づけられて、動員されました。[61]

これは、一九二三年生まれのホーホラルマルクの女性の証言である。それまで鉱夫の世界では、娘は、手に職をつけるよりも、結婚して家に入り、主婦となり、母親となるのが当然という価値観が維持されていた。しかし、この世代からは職業訓練を希望する者がでてきている。彼女たちにとっては、これは生まれてはじめて、生家を長期にわたって留守にする経験であったろう。鉱夫の娘たちの記憶では、義務修業年についての具体的な経験はまちまちであったが、鉱夫家庭とのちがいがいろいろ語られている。よくでてくるのは、農家での生活は、食べるものにことかかず、体重がふえて、健康になったなどという表現である。鉱夫家庭にとっては、不況期は空腹の時代であった。

母さんは、当時いつもこういっていました。「失業者のほうが、仕事のある人よりはお金がある」と。仕事についていても、週に三回も休業方があったからです。それはとてもたいへんなことでした。母さんがよくこうなげているのを聞いたものです。「どうしたら、おまえたちにひもじい思いをさせないですむのか、もうわからない」と。[62]

だから鉱夫の娘にとっては、おなかいっぱいに食べられるということは、「いい暮らし」

のメルクマールであった。さきに全国職業コンクールに参加した少年のことを紹介したが、彼もまた食事のようすから、係員家庭のいい暮らしぶりに強くうたれている。都会出身の少女の回想録などでは、農家での生活がいやでたまらなかったなどと、苦労や不快さがテーマになっているが、鉱夫の娘の回想では、仕事のつらさはあるものの、がんばったという前向きなトーンになっている。

職業としての主婦

ナチスの時代は、ドイツが大衆消費社会の入口に立った時代であった。雑誌のグラビアをかざる広告をみれば、それがよくわかる。自動車、海外旅行への誘い、ラジオや、電気冷蔵庫、電気掃除機、電気オーブンなどの家庭電化製品、レコード、映画、化粧品、モードや水着など、まるで現在とかわらない。そして貧しい炭鉱住宅街にも、映画、レコード、化粧品、絹の靴下などが入りこんできた。

しかし、自動車や家庭電化製品がルールの炭鉱町に普及するのは、ナチスの時代ではなく、一九五〇年代以降のことである。ナチスの時代に社会にでた鉱夫の娘たちは、一九五〇年代には家庭生活をいとなむようになる。そうした彼女たちの、消費社会にたいする対応の仕方には、母親たちの世代のものとはちがう価値観や行動様式がみてとれた。

たとえば、一九二〇年代の鉱夫家庭のモットーは、「やりくりすること」であった。低賃金と失業の増大、事故の危険性、不安定な収入のため、鉱夫の妻たちは、菜園で野菜をつくったり、豚やニワトリをかったり、裁縫をして稼がなければならなかった。お金を節約すること、できるだけ現金や買い物なしにすますこと、「やりくりすること」が重要であった。

しかし第三帝国で育った娘たちは、こういう。「食べるものにかんしては節約しませんでした。……両親の時代にはそうではありませんでしたが」と。とくにぜいたくになったというわけではない。節約は、欠乏とではなく、合理性と結びつけられているのである。冷蔵庫、洗濯機、掃除機を買うのも、消費文化の大波にのみこまれてしまったためというだけでなく、家事をテキパキと効率的に処理するためでもあった。そこには、お金を節約するため一日中家事にしばりつけられるよりも、時間と労力を節約したほうが合理的という考え方がみられる。節約の目的は、もはや「やりくりする」ことではなく、「もっとよくなるため」になっているのである。

さらに五〇年代には、近所の店で買い物をするという習慣にたいして、それを無駄とみる考えが登場したとされる。近所の顔見知りの店で買い物をするのは、つきあいを維持し、社会的結びつきを大事にするという考えが背景にあった。ところが若者たちにとっては、隣近所のミリューの結びつきよりも、経済合理性が優先されている。

ルールの女性たちにインタヴューした研究者によれば、こうした価値観や行動様式はナチスの時代に教えこまれ、身につけたものとされる[63]。鉱夫たちの娘たちは、たとえば労働奉仕団やナチスの青少年教育で家事や家政をきりもりすることを訓練された。料理や裁縫など、すでに家庭でやっていることを習うのだが、おおぜいでやることで分業を経験する。そして分業がけっして男たちの世界だけのものでなく、女性の領域、家事にも応用できることを知り、家事が母親たちがやっているようなものだけでなく、ある習得すべき独自の技能であることを経験したという。

また娘たちは、時間を有効につかい、できるかぎり短時間に多くのことをするようにしこまれた。てきぱき、きびきび仕事をこなしてゆくことが要求された。娘たちが教えこまれたのは、職業としての主婦の価値観であり、技能であり、合理性であった。生家をはなれて鉱夫の娘たちが経験したのは、おなじ家事労働でも家でのそれとはすこしちがうものだった。新しい質を経験したのである。彼女たちは、こうした経験を組み立てて、一九五〇年代の大衆消費社会というあらたな状況を自分たちのものにしていったといえる。若者たちの行動は、もはや「上」と「下」の世界の断絶や、ミリューの結びつきの重視という視点よりも、個人的な生活の向上という考えにもとづくようになっている。

ナチズムは、男と女のちがいを強調し、女性の本分は家庭にあるというイデオロギーをふりまいた。主婦のつとめをはたし、母親となることこそが、ナチスにとっては重要なことであった。しかし、鉱夫の娘たちが生まれ育った世界でも、女性にはそうした役割が期待されていた。鉱夫の世界とナチズムは、この点でかさなりあっていたことになる。ケルレ村でもおなじである。ただしナチズムのばあいには、女性は民族共同体に奉仕し、ドイツ民族のために子どもを産むことを求められていた。

鉱夫の娘たちは、ナチスの時代に身につけた「職業としての主婦」をよりどころにして、一九五〇年代の新しい状況に立ち向かっていった。それはもとよりナチズムが主張した民族共同体を実現するためではなく、鉱夫の生活世界から脱出し、もっと私的に生活を改善してゆくためであった。

第四章――ユダヤ人、戦争、外国人労働者

第三章では、ナチ体制の問題を、「いい時代だった」という記憶を糸口にして、いくつかの角度から考えてみた。それは、いってみれば第三帝国の内側に入ってくる人びとの側から考えることであった。もちろん共産党員や社会主義者たちは、ナチ体制から迫害され、排除されている。だから彼らを、「内側に入ってくる人びと」にふくめるのは問題がある。しかし、彼らもあわせて考察することによって、歓喜力行団の余暇活動のところでみたように、非政治的な回路をつうじる合意の形成という問題をとりだすことができたように思われる。

ケルレ村のある人物は、こうも語っていた。「もし戦争にならなくて、ユダヤ人のことがなければ、すべて一〇〇パーセントうまくいっていたのに」と。この二つさえなかったら、いい時代がもっとつづいていたというのである。戦争とユダヤ人の迫害は、よけいなものとしてみられている。戦争中にケルレ村でみられた外国人の労務動員や、外国人労働者と捕虜の酷使についても、村人の不満の種はつきなかった。

ナチスにとっては、ユダヤ人も、外国人労働者も、ともに「民族の異分子」にあたり、人種主義的な民族共同体の外部に位置するものであった。ユダヤ人、戦争、外国人労働者という問題は、ナチ体制とは切っても切れない関係にありながら、ケルレ村の人びとなどからは、なければよかったのにと思われている問題である。この章では、こうしたナチ体制からはずれるもの、あるいはよけいなものと考えられているものに焦点をあててみたい。

1　内に向けて発動される人種主義

馬農家へのいやがらせ

ナチズムの野蛮性、狂気、悪魔性などといわれるものは、なによりもユダヤ人絶滅政策と結びつけられている。いったいどうしてこんなことがおきたのか。どのようにして、それは可能となったのか、と人びとは当惑する。

しかし、そうした驚きと疑問は、よく考えてみると、じつはつぎのことを前提にしている。すなわち、ナチズムによるユダヤ人の迫害と虐殺《ぎゃくさつ》は、常軌をはずれていて、われわれには想像もつかないことである、ということを。このシステム化された残虐性と、普通の人びととのあいだには、とてつもない距離と、へだたりがあるようにわれわれは思っている。そして多くのドイツ人たちも、そのように感じている。つまり自分たちにはほとんど無関係なことだったと。

われわれのあつかうケルレ村とホーホラルマルクにしてもそうである。あとでみるように当時、この二つの自治体には、ユダヤ人はいなかった。ところが、ユダヤ人のいないケルレ村でも、反ユダヤ主義の動きがおきている。ユダヤ人がいなくとも、反ユダヤ行動がおこり、それでも自分たちは無関係だと思っているのは、どうしてであろうか。あんがい、この普通の人びとの「無関係」という気持ちこそが、ナチ体制下におけるユダヤ人問題を考える手がかりになるのかもしれない。

ケルレ村における反ユダヤの動きについては、つぎのような証言がある。ナチスが政権をとったとき、「家宅捜索や逮捕を許さなかったことを、いまでも誇りに思っている」と胸をはった、あの馬農家の回想がそれである。

> ケルレ村では、一九三四年に「シュテュルマー掲示板」が設置されてから、ようやく事態は本格的に動きはじめた〔シュテュルマー掲示板は、大衆向けの反ユダヤ新聞『シュテュルマー』を掲示するための箱型の掲示板。中扉下の絵を参照〕。ケルレ村には、ユダヤ人はひとりもいなかった。ユダヤ人は、グクスハーゲンからやってきた。木材を運んでくる者もいれば、家畜仲買人もいたし、いろいろいた。レーレンフルトから来ていたまともなユダヤ人もいた。彼はレヴィという名前で、すばらしい店をもっていた。それから煽動によって事態が本格化した。……
>
> 〔ナチスのユダヤ人迫害については〕やつらがユダヤ人を強制収容所におしこめるなんて、われわれには思いもよらなかった。ユダヤ人でも、大金持ちで、アメリカに住んでいて、戦争に火をつけた者たちなら、そうなってもしかたないかもしれないが、だが普通のユダヤ人まで連行するとは、考えてもみたくないことだった。

〔ケルレ村に話をもどすと〕われわれのところには、ユダヤ人がやってきていた。例のレヴィと彼の妻がそうだ。彼らは、もう二〇年もわれわれのところや、叔父さんの農場に出入りしていた。ところが、Yが「いちどシュテュルマー掲示板をのぞいてみろ。なかになにがあるか」といった。そこで出かけていってみると、なかに「農場主で退役軍人のXは、民族の裏切り者で、ユダヤ人の奴隷である」と書かれたプレートが立てかけてあった。どうしてかって。ユダヤ人があいかわらずわれわれのところに出入りしていたからだ。ユダヤ人はもう農場に出入りしてはならないことになっていた。

……

そして一夜にして、いたるところに、菩提樹《ぼだいじゅ》や垣根に、「ユダヤ人立ち入り禁止」とか、「くたばれユダヤ人」などと書かれた厚紙がくくりつけてあった。わたしの叔父は、朝、家から外にでて、それをみた。「なんてことをするんだ」といって叔父は、はり紙を全部ひきはがして、村の通りのまんなかに立って、それらをビリビリに破り、足で踏みつけた。それから叔父はこう怒鳴った。「まったく、冗談じゃない。うちの農場には、まっとうな人間なら、たとえユダヤ人であろうとだれであろうと、きてもかまわないんだ」と。当然、このことはすぐにいたるところで話題になった。……

そこでわたしは、ナチ党地区指導者をしていたZのところへ出かけていって、こうたずねた。「いったいだれがプレートをシュテュルマー掲示板のなかにいれたんだ。

わたしの叔父を民族の裏切り者とか、ユダヤ人の奴隷よばわりするなんて。とんでもない奴だ」と。「もし今晩までにはり紙が掲示板からとりのぞかれないのなら、突撃隊の曹長の役なんかやめてやるぞ」といった。しかし夜になってもそのままだったので、わたしは辞任した。三年前にナチ党に入って、カッセルで共産党と激しくやりあったのも、叔父がこんなひどい扱いをうけるためにしたわけではなかった。そのままにしておいたら、しまいには叔父の身に、なにかおきてしまっていただろう。[1]

こう証言する馬農家は、地区農民指導者の役職をつとめ、ナチ突撃隊の曹長の地位にあった。まぎれもなく、彼は村のナチ幹部である。このエピソードでは、弾劾されているのは彼の叔父である。しかし、よく読むと、この地区農民指導者の馬農家のところにもユダヤ人が出入りしており、攻撃の矛先は、彼自身にも向けられているようである。そもそもこの事件は、叔父ではなく彼の面目を失墜させ、蹴おとすためにしくまれたものであったのかもしれない。いずれにしても、この証言では、村の有力者で、しかもナチ党の幹部が、反ユダヤ攻撃の標的になっている。

反ユダヤ主義といえば、ユダヤ人に向けられたもので、ユダヤ人だけが攻撃の対象とされたと、つい思いがちである。しかしケルレ村では、攻撃が「アーリア人」に、しかもナチスの有力者に向けられている。なんとも想像力を刺激する、おもしろい証言である。この馬農家の証言には、普通の人びとと反ユダヤ主義とのかかわりを考える糸口が、かなりあるように思われる。それをまとめてみると、つぎのようになる。

(1) まず、いまあげた反ユダヤ主義がドイツ人に向けられていること。それは、こうとらえなおすことができる。すなわち、反ユダヤ主義をふくめたナチスの人種主義は、たんに民族の外にたいしてだけでなく、民族の内部にも発動されるものであったと。さらに、この人種主義的攻撃の矛先は、有力者の馬農家で、しかも村のナチ党幹部に向けられていた。このことは、ナチスの人種主義が、従来の権威や秩序そのものを、ゆるがすダイナミズムをもっていたことを予想させるものである。

(2) 「やつらがユダヤ人を強制収容所におしこめるなんて、われわれには思いもよらなかった」とあるが、ほんとうに知らなかったのだろうか。ケルレ村の人びとは、ナチ政権の反ユダヤ政策の意図がどこにあり、どのようなことがおこなわれていたかについて、どこまで知っていたのだろうか。ホーホラルマルクではどうだったのであろうか。

(3) この証言は、ナチ党幹部でもユダヤ人とつきあい、商売をする者がいたことを指摘している。「まともな」ユダヤ人、「まっとうな」人間なら、農場に出入りしてもよいとあるが、人びとは、ユダヤ人との交際と商売をどのように処理し、正当化していたのだろうか。正当化する論理はどのようなものだったのか。また、ナチスの時代になっても、ユダヤ人商人との取り引きをつづけたことは、ナチズムへの抵抗を意味しているのであろうか。

(4) このエピソードを語る馬農家は、確信的なナチスといってもさしつかえないが、その彼はユダヤ人にたいしてどのような気持ちをもっていたのか、そして現在はどうなのだろうか。もういちど、この証言を読んでほしい。ユダヤ人にたいして、理解があり、かなり同情的であるという印象をうけるかもしれない。しかし、本当にそうなのだろうか。

このほかにも、「それから煽動によって事態が本格化した」という部分が、反ユダヤ行動の背後にはナチ党のイニシァティヴがあった、といっているように読めるなど、この証言からはいろいろな論点をとりだすことができる。われわれはまず、このエピソードとおなじようなことが、ケルレ村の周囲でおきていたかどうかを調べてみよう。いわばこの証言の信憑《しんぴょう》性を、ヘッセンにおける反ユダヤ主義の歴史という文脈のなかで検証することになる。そのうえで、この証言からひきだした手がかりについて、さらに考えてみることにしたい。

ヘッセンにおける反ユダヤ主義

ナチスの時代、ケルレ村にはユダヤ人がいなかったとされるが、ヘッセンは、ユダヤ人が比較的多く居住する地域であった。証言にもあるように、ケルレ村の近隣のグクスハーゲンとレーレンフルトには、何世代もまえから多数のユダヤ人家族が定着している。統計によれば一九三三年当時、ドイツに居住していたユダヤ教徒の総数は約五〇万人とされる。これは総人口の約〇・八%にあたる。同年のメルズンゲン郡の人口は、三万三二六〇人で、ユダヤ教徒はそのうちの一・七％であったとされる。だからメルズンゲン郡に住むユダヤ人の数は、だいたい五六五人前後ということになる。

こうしてみると、ドイツにいたユダヤ人の数は意外に少なかったことがわかる。ナチズムの犠牲となったユダヤ人の数は、六〇〇万人にものぼるといわれているため、ドイツにはもっとたくさんのユダヤ人が生活していたような印象をもってしまうが、一九三三年にドイツに住んでいたのは五〇万人にすぎなかった。しかも、そのうちの二七万人あまりは、その後、国外に亡命している。

ということは、絶滅収容所などで殺害されたのは、ドイツのユダヤ人だけではなかった。ドイツが第二次世界大戦で占領した地域から、かり集められてきたユダヤ人が大きな部分をしめていたということになる。話がすこしそれたが、ユダヤ人口の多いとされるメルズンゲン郡でも、六〇〇人弱だったのだから、ユダヤ人がケルレ村にひとりもいなくても、べつに不思議ではないかもしれない。ところが、一九二〇年生まれの山羊農家の娘によれば、どうやらユダヤ人は、はじめからケルレ村にいなかったわけではないようである。

ユダヤ人の一家族が、一時的にここケルレ村に住んでいたと、わたしのお祖父さんはくりかえし話していました。正確にはそれがいつごろのことだったかは、わたしにはわかりませんが、教会の近くのX家に住んでいたそうです。お祖父さんがまだ若かったというから、第一次世界大戦のまえのことにちがいありません。しかし、その一家はケルレ村には長くは住んでいなかったようです。ひどくいじめられたので、すぐにまたよそに移っていったのです。[2]

ユダヤ人がいなかったのは、村人がいじめたからであると述べられている。そもそもこのあたり、北部ヘッセン一帯は、十九世紀の末の「大不況期」に、ベッケル運動とよばれる大規模な反ユダヤ運動がおきたところである。ベッケルは、マールブルク大学の図書館員であったが、民謡を採集するなかで、農民の困窮ぶりを知るようになった。彼は、貧困の原因が「暴利をむさぼるユダヤ人」にあるとして、農民信用協同組合の結成とユダヤ人の関与しない家畜取り引き市場の設立を訴えた。

「ヘッセンの農民王」とよばれたベッケルは、また、既成の農業団体、政党、名望家たちが、民衆の利害を代表していないと批判して、保守党にかわる自分たちの政党の結成をめざしている。その結集の軸となったのが反ユダヤ主義である。ユダヤ人への反感を利用して、農民たちを政治的にまとめあげた、ベッケルは、一八八七年に帝国議会に進出した。彼は、帝国議会議員となった最初の反ユダヤ主義者として歴史に名前を残している。

一八八〇年代にマールブルク地区からひろがったベッケル運動は、たちまちケルレ村にもおよんだ。一八八二年には、村の中下層民である牛農家、山羊農家を中心にして農民信用協同組合が結成されている。ちなみに、この協同組合の貸付対象をみると、当時のケルレ村の農民たちがなんのために金を必要としていたかがわかって興味深い。借金の目的としてあげられているのは、家畜や土地の購入資金、アメリカへ移住するための資金、堅信礼の資金、農民解放にともなう償却金、相続にともなう兄弟姉妹への支払い、相続税の支払い、医療費などである。

ケルレ村が属するメルズンゲン郡では、反ユダヤ政党のメンバーが、一九〇三年から一二年まで、この地区選出の帝国議会議員をつとめていた。ヘッセンのこのあたりが、いかに反ユダヤ感情の根強い地域であったかがわかる。反ユダヤ主義は、メルズンゲン郡ではナチズムが登場する以前からの、すくなくとも一八八〇年代からの長い政治的伝統を形づくっていたのである。

あの馬農家の証言では、一九三四年に「シュテュルマー掲示板」が設置されてから、反ユダヤ行動が本格化したと述べられている。ということは、一九三四年以前はそれほどではなかったということなのだろうか。そうなると反ユダヤ主義という要素は、いったいナチスの権力掌握にどのていど関与したのだろうか。そもそもナチズムと反ユダヤ主義とは、どのような関係にあったのだろうか。

残念ながらこれらの問題については、村人の記憶からは明らかにならない。でもケルレ村のとなりのフリッツラー郡についての研究が、いくらか参考になる。[3] それによれば、フリッツラー郡では、反ユダヤ主義は、ヴァイマル共和国時代も消えることはなかったが、政治的なテーマとしては関心をもたれなくなっていたようである。

たとえば、ナチ時代なら大問題になったであろうような、ユダヤ人学校への補助金支給が、共和国時代にはかくべつ問題視されるようなことはなかった。また一九二九年におこなわれたフリッツラー市会選挙では、ユダヤ人候補者のリストが、ユダヤ人人口を二％以上も上まわる五・七％の得票をあげている。このほかにも、一九三〇年九月にフリッツラー市で、ユダヤ教徒の教会堂（シナゴーグ）があらたに設立されているが、その開堂式に地元の教会や市のお偉方がことごとく出席しているのである。ナチスの拠点となっていたイェスベルクでは、三二年夏に、シナゴーグ設立一〇〇周年を祝う会に村長が出席している。この村長は三三年以後もその地位にとどまった人物であった。

こうしてみると、たしかに、反ユダヤ主義の気運がみなぎっていたようにはみえない。しかしそうはいっても、ナチスがヴァイマル共和国時代に、反ユダヤ主義を宣伝しなかったというわけではない。ただフリッツラーでは、反ユダヤ主義は、反共産主義と結びつけられることで、はじめてテーマとなったというのである。たとえば、ナチスが共和国の政治家を攻撃するばあい、彼らが左翼であったからで、ユダヤ人というのは二のつぎであった。それに攻撃されるのは、はるか遠くのベルリンにいるユダヤ人政治家であって、それはこの地域のことではなく、遠い別の世界のこととしてあつかわれたとされる。つまり、ヴァイマル共和国では、共産主義というあらたな「敵」のほうに関心が向けられて、反ユダヤ主義はそれほど表面化しなかったというものである。

冒頭にあげた馬農家の証言をみると、こうした動向とかさなる部分がある。証言者の馬農家が、「三年前に入党し、カッセルで共産党と激しくやりあったのも」云々と、いかに自分はナチズムのために貢献したかを強調するくだりがそれにあたる。この馬農家がナチ党に加入したのは、一九三一年のことであった。三年前ということで、彼は、自分が、ナチスの政権掌握に便乗して入党した機会主義者とちがい、それ以前からの生粋のナチスであることを暗示している。ついで、共産党との戦いがあげられている。つまり、政権獲得前の中心的活動として強調されているのは、共産党との対決であって、ユダヤ人との闘争ではない。

ナチ体制下の反ユダヤ行動

しかし、ナチスが政権をとると、わずか数週間で状況は一変した。反ユダヤ行動の波(第一波)がわきあがったのである。その頂点が、一九三三年四月一日に実施されたユダヤ商店のボイコットであった。メルズンゲン郡でも、他の地域とおなじように、ボイコットがおこなわれたが、郡都メルズンゲンの状況を、新聞はこう報じている。

ボイコット。今朝十時わが市においても、外国による残虐《ざんぎゃく》宣伝に対抗して、ユダヤ商店にたいしてだされたボイコットがただちに発動された。ユダヤ商人が居住する各家の前には、突撃隊や親衛隊の歩哨が見張りに立った。いかなるドイツ人にも、ユダヤ商店で買い物をさせないために。ドイツ人よ、ドイツの商品を購入せよ、と書かれたプラカードが町中にかかげられている。ボイコットは当面、今夕、営業終了時刻まで実施されるとのことである。

「外国による残虐宣伝」とあるように、ナチスは、反ユダヤ行動があくまでも外国からの攻撃にたいする、防衛的な措置であるかのようにみせようとした。つまり、国外のユダヤ人が、ドイツにたいする煽動やボイコットを呼びかけている。そしてドイツ国内のユダヤ人が、その影響をうけて挑発的な行動に走っている、というものである。ナチスの論理からすれば、「内」と「外」は通底していることになる。外部の敵は、内部の敵とつうじているという考え方になる。

この四月ボイコットは、国民の参加がほとんどえられず大失敗におわった。ナチ指導部は、四月七日に、公務員から社会主義者やユダヤ人を排除する「職業官吏再建法」をだして、反ユダヤ行動を法的規制の方向に導くとともに、運動の収拾をはかった。

一九三三年春の反ユダヤ行動を第一波とすれば、その後しばらくは、医師や弁護士、大学教授などの専門職からのユダヤ人の排除と、彼らの国外亡命がつづいた。こうした知識人への規制と排除がすすむなか、ヘッセン州のゲシュタポによれば、一九三三年なかばごろからあらたな反ユダヤ行動がみられるようになった。それは、ナチ党員たちがユダヤ人経営の製紙工場や繊維工場にたいして、ナチ経営細胞の設置を要求して、デモをおこすというものであった。

このほか末端で目につくのは、性的な問題である。八月の報告では、ドイツ人少女と親密な交際をしていたユダヤ人が、親衛隊と住民によって市中を引きまわされたすえ、警察につきだされている。ちなみに、ユダヤ人と交渉のあったドイツ人がみせしめにされたという報告が登場するのは、一九三四年の十二月である。このときはドイツ人の少女が、ナチ党地区支部長の命令で、首に札をかけられて町中を引きずりまわされている。

行政当局の史料によると、一九三四年にはいるとすぐに、「ユダヤ住民への憎悪がふたたびたかまってきて」、一月から四月にかけて、ユダヤ人への暴行、シナゴーグやユダヤ商店への投石、ユダヤ人墓地荒らしなどがしきりにおこるようになった。一九三三年春につづく第二回目の反ユダヤ行動の波である。そうした動きのひとつの中心がメルズンゲン郡であった。

たとえばゲンズンゲンとフェルスベルクで、ユダヤ人家屋のガラス窓が多数破壊され、商店のショーウィンドーがわられる事件がおきている。こうした反ユダヤ行動の担い手について、ゲシュタポは、「住民のなかのナチ的な部分であることはまちがいのないところである。また突撃隊、親衛隊、ヒトラー・ユーゲントのメンバーである可能性が非常に高い」と指摘している。[4] この段階でも、反ユダヤ行動の参加者は、比較的かぎられた範囲にとどまっていて、国民の多数が参加するものではなかったようである。

ところで、この第二波では、ある農場経営者が、突撃隊員によって暴行され、重傷を負う事件がヘルスフェルト郡でおきている。ユダヤ人農業労働者を雇用していたことが、その理由とされる。ケルレ村の馬農家への攻撃とおなじ年に、反ユダヤ主義が「アーリア人」に向けて発動された例として注目しておこう。ただ、このばあいは、直接的な、むきだしの暴力が前面にでており、立て札やビラという間接的なものではない。

こうした反ユダヤ行動にもかかわらず、ユダヤ人商人と取り引きをつづけるドイツ人はあとをたたなかった。一九三四年七月のゲシュタポの報告には、「ユダヤ人はふたたび家畜取り引きを完全に支配するようになった」とある。そして農村部では、ナチ党の党員ですら、ひそかに居住地の外でユダヤ人と取り引きをしていることが憂慮されている。こうした事態に対処するためか、小さな村々では、ユダヤ人と取り引きのある者の氏名が、ナチ党のイニシァティヴで公表されている。

ところが、県知事や国家警察当局は、こうした末端での氏名の公表、ユダヤ商人のボイコットにたいしては、これを中止させるべく介入している。それは経済や世論への悪影響を憂慮した経済省や内務省の意向をうけたものであるが、反ユダヤ行動をめぐっては、ナチ党と行政当局の対立、反目ぶりが、報告書に毎回のように登場している。

反ユダヤ行動の第三波は、一九三四年の秋から翌三五年の二月にかけておきている。ゲシュタポによれば、「ユダヤ人問題についての党のプロパガンダが活発化」して、多くの農村で「ユダヤ人にたいする憎悪が増大」したとされる。この報告は、ナチ党が反ユダヤ煽動をしていることをはっきりと認めたものとして注目される。そしてこれはまた、あの馬農家の証言のなかの「それから煽動によって事態が本格化した」という部分と照応するものである。

では、どのように「本格化」したのか。各村の入口や、飲食店には、ユダヤ人の立ち入りを禁止する立て札がかかげられた。それが「あまりに広範囲かつなんらかの規制が必要なほど氾濫《はんらん》しているので」、カッセルの国家警察は、十一月二十七日に、公共の土地での反ユダヤ的掲示を禁止せざるをえなくなっているのである。ところがナチ党のほうでは、こうした反ユダヤ・スローガンを道路や広場など人目につくところにかかげるようにさかんに宣伝している。

さらにユダヤ商店のボイコット運動が、クリスマス商戦の時期にかけてもりあがっていった。このため経済省は、一九三四年十二月十日に、非アーリア商店のボイコットを禁止する通達をだした。しかし党と突撃隊は、これにしたがわないばかりか、卵をなげつけたり、落書きをしたり、いやがらせをエスカレートさせていった。ゲシュタポや県知事は、こうした事態が党と国家の声望をきずつけるだけであることを憂慮し、「ユダヤ人問題の全体は、経済省のユダヤ人政策とナチ運動のユダヤ人政策とが矛盾しているところに病根がある」と述べるほどであった。

図26　ユダヤ人排斥の立て札　「ユダヤ人の父親は悪魔だ」と書いてある。およそユダヤ人とは縁のない村の入口にも、当局への忠誠を示すために、「ユダヤ人おことわり」の立て札が立てられた。

図27　ユダヤ商店ボイコットの呼びかけをみるベルリン市民（1933年4月1日）　レクリングハウゼンでは違反者は顔写真をとられた。反ユダヤ行動は、ドイツ人にも向けられていた。

今回の反ユダヤ行動の波は、ようやく一九三五年の二月に、国家警察が一連の反ユダヤ措置をとったのを潮時に引いていった。ユダヤ人が国旗を掲揚することの禁止と、同化ユダヤ人の集会を規制する二月二十日の措置がそれである。このころからユダヤ人の国外移住の動きが報告に登場するが、ヘッセンの北部からパレスティナへ移住する者はまだごく少数でしかない。

一九三五年の熱い夏

一九三五年の六月ごろからまた「多数の騒動」がおこりはじめた。カッセル市では水泳場の経営者が、ユダヤ人の入場をことわり、公共の場からのユダヤ人の排除がすすみはじめた。フルダ市では、ユダヤ人のカリカチュアと「ユダヤ人のところで買うのは、非国民だ」と書かれた赤いビラが、ショーウィンドーや家の前面にくりかえしはられた。

こうしたなか、国民啓蒙宣伝相ゲッベルスと、反ユダヤ主義として名高いユリウス・シュトライヒャーが、あらたな反ユダヤ・キャンペーンを開始した。反ユダヤ運動は、一九三五年七月から八月にはふたたび高揚して、あらたな波をつくりだしてゆくことになる。ところでこの三五年夏の反ユダヤ運動は、これまでにないひろがりをもち、内容も一段とエスカレートしてきているような印象をうける。ユダヤ人にたいする暴力はいうまでもなく、とくにユダヤ人とつきあったり、買い物をするドイツ人が、はっきりと攻撃の対象となってきているからである。いくつかの事例を、行政当局の一九三五年七、八月分の報告のなかからぬきだしてみよう。

カッセル郡部にあるホーフ村では、村のナチ指導部が、「住民にユダヤ人のことを何度いっても効果がないので」、村の中心に立て札を立てて、ユダヤ人と取り引きをする者、ユダヤ人の店で買い物をする者の氏名を公表した。シュリュヒテルン郡では、ユダヤ人家屋に「ユダヤ人」と書いた黄色いステッカーがはられ、アーリア人の商店には、赤い紙に黒字で「ユダヤ人の立ち入り禁止」と書かれたプラカードが立てられた。

マールブルク郡部からは、「ユダヤ人は当農場への立ち入りを禁止する」という立て札が、あちこちの村で騒ぎと、さらなる不和を引きおこしている、との報告がある。マールブルク市内でも、シュテュルマー掲示板が四カ所に設置され、ユダヤ人の店で買い物をする者のリストがかかげられた。これが市民のあいだに、緊張と不穏な動きを引きおこしている、と郡長は報告している。ケルレ村とおなじようなことが、各地でおきていたことがわかる。

つぎに、反ユダヤ主義がドイツ人に向けられ、ドイツ人が攻撃されたり、襲撃された事件のなかから、いくらか具体的なことがわかる事例を紹介してみよう。ヘルスフェルト郡でおきたケースでは、ある鍛冶屋の親方の家が、一〇〇人から一五〇人のかなり大規模なデモ隊におそわれている。この親方は、村から借りている土地でつくった穀物をユダヤ人に売り、ナチスの募金活動にも応じないような人物であった。事件のほうは、親方がもうユダヤ人とは取り引きをしないことを約束し、ナチ国民福祉団に五〇マルクを寄付することで落着している。

この事件の背景には、もちろん三五年夏の反ユダヤ・キャンペーンがある。しかしこのデモには、かならずしも反ユダヤ主義の枠におさまりきらないものがあるのではないか。というよりはむしろ、このデモの本当の目的は、反ユダヤ主義ではなく、ナチ体制に協力しない者にたいする見せしめにあったようにみえる。その証拠に、親方がたんにユダヤ人とのつきあいをやめると約束しただけでは、一件は落着していない。デモ隊を納得させるためには、親方はナチ国民福祉団に五〇マルクを寄付しなければならなかったのである。そこから、それまで募金に協力しなかったことが、この懲罰行動のひとつの原因でもあったと考えられる。

もちろん、この親方が、ユダヤ人とつきあいがあり、とくにユダヤ人に穀物を売ったことが、デモの直接のきっかけとなったことは、否定しえないことである。しかし全体としてみると、反ユダヤ主義は、ナチ体制に協力しない者にたいする懲罰行動を正当化する口実として、利用されているようにも解釈できる。それ以上の想像はつつしまなければならないが、小さな村で、一〇〇人から一五〇人のデモがおきたことは、村ぐるみの制裁とも考えられる。そのばあいには、ナチ体制への非協力という理由そのものも表面的なものにすぎず、じっさいにはシャリヴァリ、すなわち村の規範にしたがわない者への、儀礼化された暴力であった可能性も排除できない。

反ユダヤ主義をとなえながら、じつは別のことをねらっていたという例はほかにもある。たとえば、ヘッセンのかなり西、独仏国境に近いところにあるメルクシュタインという村の村長が、一九三五年九月にだした命令がそうである。村長は、ユダヤ人の村への移住を禁止し、どのような形であれユダヤ人と交際する者は、民族共同体から排除された存在とみなすと発表した。ところが、この村にはユダヤ人はひとりも住んではいなかったのである。また移住してくる気配もなかった。だから、この命令は、実質的には無意味なものであった。

しかし、実害がないからこそ、こうした命令がだされたと考えられる。村長は、おりからの反ユダヤ行動の高揚を、ナチ体制への忠誠を表明する機会として利用したのである。とりあえず大勢に同調して、村の安全をはかるという行動様式は、まえにも出てきた。ヒトラーが政権をとったとき、ケルレ村で村の広場を「ヒトラー広場」に改称しようとしたあの事件である。さらに、もっとさかのぼれば、ドイツ革命のとき、ケルレ村で社会民主党が八一%という異常に高い得票率を集めたケースも、これにふくめてよいだろう。

もちろん反ユダヤ主義という「たてまえ」は、個人的な利害のためにも利用されていた。たとえばカッセルのゲシュタポは、一九三四年六月の報告でこう述べている。「ユダヤ人にたいする襲撃や暴行事件を調べていると、ナチ商工業者団がうらで糸をひいている疑いが出てきた。彼らは、ユダヤ人の競争相手の排除をねらっている。しかし、彼らはけっして網にかからない。だから突撃隊、親衛隊、ヒトラー・ユーゲントが責任をかぶせられている。私利私欲をはかる者たちに、突撃隊が利用されるようなことがあってはならない」と。[5]

一九三五年の夏にも、おなじような報告がある。マールブルク郡の郡長の八月の報告によれば、シュテュルマー掲示板は、マールブルク市だけでなく、「喜ばしいことに」郡部の各地にも設置された。けれども、そうした掲示板は、新聞の掲示だけでなく、住民を公然と非難するために利用されている。そしてさらに郡長は、この掲示板が「村人の個人的な敵対関係を解決するために利用されるという危険もある」ことに注意をうながしている。

ニュルンベルク法の発布

一九三五年夏の反ユダヤ行動のエスカレートぶりは、ヒトラーや政府当局がゆきすぎをおさえようとしたことからもうかがえよう。まずヒトラーは八月八日、ナチ党にたいして非合法的な反ユダヤ行動を禁止する命令をだした。また経済省はまえまえから、ユダヤ商店のボイコットや襲撃にブレーキをかけていたが、八月二十日の協議で、経済相シャハトはゆきすぎた反ユダヤ宣伝が経済に重大な損害をあたえていることを指摘している。内相フリックのほうも、警察に取り締まりを求める指令を準備していると答えている。

さらにカッセルのゲシュタポも、八月の十七日に『シュテュルマー』紙の一部の記事の掲載を禁止した。同紙のポルノまがいの低俗な反ユダヤ宣伝が、子どもたちに悪影響をおよぼすおそれがあるという苦情を無視できなくなったからである。ゲシュタポのほうでも、そうした煽動では「ユダヤ人への攻撃を誘発するだけで、無関心層を反ユダヤ主義の側に獲得できない」とみていた。ちなみに本書の中扉下の絵は、当時の国民学校の教科書の挿絵からとったものである。反ユダヤ主義を子どもたちに植えつけるためであろう。子どもたちが指をさして、読んでいるのが『シュテュルマー』紙である。ゲシュタポも一部禁止せざるをえなかった煽情的な反ユダヤ新聞が、子どもたちの教科書の挿絵に使われているのが、なんとも皮肉である。

政府や党中央は、ユダヤ人にたいしては立法と行政措置をつうじて、体系的に、また対外的な影響も考慮して一歩一歩、排除してゆく方針であったと思われる。しかし下からの山猫的な反ユダヤ行動が、一定のあいだをおいて波状的におこったので、中央省庁はユダヤ人問題の調整をナチ党の出先にまかせずに、なんらかの法的措置をとるようにせまられたといえる。

そこで、こうした下からの反ユダヤ行動のゆきすぎを利用し、またそれをおさえるために、一連の法律が急いでつくられた。悪名高いいわゆるニュルンベルク（諸）法がそれである。九月の党大会で公表されたこの法律は、ユダヤ人を第二級の市民とした「公民法」と、ユダヤ人と「アーリア人」の結婚や性交渉を禁止した「ドイツ人の血と名誉を守るための法」からなる。ゲシュタポや郡長の報告をみるかぎり、新しい反ユダヤ立法は、「住民におおいに歓迎された」ようである。人びとは、露骨で下品な反ユダヤ主義には眉をひそめても、秩序だったやり方で、ユダヤ人を排除してゆくことには、ほとんど抵抗を示していない。

ただ、市民のなかには、政府の反ユダヤ政策が「急進的すぎる」と思う人びとがいる、とゲシュタポは報告している。その一九三五年十二月の報告によれば、彼らは「きちんとして礼儀ただしいユダヤ人」などという表現をよく用い、政府がユダヤ政策をゆるめれば、ドイツの貿易バランスはいっきょに好転するなどと述べている。「きちんとして礼儀ただしいユダヤ人」という表現は、ケルレ村の馬農家がいう「まともなユダヤ人」とか「まっとうな人間」と、どこかつうじあうところがある。すくなくとも「きちんとした」とか「まともな」という形容詞が、ユダヤ人を評価するときに用いられていることを、さしあたり記憶にとどめておこう。

またゲシュタポの報告では、ニュルンベルク法が成立したあと、「住民はユダヤ人にたいして規律ある態度をとるようになった」とあるが、ユダヤ人への無統制な攻撃がやんだわけではなかったようである。郡長たちの一九三六年二月の報告によれば、いぜんとしてユダヤ人墓地荒らしや、シナゴーグへの侵入事件などが散発的ながらおきているからである。勝手な行動をかたく禁じたナチ党上層部の命令が、なぜ守られなかったのか。その理由について、県知事はこうみている。

　残念ながら、ユダヤ人への攻撃は完全にはなくなっていない。クーアヘッセンにおける住民のユダヤ人への反発は、何世紀にもわたるユダヤ人による経済的な抑圧に起因している。したがって、住民を説得して納得させることは、なかなかむずかしい。つまり、ナチ政府こそが、ユダヤ人問題を解決でき、ユダヤ人にたいして必要なときに必要な措置をとることができ、政府自身だけが決定できるということを、住民に納得させることはむずかしいことである。最近まで、つぎのような意見が住民のあいだにひろまっていた。すなわち、総統は、対外関係をおもんぱかって、ユダヤ人にたいする個別攻撃を禁止せざるをえなかったのであり、本音では、各人がそれぞれにユダヤ人にたいする攻撃を断固として継続することを、望んでおられるのだと。[6]

県知事は、経済的な利害、伝統的な反ユダヤ感情、それからヒトラーの本心をかわりに実行するという動機をあげている。とくに注目されるのが、いちばん最後にあげられた動機である。ヒトラーの本音を代弁し、代執行するということは、行為者にとっては、きっと自分たちの行動を正当化する強力な後ろ楯になるとともに、総統への忠誠ぶりを示すチャンスともうけとめられたであろう。なにしろヒトラーのためにするのだから、党や政府の規制措置などは眼中になく、踏みこえてしまう可能性が高い。忠誠心をきそいあうことは、行動をエスカレートさせてゆく要因ともなるであろう。

また、ユダヤ人迫害に後ろめたさを感じていたナチ党員もすくなくなかったが、こうした代執行というメカニズムは、それをのりこえる可能性をもっていたかもしれない。いずれにしても、ヒトラーは、自分が札つきの反ユダヤ主義者にみられないように気をつかい、政権獲得の前後から過激な言動をつつしんできたが、すくなくとも熱狂的なナチ党員たちには、それが演出にすぎないことがわかっていたことになる。これは馬農家の証言から引きだした二つめの問題とかかわってくる。すなわち、人びとはナチ政権の反ユダヤ政策の意図がどこにあり、どのようなことがおこなわれていたかについて、どこまで知っていたのかという問題である。

もちろんこの段階では、ヒトラーの本心がユダヤ人の断固たる排除にあるとみぬいていたとしても、それがユダヤ人の絶滅政策にまでエスカレートしてゆくことを知っていたことにはならない。この問題を考えるためには、どうしても第二次世界大戦中のユダヤ人についての証言をみる必要があるので、あとでまたふれることにしよう。

家畜取り引き問題

ニュルンベルク法が成立したあとも、ユダヤ商店での買い物は、とくに大都市ではそれほど減少してはいない。小都市と農村では、ボイコットが完全に実施されているとの報告もあるが、「家畜取り引きからユダヤ人を排除するという試みは、まだ成功していない」という報告が目につく。しかもすでにみたように、こうした取り引きにはナチ党の幹部もかかわっていたのである。反ユダヤ主義者にとっては、まさに目の上のたんこぶのようなものであった。

ある研究者によれば、ユダヤ人が家畜取り引きに圧倒的な影響力をもったのは、食肉の処理にたいするユダヤ教の掟《おきて》が厳格で、そのためユダヤ人が家畜の品質検査にすぐれた専門知識をもつようになったからとされる。[7] もっともヘッセンの農民たちは、あとでみるようにもっと現実的な理由をあげている。いずれにしても、ヘッセンやその南のバイエルン地方では、家畜の取り引きにはユダヤ人が昔から不可欠な存在であった。

バイエルンでは、ナチスは、ユダヤ人が大きな影響力をもつ家畜取り引きに、はじめから狙いをつけていたようにみえる。はやくも一九三三年三月〜四月には、つまり反ユダヤ行動の第一波で、ユダヤ人家畜仲買人にたいする襲撃、保護拘禁がおこなわれているからである。また四月には、家畜市場でのドイツ語使用命令がだされている。これは、バイエルンでは家畜の取り引きに、ヘブライ語とドイツ語とが混合したユダヤ人ドイツ語が用いられていたことと関係している。さらに三三年九月に全国食糧生産者団が設立されると、その直後に家畜市場からユダヤ人を体系的に締めだす動きが、シュトライヒャーのお膝元、ニュルンベルク市からはじまっている。

しかし、そのバイエルンでも、ユダヤ人との取り引きの排除はなかなかすすまなかったようである。一九三七年八月一日のミュンヒェンのゲシュタポの報告では、「まだ大部分の農民たちがユダヤ人との取り引きを継続しており」、たとえば「ネルトリンゲンの家畜市場の取り引きは、その八〇〜九〇％がユダヤ人ににぎられている」とある。この問題の決着は、一九三八年七月六日のライヒ営業条例の改正により、ユダヤ人が仲買商から排除されるまで、またなければならなかったのである。

ヘッセンでも、事情はかわらなかった。一九三五年四月のマールブルクの郡長の報告はつぎのように述べている。


ユダヤ人の商売、とくに家畜取り引きはあいかわらず繁盛している。多くの村で、ユダヤ人との取り引きの増加がみられる。そのさい残念ながら、ユダヤ人と取り引きをしている者のなかに、ナチ党員、自治体議員、収入役、そのほか村の名誉職にある者がふくまれている。……一方、こうした取り引きに不満をもち、憤激する人びともいる。彼らは、ユダヤ人との取り引きをつづける農家に落書きをしたりしてうさばらしをする。政府は、ユダヤ人と取り引きする者を村の名誉職から解職し、党員を党から除名するとのおどしをもって、取り引きを禁止する措置をとることが、ぜひとも必要である。[8]

反ユダヤ行動が高揚した一九三五年の八月になると、ついにフルダ市で、あらたにユダヤ人を排除した家畜市場がオープンした。おなじころ、マールブルク郡部では、あちこちの村で「ユダヤ人は当農場への立ち入りを禁止する」という立て札が立てられて、ケルレ村の馬農家へのいやがらせを思いおこさせるような事件がおきている。

その事件というのは、ヒトラー・ユーゲントに加入している十七歳のギムナジウムの生徒と、馬農家と思われる農場主のあいだでおきたものであった。この少年が、反ユダヤ的な立て札を農場に立てようとしたところ、農場主がそれをこばんだのが発端である。このヒトラー・ユーゲントは、農場主の「否定的な発言」をとらえて、当局に彼をただちに保護拘禁するよう告訴した。告訴された農場主は、立て札を拒否したのは悪意があってのことではないと主張し、つぎのように述べている。

わたしは、毎年、牛を一、二頭買い、五頭ほど売却している。いちど〔ユダヤ人を排除した〕家畜利用協同組合と取り引きしようとしたことがあるが、話をまとめることができなかった。家畜利用協同組合が、うちの牛全部をひきとってくれて、適当な牛を世話してくれて、自分の損になるようなことがなければ、ユダヤ人との取り引きはすぐにもやめてやる。べつにユダヤ人に借りがあるわけではないからだ。そうなれば、立て札を立てることにも異存はない。[9]

この農家がいうには、ユダヤ人家畜商と取り引きをするのは、ユダヤ人に好意をいだくからではなく、もっぱら経済的な理由からである。彼の証言とかさなるところがあるが、ゲシュタポは一九三五年の八月の報告のなかで、農民たちがあげる理由を、つぎの五点にまとめている。

(1) ユダヤ人家畜仲買人は、キリスト教徒の家畜商とくらべると、あまり価値のない家畜、とくに年とった雌牛を引きとってくれる。

(2) アーリア人の家畜利用協同組合をとおすと、代金をすぐに現金で支払ってくれない。

(3) また家畜利用協同組合をとおすと、売れ残った家畜が長いこと市場におかれて、そのあいだ家畜のめんどうをこちらでみなければならない。

(4) そのうえ組合をとおすと、さまざまな控除金が差し引かれるので、わりにあわない。

(5) 農場までやってきて、現金で支払ってくれる、ドイツ人家畜商はいない。

農民たちは、ユダヤ人家畜商を必要としていた。家畜市場からユダヤ人が排除されたフルダ郡では、たちまち農民たちが、家畜の売りわたしがうまくゆかなくて困っていると泣きついている。しかし、さきにふれたように十九世紀末のベッケル運動以来、家畜取り引きからユダヤ人を排除することは、ヘッセンの農民たちの願望でもあった。

農民たちは、これまでにも協同組合の設立や、「家畜取り引きのゲルマン化」と称して、ユダヤ人ぬきの家畜取り引きを試みているが、結局、いずれも長続きせずに、失敗におわっている。ユダヤ人の排除を願いながらも、ユダヤ人に依存しなければ取り引きがなりたたないというのが実情であった。ヘッセンの農民たちの反ユダヤ主義は、こうした二律背反的な関係性のなかで考える必要がある。

末端における人種主義

ケルレ村の証言にあったとおなじようなことは、各地でもおきていたのである。そこでようやく、われわれは馬農家の証言から引きだした、四つの手がかりを検討できることになる。まず最初のものは、反ユダヤ主義をナチスの人種主義とおきかえると、ナチスの人種主義は、民族の内部に向けても発動され、従来の権威や秩序そのものをゆるがすダイナミズムをもっていた、という問題であった。

馬農家の証言にそくしていえば、反ユダヤ攻撃の矛先は、村の有力者で、しかも地元のナチ幹部である人物に向けられたという部分が、まずこの問題と関係する。ケルレ村で聞き取り調査にあたったヴァーグナーは、それをライヴァル関係やねたみによるものと説明している。[10] いいかえれば、これは反ユダヤ主義というナチズムの原則を楯にとって、自分の利益をはかり、自己の立場をよくしようとする行為といえる。反ユダヤ主義を、人びとが個人的な敵対関係を解決するために利用した例や、反ユダヤ主義をとなえながら、じつは別のことをねらっていたという事例は、ケルレ村以外でもみられた。

だが、馬農家の証言のなかで、おもしろいと思われるのは、村のナチスが、突撃隊の曹長で村の有力者である馬農家の抗議にもかかわらず、掲示板からはり紙を撤去しようとはしなかった、という部分である。われわれが注目するのは、なぜ彼らはそこまで馬農家の要求をはねつけることができたのか、なぜがんばれたのか、という点である。

ヴァーグナーの説の延長上で考えれば、ねたみや、ライヴァル意識がそれだけ強烈であった、という解釈も当然ありえよう。残念ながら、われわれにはその当否を判断する材料はない。しかし、人びとは体制の「たてまえ」をおしたてることによって、自己の個人的な利益や関心をこれまで以上に主張することができた、ということはいえるであろう。さらにまた、そうした行為は、反ユダヤ主義がナチ体制の中心的なイデオロギーであることを、人びとが十分に承知していたことをも意味している。だからこそ、人びとは反ユダヤ主義を錦の御旗として利用できたのである。

これまでみてきたヘッセンの事例のなかには、「ユダヤ人おことわり」の立て札の設置を拒否した農場主を告訴した、例のギムナジウムの生徒のケースがあった。彼のばあいも具体的なことはわからないが、告訴にまでふみきる執拗《しつよう》さ、過激さが感じられる。このヒトラー・ユーゲントは、おそらくライヴァル関係や、個人的なうらみから、農場主を告発したのでないだろう。ナチズムの大義、反ユダヤ主義の正当性を信じての行為であったと読むことができる。

さらに、われわれは、さきにカッセル県知事の報告から、確信的なナチスのなかに、ヒトラーの本音を彼にかわって実行するという意識があったことを知っている。彼らは、勝手な行動を禁じたナチ党上層部の命令を無視して、行動をエスカレートさせることができた。いずれのばあいも人びとは、正当性意識を背景にしたばあいに、反ユダヤ行動を急進化しうることになる。

反ユダヤ主義にかんする最近のカーショーやモムゼンなどの研究は、それまでのナチズムや民衆における反ユダヤ主義を過大視する傾向にたいして、それをより限定して考えようとする点に特徴がある。「住民のあいだで反ユダヤ主義は人気がなかった」とか、「住民は無関心であった」という指摘は、もちろん全体的な状況や文脈のなかにおいてはじめて意味がある。これだけをとりだして、反ユダヤ主義は人気がなかったといったところで、人種主義の問題がみえてくるわけではない。人びとの反応については、つぎの「ユダヤ人への理解と反感の共存」で考えることにして、ここではもうすこし問題をさきにすすめてみたい。それは末端における人種主義とその急進化という問題である。

急進的な反ユダヤ主義の担い手というと、われわれはつい狂信的な反ユダヤ主義者を想定してしてしまう。たしかに、そういう人びとがいたことはまぎれもないことである。しかし、あの十七歳のヒトラー・ユーゲントは、どうだったろうか。彼は、ナチ体制を信奉してはいたであろうが、かならずしも狂信的な反ユダヤ主義者であったかどうかはわからない。ヒトラーへの忠誠心を表現しようとして、反ユダヤ行動をエスカレートさせていった者が、みんな狂信的な反ユダヤ主義者であるとはかぎらないのである。狂信的な反ユダヤ主義者でなくとも、ライヴァル関係や、個人的な利害から、急進的な反ユダヤ主義の担い手になりうることは十分に考えられる。

極端ないい方をすれば、末端における急進的な反ユダヤ行動は、個々の参加者が狂信的な反ユダヤ主義者でなくともおこりうるのではないだろうか。つまり、反ユダヤ主義が体制の原理で、正当性の根拠になりうるのならば、普通の人びとでも十分にその急進化の担い手になりうるということである。

ユダヤ人への理解と反感の共存

このエピソードを語る馬農家は、ユダヤ人にたいしてどのような気持ちをもっていたのだろうか。この問題には、さきにあげた四つめの問題、つまりユダヤ人との交際を正当化する論理はなにかという点もかかわってくる。

この馬農家は、ナチ体制になっても、ユダヤ人を拒否しないで、彼らとの取り引きをつづけていた人物である。それどころか、ユダヤ人排斥の波が何回かおしよせてきても、彼は、自分の農場に出入りし、商売関係にあるユダヤ人については、「まともな」ユダヤ人とよんで評価する。またナチスのユダヤ人迫害については「思いもよらなかった」こと、「考えてもみたくない」ことだったと述べている。だからこの人物は、ナチスのユダヤ人政策には否定的であるか、すくなくとも距離をとっているようにみえる。

自分でも語っているように、この人物はナチ党員であった。しかも入党時期から判断して、確信的なナチスであった可能性が強い。そうすると根っからのナチスであっても、反ユダヤ主義に同調しない人物がいた、ということになるのであろうか。しかしさきの証言をよく読むと、この馬農家は、ユダヤ人一般に好意的であったわけではないことがわかる。「大金持ちで」、遠い「アメリカ」に住む、「戦争に火をつけた」ユダヤ人なら、強制収容所におしこめられて当然である、そうなってもかまわないと述べている。

もちろんこの部分は、普通のユダヤ人への彼の理解ぶりを強調するためのレトリックである。軽い気持ちでいったのかもしれず、かならずしも本意ではないかもしれない。しかし、おもわず本音がでてしまったという可能性も否定できない。というのは、ユダヤ人への理解と同情を語りながらも、反ユダヤ感情をつい表現してしまうという事例がほかにもあるからである。

たとえばさきにふれたベッケル運動との関連で、ある山羊農家はこう語っている。「彼ら〔ユダヤ人の金貸し〕だけに責任があるのではない。借り手のほうにも責任がある。……彼らは借金が払えなくなると、ユダヤ人を非難する。これは長年にわたる悪いくせだ。たとえば牛の取り引きをしようとすると、ユダヤ人があいだに入らないと、話がすすまない。当然、ユダヤ人はこの取り引きでもうける。彼らをあいだにいれないで合意できれば、こんなにいいことはないだろうに」と。[11]

この山羊農家は、ユダヤ人のみに責任をかぶせる見方を相対化し、反ユダヤ主義にはしる農民たちの側にも、身勝手なものがあったことを認めている。それにもかかわらず、ユダヤ人なしで取り引きができれば、それにこしたことはない、ともらしている。心の底ではユダヤ人商人の排除をのぞんでいると解釈できる。

反ユダヤ主義者というと、骨の髄からの人種差別主義者で、暴力的だったり、差別意識まるだしの人物をつい思いうかべてしまう。しかし、普通の人びとの記憶を読んでいて、つきあたるのは、むしろユダヤ人への同情や理解と反ユダヤ感情の共存である。

どんなドイツ人も身近にユダヤ人の友達をひとりぐらいはもっていた。それなのにドイツでは残虐なユダヤ人迫害がおきたとよくいわれる。われわれがつきあたったユダヤ人への理解と反感の共存という問題は、それを考えるひとつの手がかりとなるかもしれない。それどころか、理解と反感の共存という問題のほうが、あんがいむきだしの人種差別よりも、さまざまな問題を解く重要な鍵になるかもしれない。

つまりこういうことである。もしユダヤ人迫害が、札つきの人種主義者によってのみ遂行されるものならば、問題は比較的単純であろう。普通の人びとにとって、それは狂信的なナチスがやったことだから、自分たちには関係ないと、ユダヤ人迫害との関係を否定することができるからである。だがユダヤ人への理解と反感が共存しうるものとなると、話はべつになってくる。反ユダヤ主義は、もはや他人事として、すますことはできなくなるからである。

ケルレ村の馬農家の証言にもどって、ユダヤ人への理解と反感の共存という問題を考えてみよう。この馬農家は、ユダヤ人への同情と反感とのあいだをゆれうごいていたのだろうか。それとも、あるときにはユダヤ人に理解を示し、べつのときには反感を示すという態度をとっていたのだろうか。そうではない。理解と反感は同時に存在している。それならば、どのようにして共存しているのか。共存の構造はどうなっているのか。

この人物は、まず、自分の農場に出入りする「身近な」具体的なユダヤ人には理解を示すが、「遠い外国」にいるユダヤ人、自分の知らない「抽象的」なユダヤ人にはホロコーストもしかたがないとしている。ここにあるのは「内」と「外」という考え方である。内部のユダヤ人は良く、悪いのは外部のユダヤ人という区別である。彼のユダヤ人にたいする矛盾した態度は、「内」と「外」という論理をつかえば納得のゆくものとなる。ユダヤ人への理解と反感は共存しうるものとなる。

つぎにこの馬農家は、「まっとうな」ユダヤ人と、そうでないユダヤ人とを区別している。「まっとうな」とは、正直で、勤勉な者という意味にとることができる。正直で、勤勉なユダヤ人は評価するが、陰謀をたくらみ他人を搾取するユダヤ人は敵視する。人間を「まっとうな」者とそうでない者とに分けることで、ユダヤ人への理解と敵視とは矛盾せずに同時に成立しうるものとなる。
これらの論理は、われわれにはすでになじみのものである。ケルレ村の人びとが日常的に用いた、社会論理そのものであるからである。「まっとうな」というのは、ナチスの政権獲得のところで論じた「勤労のエートス」につうじている。考えてみれば、ケルレ村の住民は、すでに十九世紀から、ユダヤ人に反感をいだきながらも、経済的にはユダヤ人の金融業者や家畜仲買人を必要としてきた歴史をもっている。いやでもつきあわなければならないのである。そうしたアンビヴァレントな感情を静め、ユダヤ人との商売にうしろめたさを感じないようにする工夫や、行動様式を、村の人びとはつくりだしてきたわけである。

そもそも農村はうるわしい調和的な共同体ではなかった。内部には歴然とした階級の差や対立が存在し、ねたみや、うらみが渦まく世界であった。そうした世界のバランスをとり、共同体の崩壊を回避するためにつくりあげられてきたのが、名誉という観念、内と外の区別、勤労のエートスといった社会論理であった。馬農家が、「農場にきてはならないことになっていた」ユダヤ人とのつきあいを正当化しなければならなくなって、正当化の論理として利用したのが、上述の社会論理ということになる。いいかえれば馬農家は、村の論理を応用することで、ナチ党員としては都合の悪い自分の行動を正当化しようとしたのである。

2 もったいないという反応

製材工場強制売却事件

ヘッセンでは、一九三五年九月のニュルンベルク法の発布以来、財産を売却してフランクフルトなどの大都市に移住したり、出国用のパスポートを申請するユダヤ人がふたたび増加した。しかし翌三六年には、反ユダヤ的な政策や、上からの指令にもとづく反ユダヤ行動は、あまりめだたなくなっている。この年、ベルリンでオリンピックが開催されることになっていたため、外国の目を気にしたのであろう。その証拠に、ユダヤ人迫害はオリンピック終了後にふたたび活発化している。

一九三七年の反ユダヤ行動は、ナチスが一九三六年の党大会で四カ年計画を発表して、戦争に向かって大きく舵《かじ》をきったことと関係していた。つまりひとつには、戦争にそなえて、国内の敵を排除、追放しようとする動きである。もうひとつは、ユダヤ人を経済活動から排除し、その財産を利用しようとするものであった。いわゆる「経済のアーリア化」とよばれたのがこれである。一九三七年秋には、そうしたユダヤ人企業のアーリア化の波がおきた。そのなかには、そうした動きに便乗して、ユダヤ人の商店や財産を、買いたたいて、安く手にいれようとする者もいた。

当時ケルレ村には、ユダヤ人は居住していなかった。しかし、ユダヤ人が経営する製材工場があった。この製材工場は、近くのゲンズンゲンに住む農業用品販売業者で、木材商のユダヤ人が、一九二六年に設立したものであった。従業員は二〇人ほどである。経営者のユダヤ人は、ケルレ村のほかにもゲンズンゲンに製材工場をもっていた。しかしその工場は、ナチスが政権をとってまもなく農民たちのボイコットにあった。しかたなく彼はその工場を売却している。

ナチスは、ケルレ村の製材工場にたいしても、一九三五年から三六年にかけて圧力を強めていった。そして三七年には、労働戦線が、工場を八日以内に売却するよう要求をつきつけた。「いかなる財産も、ドイツ民族に属さない者の手中にとどめおかれてはならない」というのがその理由である。経営者は、この要求に屈して、工場を手放した。買いとったのは、カッセルの木材商店である。

ところがその価格は、村人が語るところによれば、「八万マルクというばかばかしい値段だった。買い手は、ほかにも、この近くのレーレンフルトやアイターハーゲンにもいた。当時、みんなが、安く手にいれてしまおうと思っていた。しかし、Y〔カッセルの木材商〕の義理の父親は、ヘッセンの大管区労働指導者だった。そこで彼は、この関係を利用して、それを手にいれたにちがいない」といわれている。[12]

ここまでは、当時よくあった「経済のアーリア化」のエピソードである。だがケルレ村のこのケースでは、この製材工場の工場長だった山羊農家の息子の証言があり、それがたいへん興味深い。工場長の息子は、製材工場の強制売却事件については、こう記憶している。

〔当時〕いくらかもめごとはあった。そのため、うちの年寄り〔工場長〕は、追いこまれて、頭がおかしくなりはじめた。それでハイナ〔精神病院〕に入院した。もとにもどるまで一カ月半か二カ月入っていた。彼には、工場が、ユダヤ人からそんなに安い値段で買いとられるなんて理解できず、それをうけいれたくなかったんだ。とりわけ彼は、すべてをいっしょにそこまでつくりあげてきて、どれほど労力をつぎこんできたか、ほかのだれよりもよく知っていたから。……そこで彼は眠れない日が一週間もつづいた。彼は憤激のあまり、もはや前後のみわけがつかなくなったんだ。[13]

工場長は、ユダヤ人ではなかったが、ノイローゼになって、入院をよぎなくされた。彼の息子が、父親の入院の理由としてあげるのは、工場が不当に安く売却されたことへのショックである。

ユダヤ人の経営者にたいする語り手の気持ちは、「すべてをいっしょにそこまでつくりあげてきた」というくだりに感じられないこともない。おそらく同情の念は、胸に秘められているのであろう。直接には語られていない。またナチスの反ユダヤ政策への怒りや批判も、前面にはでていない。前面にでているのは、工場長が汗水たらしてつくりあげてきた工場が、買いたたかれたことであり、本来の価値が評価されなかった点である。

「水晶の夜」

被害をうけたユダヤ人への同情ではなく、勤労の成果がふみにじられたことに目を向けるという反応は、ほかでもみることができる。一九三八年十一月九日から十日にかけての「水晶の夜」についての人びとのコメントがそれである。この事件は、第二次世界大戦前におけるユダヤ人迫害のひとつの頂点として知られている。ことの発端は、二日前の十一月七日に、パリでドイツ公使館の書記官がポーランド系ユダヤ人青年に殺害されたことにさかのぼる。

この殺害事件にいちはやく反応したのが、ケルレ村のあるヘッセン北部のナチスであった。フリッツラー、エシュヴェーゲ、ヘルスフェルトなどの町まちでは、十一月八日の夜間、ユダヤ人家屋への投石、シナゴーグへの放火などの暴力行為がおきている。

おりから十一月九日は、一九二三年のヒトラー一揆の記念日にあたっていた。ナチ党の幹部たちは、いつものようにそれを記念するため、ミュンヒェンに集まった。ゲッベルスは、その記念演説で、ヘッセンの反ユダヤ行動に言及し、これが国民の怒りにになわれたものであると述べている。さらに彼は、ヒトラーは、こうした自然発生的行動にたいして、ナチ党がこれを組織することはないが、その邪魔をしてはならないという指示をだしたと発表している。出席者は、この演説をポグロムへの指令とうけとったといわれている。ゲッベルスの意図は、この暗殺事件を利用して、ユダヤ人を経済活動からいっきに排除しようとするものであったと考えられている。

その結果、ほぼドイツ全土で、反ユダヤ行動が展開された。シナゴーグが放火され、ユダヤ人家屋の窓ガラスや、ユダヤ商店のショーウィンドーが破壊された。ガラスの破片が水晶のようにキラキラと輝いたという。「水晶の夜」という呼び方は、そこからきている。

それから三日後の十一月十二日、ライヒ経済相は、一九三九年一月一日をもってユダヤ人が、小売業、手工業、市場取り引きから、最終的に排除されることを明らかにしている。

さて、ケルレ村の山羊農家の娘は、この「水晶の夜」についてつぎのように語っている。

わたしたちは、直接そのことに関与しませんでした。

というのもケルレ村にはユダヤ人が住んでいなかったからです。しかし、わたしたちが翌朝メルズンゲンに働きにでかけると、破壊のあとをみました。

まったくひどいありさまでした。こんなにめちゃくちゃにしてしまうなんて、とても人のやることとは思えませんでした。窓ガラスという窓ガラスは、ことごとく打ちやぶられて、こなごなになっていました。そしていっさいがっさいが路上に投げだされていました。
彼らは、すばらしい物を全部、いっさいかまわずに窓から投げだし、一部では火をつけることさえしたのです。すべてがだめになってしまい、もう使いものにはなりませんでした。[14]

この女性のまなざしは、はじめから最後まで、モノに向けられている。「水晶の夜」のできごとは、財産の無意味で無益な破壊という観点から語られている。個人の財産に不正に手をかけ、破壊した人びとへの批判は、読みとろうとすればできないことはないが、それが前面にでているわけではない。そして被害にあったユダヤ市民への同情は、直接には表現されていない。こうした語り口や、まなざしには、さきの製材工場強制売却事件についての、工場長の息子の証言とかさなりあうものがある。

山羊農家の娘にせよ、工場長の息子にせよ、彼らの証言は戦後もだいぶたってからのものである。だが、事件がおきた当時の人びとも、おなじような反応をみせている。ホーホラルマルクのあるルール工場地帯でもそうした証言がある。

たとえばデュースブルク市のあるナチ党員は、こう怒りをぶちまけていた。「一方では、歯磨き粉のチューブやブリキ缶を集めておきながら、もう一方では、家々や窓ガラスが壊されている」と。

また化学工場の町レーヴァークーゼンでは、ある労働者がつぎのように語っている。

デュッセルドルフの街路には靴や衣類が投げだされ、トラックや市電がその上を通っているとのことだ。身にまとう物がないという者がいるというのに、まったく言語道断なことだ。……物をこわすより、貧乏人に分けたほうがましだろうに。〔デュッセルドルフ市の〕ランゲンフェルト街では、すばらしいシナゴークが焼かれたそうだが、それを住宅にかえれば、四家族が住めただろうに。[15]

こちらのほうが「もったいない」というニュアンスが強くでているが、ケルレ村の山羊農家の娘や工場長の息子とおなじような視点で、事件を語っているのは興味深いことである。

こうした語り口は、さきに述べた「勤労のエートス」によるのかもしれない。勤労のエートスは、ある人物をよく働くかどうか、勤勉かどうかで判断し、その人の政治的な立場などはみてみぬふりをするというものであった。もっともだからといって村人が、政治やどの政党に属しているかに無関心であったわけではなかった。村人は、十分、承知していたのである。だからこのばあいも、財産の無意味な破壊にのみ、目がいっているようでも、言外にナチ党批判なども表現していることは、十分に考えられる。

事実、当局は、「もったいない」という反応のなかに、ナチ党への批判をかぎとっていた。一九三八年十二月九日のウンターフランケン県知事の月例報告には、つぎのように述べられている。

ユダヤ人にたいする制裁措置、とくに罰金賦課は全般的に是認されています。現在の原料事情からみて、目的にそくして公共のために利用できる価値が〔今回の〕行動のなかで破壊されたことは、多くの人びと、とりわけ農村住民から遺憾に思われています。さらに、行動の即時停止を命じられた宣伝相閣下のご命令ののちにも、なお行動がつづけられ、とりわけ食糧品が勝手に破棄されたことにも苦情がありました。たとえば、バート・ノイシュタット・アン・デア・ザール管区庁のオーベレルスバハでは、三・五ツェントナー〔一ツェントナーは五〇キログラム〕の小麦粉が堆肥のなかに投げこまれ、在庫品の卵一箱が通りにほうりだされました。管区庁の報告によれば、そのあとにおこなわれた一鍋料理節約金集めのさい、多くの民族同胞がつぎのようにはっきりと語ったとのことです。このように多くの資産価値が無駄に破棄されたあとでは、すこしの寄付もする気にはなれないと。[16]

ここでも、人びとのまなざしは物財の無意味な破壊に向けられている。もったいないという反応である。たしかに、「水晶の夜」の事件は、明らかに市民道徳に反するもので、普通の人びとの感情をさかなでするものであった。この史料は、ナチスの側もそれに気がついていたことを示している。当局が心配したのは、それがナチ体制批判につながることでもあった。まさに「すこしの寄付もする気にはなれない」という発言がとりあげられているのも、そのためである。しかしこの発言には、たんなるナチ党批判をこえるニュアンス

図 28 「水晶の夜」の翌朝、焼き打ちされたシナゴーグをみに集まった人びと この写真はオルデンブルクのもの。燃やさないで、改築して利用すれば、四家族が住めたのにと、もったいながる労働者もいた。

図 29 ユダヤ人のパスポート ユダヤ人は、パスポートにJのスタンプを押され、印づけられた。戦争がはじまると、ダヴィデの星のマークが、まずナチ占領下のポーランドで導入され、1941年9月にはドイツ国内のユダヤ人にも着用が義務づけられるようになった。

が感じられる。それは、この事件を、ナチスの募金活動をまぬかれる口実に使おうとする動きである。

いずれにしてもこれ以後ナチスは、反ユダヤ行動や政策を国民の目からできるだけ隠そうとするようになる。それと歩調をあわせたかのように、これ以後ケルレ村では、ユダヤ人についての記憶はぷっつりと途絶えている。

ホーホラルマルクの場合

『ホーホラルマルク読本』には、あまりユダヤ人のことはでてこない。ケルレ村にくらべれば、記憶の量も少なく、内容もあっさりしたものである。共産党の活動家を父親にもつ、一九二二年生まれの鉱夫は、つぎのように語っている。

学校ではこう教えられた。「ユダヤ人はわれらが災い」と。最後の学年のころには、ユダヤ人を目のかたきにする教師が担任になった。彼は、聖書の時間にユダヤ人問題をとりあげて、午前中いっぱいをこの問題についやし、ユダヤ人をののしった。

わたしの知るかぎり、ホーホラルマルクにはユダヤ人は住んでいなかった。けれどもレクリングハウゼン・ジュートとヘルネには住んでいた。当時、よくこういわれた。「ユダヤ人は働かないで、商売だけをやり、ドイツ人を搾取する。ユダヤ人は吸血鬼だ」と。

労働者のユダヤ人なんて想像もつかなかった。のちに、ロシアの捕虜になってはじめて、あらゆる職業にユダヤ人がいることに気がついた。労働者にもいた。ホーホラルマルクの年長者たちは、この問題については口をつぐんでいて、教えてくれなかった。だから、われわれ若者は、ユダヤ人への非難攻撃にたいしてまったく手も足もでなかったんだ。

レクリングハウゼン・ジュートとヘルネでは、まだ長いことユダヤ人の店で買い物をしていた。ホーホラルマルクのある鉱夫が、一九三八年に結婚しようとして、家具をレクリングハウゼン・ジュートのユダヤ商人のもとで買った。自分の家にはしまっておく場所がなかったので、倉庫にいれておいた。ところが突撃隊が、この倉庫を「水晶の夜」に火をつけて燃やしてしまった。しかし、彼は「ユダヤ人のところで」買い物をしたということが不名誉なので、口をつぐんでいた。そして彼の金は、消えてしまった。

ホーホラルマルクでは、「水晶の夜」にはなにもおこらなかった。しかし、ヘルネの突撃隊は、レクリングハウゼン・ジュートにでかけていって、建物に火をつけ、窓ガラスをこなごなに砕いた。ジュートの突撃隊はヘルネにでかけていって、おなじようなことをした。翌朝、ホーホラルマルクの住民はレクリングハウゼン・ジュートやヘルネにかけつけ、ショーウィンドーが壊されているのを見物してきた。[17]

これが『ホーホラルマルク読本』では唯一の、ユダヤ人についてのまとまった記述である。ホーホラルマルクにはユダヤ人は住んでいなかったというが、ケルレ村でもそういわれた。しかし、ケルレ村でもユダヤ人とのかかわりがじっさいにはあった。ここでも、おなじで、鉱夫はユダヤ商人のもとで買い物をしている。ケルレ村は反ユダヤ主義の伝統をもつ農村であったが、ホーホラルマルクは共産党の牙城であった。ところが、この証言をみるかぎり、鉱夫といえどもユダヤ人への偏見と無縁ではなかったようである。

じっさい、ルールの炭鉱町でも、過去にユダヤ商店のボイコットや略奪の動きがおきている。それもドイツ革命のさなかである。そのときは大戦以来の食糧危機が継続していたうえに、炭鉱ストライキが長期化していた。社会的不公平感に敏感になっていた鉱夫たちは、その怒りの矛先を「暴利をむさぼる」ユダヤ商人に向けたのである。

また、ホーホラルマルクのこの証言でも、「水晶の夜」の事件についての語り口は、ケルレ村とおなじように傍観者的である。家具が燃やされてしまったことや、ショーウィンドーの破壊に言及されているが、ここでも、ユダヤ人への同情とナチスの政策そのものにたいする批判は前面には押しだされていない。ケルレ村とホーホラルマルクとでは、ずいぶんちがうようにみえるが、こと「水晶の夜」の事件への反応ぶりにかぎってみれば、むしろ共通性のほうがきわだっている。

ホーホラルマルクには、ユダヤ人が住んでいなかったとされる。しかしレクリングハウゼン・ジュートには、ユダヤ人がいたと述べられていた。そこでレクリングハウゼン市について調べてゆくうちに、レクリングハウゼンの郡部にある炭鉱町マールにも、ユダヤ人が居住していて、一部インタヴュー記録があることがわかった。迫害にあったユダヤ人男性のものと、ユダヤ商店につとめていた女店員のものである。ホーホラルマルクの周囲でどのようなことがおきていたか、いくらか知ることができる。

マール生まれのユダヤ人アブラハムゾーンの証言

ロルフ・アブラハムゾーンは、一九二五年にマールで生まれた。父親は、一九〇八年以来マールに居住しており、衣料品店を経営していた。彼は、第一次世界大戦に一兵士として出征したことを誇りにしており、戦友やドイツ人の友人をたくさんもっていた。当然にも、この一家は、自分たちがドイツ人であると思って疑わなかったようである。

ロルフは、一九三一年に福音派のゲーテ小学校に入学した。マールではナチスが政権をとるまでは、反ユダヤ主義の動きはまったく感じられなかったといわれる。ナチ体制が成立して、状況は一変したが、当時、子どもだったロルフ少年にとって、ユダヤ人であることが不利と感じられるようになったのは、ユダヤ人がプールと映画館に入れなくなったときだった。しかしそれ以外には、ほとんど不利とは感じなかったという。

プールと映画館への立ち入りが禁止されたのは、あの一九三五年の夏のことである。同年八月十六日の『レクリングハウゼン新聞』によれば、マールでは、町長の命令で、町の入口や主要な街路に、「ユダヤ人おことわり」の横断幕がとりつけられた。同時に、町営プールへのユダヤ人の立ち入りも禁止された。そして週の市にはユダヤ人用のコーナーがもうけられ、「注意！　ここにいるのはユダヤ人の商人である」という立て札が立てられている。ここルールでも、ケルレ村のあるヘッセンとおなじような状況が成立していたわけである。

一九三六年にマールは市に昇格した。オリンピックの翌年の一九三七年には、ユダヤ人はドイツ人商店への出入りができなくなった。とくにレクリングハウゼン市ではそれがひどくて、ユダヤ人は食糧に不自由するようになった。そのためアブラハムゾーン家は、マールで食糧を買い集めて、ロルフ少年が夜間それを自転車にのせてレクリングハウゼンのユダヤ人のもとに運んだ。マールに住んでいたユダヤ人のティーヒラー家も、レクリングハウゼンやベルリンの知り合いに食糧を送っていたことを、ロルフはおぼえている。

一九三八年の十一月九日の「水晶の夜」に、マール市でもユダヤ人への迫害がおきた。ロルフの父親の店は焼き打ちされたうえ、父親はなぐりたおされ、火のなかに投げこまれた。このときはドイツ人の医師マンツ博士が彼の手当てをしている。そのことは、ユダヤ人迫害のあとになってもなお、アブラハムゾーン家にはドイツ人の友人がいたことを物語っている。

事件のあとナチスは、ロルフの父親を党事務所に呼びつけて、一家が住んでいた建物の引き渡しを要求した。ナチスは、父親に、「水晶の夜」の賠償として家を市当局に売却する契約書にサインするか、強制収容所にゆくか、どちらにするかせまったのである。このことは、「水晶の夜」が経済のアーリア化、つまりユダヤ人の経済からの排除、財産の没収という文脈にあることをあらためて示すものである。

父親は三歳上の兄を連れて、ベルギーに逃げた。残った家族は、二日以内に家の明け渡しをせまられた。結局、ロルフと弟、それに母親はレクリングハウゼン市に移っている。ユダヤ人はマールから追放され、レクリングハウゼンに集められたのである。マールには一九三三年には四七人のユダヤ人が住んでいた。その後一部は、ケルンやベルギーに移住し、今回のレクリングハウゼンへの移住によって、マールは文字通り「ユーデンフライ」（ユダヤ人のいない）市となった。

レクリングハウゼンではユダヤ人は、三軒のユダヤ人家屋に集められ、そこからルールガス株式会社へ強制労働にかりだされた。彼の弟はジフテリアにかかったが、医者にみてもらえず、死亡したといわれる。

ロルフたちは、一九四一年にリガに送られ、さらにそこから別の強制収容所に送られた。母親はリガで死亡したとのことである。その後、ロルフは、ブーフェンヴァルトの強制収容所に移された。彼は、そこの囚人一五〇〇人とともに、ルールのボーフム市にあるクルップ（当時はボーフマー・フェアアイン）の手榴弾工場に派遣された。一年半後の一九四四年にブーフェンヴァルトの強制収容所にもどれたのは、彼をふくめてたったの一六人にすぎなかったという。残りは、空襲や過酷な労働で死亡した。手榴弾工場は、一二時間労働で、ノルマを達成できないと、パンをもらえなかった。そのうえ四人一組で不発弾の処理をさせられた。ドイツ人たちからは、ナチ体制にしたがわない者として、唾《つば》をはきかけられ、殴られたという。

ロルフは、テレージエンシュタットの強制収容所がソ連軍によって解放されたのち、レクリングハウゼンに帰郷した。戦後五年たっても、レストランで席があいていても、「ここはもう予約されていて、ドアの後ろならまだ席がある」、というような反ユダヤ的ないやがらせにあったと述べている[18]。

この回想で注目されるのは、ひとつはレクリングハウゼンでは戦後になっても、反ユダヤ的な偏見が消えてはいなかったという点である。もうひとつは、戦争中のユダヤ人についてである。ユダヤ人は戦争がはじまると、しだいにドイツ人の目の前から姿を消していった。たしかにそのとおりなのだが、この証言からは、ユダヤ人はまったく姿を消してしまったわけではないことがわかる。ユダヤ人の一部は、強制労働にかりだされて、しかもルールの軍需工場でドイツ人の前に姿をあらわしている。ユダヤ人の運命について、ドイツ人はどこまで知っていたのだろうか。

つぎにおなじマール市で、ユダヤ人経営のデパートで働いていたドイツ人女性店員エリーザベット・ヘニッヒの証言をみてみよう。

みんな知っていました

ヘニッヒは、一九三〇年六月から、マールにあるフリードリヒ商会で、職業訓練の徒弟として働きはじめた。このデパートには約三〇名の従業員が働いていた。

ヒトラーが政権をとったとき、ユダヤ人の店主は従業員を集めて、ヒトラーのラジオ演ヒトラーのラジオ演説を聞かせた。店主は自分はドイツ人だと思っていた。若い店員のなかには感激する者もいたが、年長の者たちはこれからどうなるかまだわからないので、しばらくようすをみようという態度だった。

最初は、わたしたちのだれもユダヤ人問題のことは気にかけませんでした。一九三四年の末から三五年のはじめにかけてのころ、突撃隊員が店の前に立って『シュテュルマー』紙を売りつけるようになりました。わたしたちにも、「ユダヤ人の店で働くな」と圧力をかけましたが、「給料はきちんと払ってくれ、労働条件もいいのに、なんでやめなければならないの」と答えてやりました。

彼らを知っているのかとの問いに、ヘニッヒはこう答えている。「最初のうちは、こうした突撃隊員はヒュルスの人間ではなく、たぶんレクリングハウゼンからやってきた若者たちだったと思いました。どこからか動員されてきた人たちだと思いました」と。しかし「名前を思いだしたくとも、もう思いだせません」とつけくわえているから、知っていた可能性がある。地元の突撃隊員もまじっていたのかもしれない。

店主は付け買いを認めていたので、みんなから好まれていた。商売はだんだん悪くなっていったが、店主はきちんと給料を払ってくれたとヘニッヒはいう。

ナチスはいやがらせに、店に入る顧客の写真をとった。こうした顔写真をとる例は別の史料にもでてくる。たとえば一九三三年三月二十九日の『レクリングハウゼン新聞』の記事にはこうある。

　昨日、レクリングハウゼン市でも他の都市と同じように、ユダヤ人商店、デパートの前に、「ユダヤ人のところで買うな」という立て札が立てられ、入口には突撃隊員が立ちふさがった。商店に出入りする者の一部は、写真にとられた。混乱はおきなかった。

全国的に反ユダヤ行動がもりあがった一九三五年の夏、ヘニッヒによれば六月か七月のことである。店の前に大勢の人が集まり、「ユダヤ人は出てゆけ」などとさけび、店に乱入して、商品を略奪しようとした。このときは、警察官がサーベルをふりかざして、乱入をくいとめた。しかしユダヤ人の店主は、レクリングハウゼンの警察署に連行されて、保護拘禁の処分を受けた。店はやってゆけなくなり、ヘニッヒは他の女性店員たちとともに九月一日に解雇されることになった。彼女は、店主から紹介状をもらい、レクリングハウゼンの商店に仕事をみつけている。

その後一九三七年に、このユダヤ人経営のデパートは、ドイツ人のカール・シュレーダーに売却された。経済のアーリア化である。ヘニッヒはその年の十月に、この新しい経営者に呼びもどされて、マールにあるもとのデパートにもどったと述べている。

一九三八年十一月九日の「水晶の夜」について、どんなことをおぼえているかと聞かれて、ヘニッヒは「当時、自分はマールにはつとめていなくて、レクリングハウゼンにいました」とさきの証言とは矛盾することを述べ、つぎのように語る。

〔マールでは、〕人びとが、ユダヤ人経営の家具店を略奪しようとして、倉庫を焼き打ちにしたことはよく知っています。大きな被害がでたかどうかはわかりません。レクリングハウゼンでは、シナゴーグが放火され、ユダヤ人墓地の墓石がことごとく倒されました。わたしはそのことをレクリングハウゼンにいた顧客から聞いて知りました。多くの人びとがそうしたことに憤慨していました。人びとは、そうしたことについておおいに語りました。だから知っているのです。

このあたり彼女の証言は、すこし混乱しているようにも思える。

ユダヤ人家族の運命について、なにがおき、どこに消えたか知っていましたか、という質問にたいして、ヘニッヒはこう答えている。

最初はわかりませんでしたが、あとになってしだいにもれて伝わってきました。「彼らは行ってしまった」といわれました。ナチスが彼らにどんなことをしたのか、わたしたちみんなは知りませんでしたが、時とともにもれて伝わってきました。開戦から一年後にはみんな知っていました。

彼らが強制収容所に送られたことを知っていたかという質問にたいして、「それぞれの家族がどこに送られ、どうなったかという具体的なことまではわかりません。でも彼らが強制収容所に送られて、ガスで殺され、大量にうめられた、ということはあとになって知りました」。それはまだ戦争がおわるまえのことですか、という質問に、「はいそうです」と答えている。

あなたのいうことは、ドイツ人のかなりの部分が、ユダヤ人になにがおこっているか知っていたことになりますが、そうですか、という念おしには、「そうです。普通ならそうです。そんなことがおよそ可能だったということを認めたくないので、頭の外に追いやっているのだと、わたしは思います。それがわたしの考えです」と述べている。[19]

ナチスは、ユダヤ人の東部への移送や、そこでおこなわれている大量殺害については、できるかぎり国民の目からかくし、秘密にしておこうとしていた。そのこともあって、人びとが、どこまでナチ政権の意図を知っていたか、ユダヤ人の大量殺害を知っていたのかどうかが問題になってきた。この女店員の証言は、とくに目や耳をふさいでいたのでなければ、うわさとしてすこしずつもれてくる情報から、詳細はともかく、すくなくとも大量殺害の事実を知ることはできたというものである。

一九〇九年生まれのホーホラルマルクの公務員によれば、市役所のなかでは戦争中にこういわれたそうである。「最終的な勝利が実現したら、黒いならず者たち〔ユダヤ人〕は根こそぎ撲滅してやるぞ。やつらを木につるしてやる」と。彼は、以前にユダヤ商店に出入りしているのをみつかったため、「願わくは最終的勝利がこないように、さもないと、わたしも木につるされるとよく思ったものだ」と回想している。[20]

市職員のこの証言は、大量殺害の事実を知っていたかどうかに答えるものではない。が、戦争がおわったらユダヤ人問題に決着をつけるといううわさが存在したことは伝えている。そしてまた彼が、このうわさに示されるナチスの意図を、あるていどありうるものと思っていたこともわかる。戦後、レクリングハウゼン市でも非ナチ化が実施された。しかし、ナチスは市の行政機構からたいして排除されず、ほとんどの者が残ったとこの市職員はつけくわえている。

3　戦争さえなければよかったのに

開戦時の反応

一九三九年九月一日、ドイツ軍のポーランド侵攻によって、第二次世界大戦がはじまった。人びとは、戦争をどのようにうけとめ、どう対処したのだろうか。ホーホラルマルクとケルレ村のインタヴュー記録を読むと、戦争中の個人的なできごとや経験については、人びとはかなり積極的に語っている。統制経済をかいくぐるヤミ行為とか、外国放送の傍受、空爆や、疎開、外国人労働者との接触、それに男性ならば兵役体験、女性ならば勤労動員などがテーマとなっている。

しかし、戦争についてどう考えていたかについては、ほとんど述べられていない。ケルレ村の農民たちも、ホーホラルマルクの鉱夫たちも、まるで示しあわせたかのように沈黙している。それでもホーホラルマルクについては、開戦時のようすを記憶している人物がひとりいる。ヒトラーが政権についたとき、たった一本のハーケンクロイツがでていたことをおぼえていたあの少年である。

一九三八年に、わたしの父は、軍事訓練をうけ、さらにシュヴァルツヴァルトで防空壕づくりをしなければならなかった。そのおかげで父は、家に帰ってきたとき、防壁名誉章を授与された。父は、戦争がはじまる一週間前の一九三九年の八月に、もう、兵隊にとられた。第一次世界大戦で勤務した海軍砲兵隊だった。イギリスとフランスがドイツに宣戦を布告した夜、ホーホラルマルクには最初の空襲警報がだされた。人びとは、かなりあわてふためいた。逃げこめる避難所といえば、まだごく間に合わせのものが、ところどころにあるだけだったからだ。いちばんおそれたのは、毒ガス攻撃だった。というのは、ごく少数の人しか「国民ガスマスク」をもっていなかったからだ。[21]

このエピソードからは、二つの論点がとりだされるように思う。ひとつは、戦争がけっして意外なことではなく、あるていど予期されていたのではないかという点である。ナチスは、政権をとると、国際連盟からの脱退、徴兵制の復活、オーストリアの併合、チェコ・スロヴァキアの解体と、その政策をしだいにエスカレートさせ、国際緊張をたかめていた。鉱夫のほうでも、共産党や社会民主党の地下宣伝などをつうじて、ドイツが戦争に向かっていること、「ヒトラーは戦争を意味する」ことを知識としては知っていた。

そして戦争への備えは、平時からおこなわれていた。雑誌をみれば、最新の子ども用のガスマスクが表紙をかざる時代であった。毒ガスの恐ろしさは、第一次世界大戦で経験ずみであり、近代戦の恐怖はひろくゆきわたっていた。こうして人びとは、日ごろから戦争を意識させられ、あらかじめきたるべき戦争のイメージがあたえられていたからこそ、あの空襲警報に過剰反応を引きおこしたのである。

もっともだからといって、人びとがかならずしも戦争の予感におののいていたようにはみえない。たとえ個々の政策が、戦争への懸念を引きおこしたとしても、人びとの不安は、そのつど、ヒトラーの平和演説や、外交上の成果によって片すみに追いやられ、静められていたのである。

もうひとつは、このヒトラーを崇拝する「ヒトラー少年」の証言では、戦争への熱狂を思わせるものが、なにひとつ述べられていないことである。人びとの沈黙は、第一次世界大戦のときとくらべると、まるで対照的である。第一次世界大戦がはじまった一九一四年八月については、人びとはかなり雄弁にその記憶を語っている。たとえば、ホーホラルマルクの鉱夫で、のちに共産党員となった人物は、「このときほど、心からドイツの国歌を歌ったことはかつてなかった」と記しており、ポーランド系の鉱夫も、「われわれ少年は、戦争に興奮した。……兵士の隊列がとおるのをみると、若い鉱夫たちは、ぜひとも戦争に参加したいと思った」と述べている[22]。

ポーランド人は、ビスマルクの時代には、ゲルマン化政策によって差別され、ドイツ人よりは一段低い「第二級の市民」とみなされていた。それにもかかわらず彼らは、第一次世界大戦の勃発に熱狂し、ドイツ・ナショナリズムと一体化している。あるいは差別されていたからこそ、一体化しようとしたのかもしれない。戦争は、対等の国民と認められるためのチャンスであったからである。こうして一九一四年八月は、愛国主義的な高揚につつまれた。それはケルルレ村でもおなじであった。

ところが、第二次世界大戦がはじまった一九三九年九月については、そのような熱狂的な愛国主義は記憶されていない。この沈黙は、なにを物語っているのであろうか。

第一次世界大戦の記憶

『ドイツ通信』は、第二次世界大戦の開戦時のようすをこう伝えている。「全国的に、どこにいっても高揚した雰囲気はなかった」。「人びとは、政治のことよりも、給養問題のほうを口にしていた。どうしたら自分の配給分を手にいれられるかとか、どうしたら配給量以上に食糧などを手にいれられるか、という心配に追いたてられている」と。[23] 国民は、フランスが戦争に突入しないように期待をかけている。しかし、ポーランドとの戦争だけにおわらずに、きっと西側列強との対決になるにちがいないだろう、と思っていることも報告されている。

このように『ドイツ通信』をみるかぎり、人びとは、戦争に熱狂するよりも、戦争の拡大を心配し、配給制のほうに目がいっている。経済統制と生活必需品確保のための命令が、すでに戦争がはじまるまえの八月二十七日にだされていた。それにより、食糧配給制が導入され、衣料品、靴、家庭用品などにも購入券が必要となった。戦争が長期化し、飢えに苦しんだ第一次世界大戦のにがい経験が、人びとを不安にし、懐疑的にしているのである。ここからこういえるであろう。人びとの戦争への反応は、なによりも第一次世界大戦の記憶によって構造化されていたと。

人びとは、第一次世界大戦の経験をもとに状況を把握し、行動しているのである。そうした枠組は、『ドイツ通信』の報告書についてもいえる。たとえば、「今回は、兵士たちの士気はずいぶん低くみえる。戦争への熱狂はどこにもみられない」とか、「人びとは、今度の戦争はこのまえのようにはそんなに長くはつづかないだろうと思っている。というのも、もう食べるものがなにもないからだ」といういい方に、それをみてとることができるであろう。[24]

「第一次世界大戦の記憶」は、政府当局者にも共有されていた。たとえば労働大臣は、開戦直後の九月四日に、戦時経済命令をだし、すべてのドイツ人に戦争にともなう犠牲を分担するように訴え、超過勤務、土曜、休日、夜勤の手当てのカットを試みた。ところが、労働者を中心に不満の声がたかまると、この方針はたちまち腰くだけになっている。政府は、わずか二カ月後の十一月十二日に、この措置をほぼ撤回したほか、食糧配給や、労働時間などで、一連の譲歩をおこなった。さらにこのほかにも、徴用制の縮小や、女性動員の先送りなどの措置がとられている。

こうした措置は、労働者の不満への過剰反応ともいえる。ナチスは、ドイツが第一次世界大戦に敗れたのは、銃後で社会主義者たちがゼネストや反乱をおこしたからだと宣伝していた。それだけに、民衆の動向には過敏にならざるをえなかったのである。ナチスのほうでも、第一次世界大戦の記憶にしばられていたということになる。

しかし鉱夫のばあい、そのような民衆反乱の恐れは無用だった。ドイツ軍が、ポーランドにたいする電撃的な勝利につづいて、一九四〇年四月に、デンマークとノルウェーを占領し、六月十四日に、パリに入城すると、当初の重苦しい雰囲気はうすらぎ、ホーホラルマルクでも戦勝気分がたかまった。例のヒトラー少年は、さきの証言につづいて、こう語っている。

> ポーランド戦役後、父は兵役を解除された。鉱夫が必要だったからだ。おなじ理由で、兵役義務のある若い鉱夫も、労働奉仕団へゆかなくてすんだ。父がもどってくると、わたしの兵役志願をめぐって口論がつづき、とうとう父もこれに同意した。父や祖父が、いかに戦争が悲惨なものか口をすっぱくしていっても、われわれ若者たちはそれを信じなかった。さらに、われわれは戦争が数週間で勝利するだろうと思っていた。だから一刻も早く、戦争に参加したかったんだ。さもないとあとで「ごらん、あいつはずっと家でぶらぶらしていたんだぜ」といわれるのが心配だったから。[25]

第一次世界大戦を経験した父親や祖父は、戦争を手ばなしで肯定してはいない。これにたいして、若い鉱夫たちは、戦争に参加しないうちに戦争がおわってしまうことを心配している。バスにのりおくれまいという心理なのだが、若者たちは、年配者とは別の観点から状況をとらえている。

鉱夫の息子たちは、戦争を、男らしさを示す機会、出世のチャンス、そして鉱夫の生活世界からの脱出のチャンスとみていたようである。こうした戦争をめぐる世代間の口論、対立は、「たいていの家でもめごとがおきた」ことの一例とみることもできる。ナチスのもとで教育をうけた若い世代は、戦争を「第一次世界大戦の記憶」とは別の論理でとらえていたのである。

この一九二二年生まれのヒトラー少年は、四一年四月一日に海軍に志願した。しかし、戦争は数週間ではおわりはしなかった。この鉱夫が、戦争からホーホラルマルクにもどってくるのは、八年後の四八年四月のことになる。

ケルレ村における「私の戦争」

ケルレ村では、一九三九年の九月末に、西部戦線の近くのモーゼル地方から二四〇人の人びとが疎開してきた。このときメルズンゲン郡全体では、ザールラントやプファルツ地方からの疎開者をふくめて、五三二六人をうけいれている。村では、ちょうど野菜や果物の収穫期にあたっていた。

村人は、男手が戦争にとられて人手が不足していたので、この疎開者がそのかわりになるのではないかと思い、彼らを歓迎した。しかし、いざうけいれとなると、いろいろな問題がおきた。まず、部屋の問題があった。馬農家をのぞけば、どの家にもそれほど余裕があるわけではなかった。また、他人と顔をつきあわせて生活し、台所を共有することが、ストレスになる。ただ、モーゼル地方からの疎開者たちは、葡萄《ぶどう》栽培農家が多く、まったくの都会からきた人びととはちがって、あまり問題の種とはならなかったようである。彼らは、フランスとの戦争がはじまり、ドイツがフランスに攻めこんでゆくようになると、故郷に帰っていった。

それより村人にとって、いちばん問題だったのは、疎開者をうけいれるための調査のほうだった。どの家が、どれくらいの部屋を提供できるか、調査がおこなわれた。村の人びとは、自分の家の状態が他人に知られるのを極度にきらっていたが、「だれも、いやだとはいえなかった。みんなおもしろくなかった。不満のはけぐちは、まず調査にあたった村の委員に向けられた」と記憶されている。

ケルレ村において戦争は、まず国家による私的領域への介入という形ではじまったのである。調査にたいする村人の反発はたいへんなものであったが、批判の矛先は、戦争をはじめた国、あるいはヒトラーや、ナチズムには向けられず、身近な村の委員に向けられているのがおもしろい。

農村では、戦前から労働力不足が大きな問題となっていたが、戦争がはじまると、この問題はいっそう深刻なものとなった。ポーランドとの戦争が一段落すると、ケルレ村の農民たちも、兵役を解除されて、村にもどってきた。しかしそれも一時的なものにすぎなかったようである。

一九四一年四月十日の労働力調査によると、山羊農家や、牛農家では、各戸に男手がひとりずつ残ってはいる。しかし残っているのは、大部分が年寄りであったから、主人や息子は兵隊にとられていたということになる。これにたいして馬農家は、たった一戸しか出征兵士をだしていなかった。馬農家は、食糧生産に「不可欠な要員」として、兵役を免除されていたわけである。さらに六戸の馬農家には、フランス人の捕虜七名が割りあてられいた。そのほかに、ポーランド人を中心とする外国人労働者が、男性五人、女性四人ほど、五戸の馬農家に働きにきていた。

彼らは、民間人の労働者であって、捕虜ではなかった。ドイツにはすでに第二帝制のころから、ポーランド人の農業労働者が出稼ぎにきていたのである。労働力としての捕虜は、牛農家にも割りあてられていた。その人数が牛農家全体で五人では、とても出征兵士の穴うめにはならなかった。しかし、ケルレ村のような片田舎の農村でも、外国人や捕虜なくしては生産が維持できなくなっていたことが、この調査からみえてくる。

人手不足は、徴兵の不公平にたいする村人の不満をかきたてるものとなった。戦争中、村では、兵役免除をめぐるねたみや不満がうずまいていた。馬農家は、経済的な理由から兵役を免除されていたが、村人はそうはみていなかった。ナチスのおもだった者たち、地区農民指導者や、ナチ党地区指導者は、いずれも馬農家の出身だった。だから馬農家は、ナチ党幹部とぐるになって、うまく兵役をのがれたにちがいないとみられていたのである。たとえば、あの製材工場の工場長の息子はこう語っている。「馬農家は、いろいろ不正をして兵役をのがれた」と。工場長の息子は山羊農家であった。彼が、戦争中のようすを知っていたのにはわけがある。彼は、軍需工場につとめていた。まずその関係で彼は、不可欠要員に指定され、兵役を猶予《ゆうよ》されていた。そしてさらに彼は、一九四一年十月に、ついに召集されたが、四三年十一月には負傷したおかげで、除隊できたからである。そのため彼自身も、村人からはねたまれていた。一九二〇年生まれの山羊農家の娘は、それをつぎのように述べている。

> 村の人たちは、彼〔工場長の息子〕がもう家に帰ってきたので、ますます悪口をいいました。彼は骨折していて、いまでもそうなのですが、村の人たちはそんなことは無視していました。村の人たちは、馬農家にたいしても腹をたてていました。馬農家は、戦争にまったくゆかないですんだからです。それから軍需産業で働く労働者のことも、こころよく思ってはいませんでした。彼らは、不可欠要員に指定されていたからです。[26]

戦争は、特権的な馬農家とそれ以外の住民とのあいだに、亀裂をひろげ、不公平感を増大させた。しかし、それがもとで反地主運動や、反ナチ運動、戦争に抵抗する動きなどはおきてはいない。よくみれば、ねたみは、兵役をまぬかれた山羊農家にも向けられていて、馬農家だけが非難されていたわけではなかった。それに労働力不足は、あらためて村人を結びつける役割もはたしている。

夕方、わたしが列車で家に帰ってくると、それからものごとが本格的に動きだします。母と、おじいちゃん、近所の人たちは、もう牛といっしょに山のほうに行っています。当時は、近所の人びとは助けあったものです。わたしは、妹と、自転車にのって、その後を追いかけます。そのあと家に帰ってからは、食事の支度をし、家畜小屋の掃除をし、乳を搾り、そのほか毎日家でしなければならない仕事をしました。[27]

こう語るのは、一九二二年生まれの牛農家の娘である。

男手が戦争にとられているので、隣近所や親戚どうしの助け合いや、密接な協力がなければ、とてもやってゆけなかった。山羊農家の女性たちは、このほかに馬農家の手伝いにゆかなければならなかった。「働き手関係」は、山羊農家にとっては重要な生き残り戦略のひとつであった。だから、不況期や戦争などの危機の時代には、「働き手関係」はかえって強化されている。

当時わたしは、あちこちの家を手伝わなければなりませんでした。Xさんとこや、Yさん、Zさん、W家などです。そのうえ母とわたしは、いつもV家の手伝いもしなければなりませんでした。だって、わたしたちはV家の働き手だったからです。考えてもみてください。わたしは、工場に徴用されていて、家に帰ったら帰ったで、家事や、子どもの世話をし、自分の家の畑や家畜の世話をし、それから、あちこちほかの家の手伝いをいつもするのです。晩には、ぐったりしてしまいます。[28]

この山羊農家の娘は、一九三四年に国民学校をおえると、三七年までメルズンゲンの織物工場につとめている。その後、一時的にカッセルの織物工場で三カ月ほど働き、四〇年に牛農家の息子と結婚した。結婚後しばらくは両親の家に同居して、家事と、馬農家の手伝いに従事している。この間、四二年から四三年までは、メルズンゲンの織物工場に徴用されているので、この証言は、そのころのことと思われる。

村人は、不況や労働力不足などの危機に直面すると、まず家族労働を強化して、のりきろうとしている。それが伝統的なパターンであった。それに親族間の手助けや、「働き手関係」がかぶさってきた。夫や息子が出征した村では、戦争はなによりも女たちの肩に重くのしかかってきたのである。

若者たちの戦争

あの「義務修業年」で農家に働きにでた、ホーホラルマルクの鉱夫の娘は、一九四二年に美容師の職業訓練を修了すると、ただちに仕事とは無関係の勤労奉仕にまわされた。

土曜日に職安に出頭して、日曜日に審査、月曜日にヒュルスの人造ゴム工場で仕事をはじめるというあわただしさでした。工場では朝七時から一二時間労働で、時給三八プフェニヒでした。一年後、父が心臓発作で倒れたので、義務を解除され、家の手伝いに入りました。でも父が死ぬと、ふたたびすぐに動員されて、職安に出頭しました。こんどはレクリングハウゼン・オストにある鉄道車両工場で働くことになりました。ここはナチスの巣窟でした。「ハイル・ヒトラー」のあいさつが、いたるところでかわされていました。一九四五年の敗戦まぎわになっても、みんな「総統が奇跡の兵器を投入して、戦争に勝つ」と信じていました。ドルトムントからきていた工員が敵の放送を傍受していて、「戦局がどうなっているか」毎朝教えてくれました。戦争末期には、空襲がたえまなくつづきました。市の空襲警報が鳴ってしばらくしてから、やっと工場の空襲警報がでるので、逃げる時間があまりありませんでした。[29]

この鉱夫の娘は一九二三年の生まれで、戦争のはじまるころが、ちょうど学業をおえ、職業生活に入る時期であった。この世代の女性は、希望の仕事につくまえに動員され、彼女のように最後まで離してもらえないケースもあった。一九二二年生まれのケルレ村の牛農家の娘は、四二年に半年ほど馬農家のもとに戦時徴用されたあと、四五年まで、グンタースハウゼンの軍需工場に徴用されている。彼女が結婚したのは、戦後の四八年のことである。ナチスは、最後まで女性の全面的な動員をためらっていたが、仕事につくことを望むこの世代の女性や、いちど働きにでたことのある女性、つまり勤労階層の女性は、ここにみるように動員の網の目にとらえられている。

そして男のばあいには、あのヒトラー少年のように、親の制止をふりきって、兵役に志願する者もいた。この世代で炭鉱に残っていた若者は、どういう気持ちだったのだろうか。

戦時中、わたしが十八歳のとき、係員と殴りあいになったことがある。彼が、わたしのことを「おい、鼻たれ小僧」と呼びかけたからだ。……わたしは、鉱業所長のところへ、弁明しにゆかねばならなかった。構内での殴りあいは厳禁されていたからだ。わたしは、「わたしの年の者はもう鉄十字章をもらっているというのに、彼は、わたしのことを『鼻たれ小僧』とよぶんです」とだけいってやった。レクリングハウゼン第Ⅱ鉱は家族的な炭鉱だった。だれもがみなおたがいによく知っていた。だからわたしは幸運だった。「労働矯正収容所」送りにはならなかったからだ。わたしは夜勤にまわされ、電気工場から捲き上げ機の係にまわされただけですんだ。[30]

前線に出ていった同世代の者に、負けたくないという意識があったのかもしれない。この鉱夫は、一九二二年生まれであるから、十八歳というと一九四〇年か四一年のことになる。また彼は、労働矯正収容所送りをまぬかれたのは、この炭鉱が「家族的」な炭鉱であったからと考えている。だが、理由はそれだけではなかったかもしれない。当時、炭鉱は深刻な労働力不足に直面していたからである。

図30　女性の動員を呼びかけるポスター　「君も手助けをしよう」と女性に戦時労働への協力を求める1944年のポスター。ナチズムは、工場労働は女性にはふさわしくないとしてきたが、いまやいちばん左の女子工員も、看護婦や農婦と肩を並べている。

図31　空襲のあと、消火にあたる女性　よくみると左の女性は「国民ガスマスク」をつけている。開戦時、ホーホラルマルクの人びとは毒ガス攻撃におびえた。

労働力不足の影響

ルールの炭鉱では、戦前から後継者不足が顕在化していた。それが戦争になると、兵隊に志願する者や徴兵によってさらに深刻なものになっていた。もっとも鉱夫の徴兵率は、全工業部門の平均の半分くらいで、一九四二年には約四分の一と低かった。不可欠要員に指定される割合も高く、その意味で、鉱夫職は戦争にたいしてはもっとも「安全な」職業といわれていたのも事実である。

労働力不足によって、鉱山や軍需工場のあいだで、労働者の引きぬきが激化した。よその会社に移るため、レクリングハウゼン第Ⅱ鉱をやめた鉱夫の数は、一九三九年で八九人、四〇年五四人、四一年八一人であった。レクリングハウゼン第Ⅱ鉱は、四〇年一月一日に、国営軍需工場のヘルマン・ゲーリング・ライヒスヴェルケの傘下に入ったが、この動きはとまらなかった。四三年春に経営側は、職場を移る者が増大していると述べている。

労働力不足は、このほかにも、請負率の交渉で鉱夫に有利に作用した。鉱夫たちの経済状態は、一九四二年ごろまではそれほど悪化はしていない。学校や、ホーホラルマルクにある各種の協会は、戦争がはじまっても、四一年までは遠足や週末旅行を実施している。夏には鉱夫が家族づれで、歓喜力行団の旅行に参加することもあった。空襲が激化するのは四三年からで、それまではホーホラルマルクの鉱夫たちの生活は、かなりがまんできるものであったといえる。というか、鉱夫たちは戦争になっても「正常な生活」をできるかぎり維持しようとつとめ、それがこの段階ではあるていど可能であったということになる。

さて、労働力不足は、会社にしてみれば経営内の規律にかかわるものでもあった。厳格な処罰や解雇ができにくくなるからである。さきほどの一九二二年生まれの鉱夫の証言は、こうした角度からも読むことができるであろう。

一九四一年九月十八日の秘密民情報告書『全国通報集』は、ルール炭鉱における生産性の低下を問題にしている。当局は、その理由として、外国人労働者の勤労意欲の欠如と、それがドイツ人労働者にも影響していること、毎晩のような空襲警報、超過勤務などで疲労が極限までたっしていて、病気になる者が増大している点をあげている。そして病欠者の割合は、従来の四・五〜五%から、八〜一〇%へと倍増していると述べている。そして、その例にあげられているのが、マール市のブラッセルト炭鉱と、ホーホラルマルクのレクリングハウゼン第Ⅱ鉱などであった。

レクリングハウゼン第Ⅱ鉱では、一九四一年八月初旬、二〇〇〇人の従業員のうち四〇〇人が病欠届けをだしている。この病欠が、はたして国家保安本部が指摘するような、鉱夫の生活や労働条件の悪化によるものなのか、それとも逆に労働力不足を背景にした鉱夫の余裕を示すものなのか、かんたんに決めつけることはできない。労働力不足で、日曜義務労働など鉱夫の超過勤務がかさなり、疲労が問題になっていたことはたしかである。しかし会社の住宅に居住している鉱夫に病欠がめだつことから、病欠が炭鉱住宅に付随する畑や菜園で仕事をするための口実である可能性も否定できない。

会社側は、規律の低下が手におえないばあいには、ゲシュタポに通報し、公権力の力をかりることもあった。さきの鉱夫の証言にでてくる労働矯正収容所もそうした施設のひとつで、労働規律をみだし、手におえない者を懲罰的に収容する施設であった。それが正式に設置されたのは、親衛隊全国指導者ヒムラーの一九四一年五月二十八日の命令による。しかし、すでに前年の一月に、ハノーファー近郊のリーベナウに労働矯正収容所が設立されていた。矯正収容所は、ルール地方では、フンスヴィンケル、レクリングハウゼン、エッセンに設置された。レクリングハウゼンのヒラーハイデにある収容所は、ドイツ人用で、定員一〇〇名であった。もっとも矯正収容所に送られた者の数は、ドイツ人よりも外国人労働者のほうが多かった。

ちなみに、一九四一年の一月から九月までに、約三〇万人のルール鉱夫のうち、二七五六人が規律違反で処分されている。このうち、警告処分が二一〇五人、保護拘禁二四八人、労働矯正収容所送り三二九人、強制収容所送り一三人、刑事罰六一人であった。これら規律違反者の多くが、外国人労働者であったとされる。この問題でも、外国人労働者の問題にゆきあたることになる。第二次世界大戦は、外国人労働者の戦争でもあった。

戦争中の労働力についての統計をみると、いくつかの点が目につく。男性労働者が年ご

年次	ドイツ人		外国人労働者	労働力総数（外国人の割合%）
	男性	女性		
1939	2,450	1,460	30	3,940（ 0.8）
1940	2,040	1,440	120	3,600（ 3.3）
1941	1,900	1,410	300	3,610（ 8.3）
1942	1,690	1,440	420	3,550（11.8）
1943	1,550	1,480	630	3,660（17.2）
1944	1,420	1,480	710	3,610（19.7）

表５　第二次世界大戦中の労働力動員（単位：万人）　各年とも５月末の数字。オーストリア、ズデーテン、メーメル地方をふくむ。

とに減少しているのは、兵隊にとられているためであるから、これは不思議ではない。興味深いのは、女性労働者の動向である。常識的に考えれば、出征した兵士の穴は女性がうめるであろうから、女性の数はふえて当然である。それが逆に減少しているのである。一九四二年からはすこしふえているが、それでも戦前の水準にもどっただけである。

ナチスはなぜ、本腰をいれて女性を動員しなかったのか。あるいは、動員できなかったのであろうか。ひとつには、優生学的な考慮がはたらいている。ドイツ民族の母胎を保護するためである。また、第一次世界大戦のときのような、前線や銃後における反乱をおそれていたこともある。そのため政府は、出征した兵士が安心して戦争ができるように、留守家族手当てを厚くするなどの措置をとった。その結果、それまで働きにでていた女性たちも、仕事をやめて、家庭にもどるほどであった。それが、一九四一年と四二年の女性労働者の減少にあらわれている。もっとも、すでにみたように勤労階級の女性は動員網にとらえられている。階級によって動員に差があったことがうかがえる。

統計をみると、さらに労働力の総数が、戦争中、ほぼ一定していたことがわかる。ドイツ人の労働者数は減っているのだから、その分を外国人が肩がわりしていたことになる。大戦末期で、その数は七〇〇万人をこえている。じつに膨大な数の外国人が、動員されたことになる。

うまくごまかした

今回の戦争は、国民の沈黙とともにはじまったが、大規模なデモや反乱はおきなかった。第一次世界大戦が、国民の歓呼とともにはじまったものの、戦争の長期化とともに、各地で食糧デモや、和平と食糧を求める大衆ストライキがおこり、ついには革命へといたったのとは対照的である。

しかしもちろん、小さな不満や批判がなかったわけではない。ケルレ村の肉屋の娘はこう語る。

村の委員が一定の間隔で調査にやってきて、すべてのものを厳密に計って、記帳していきました。Zは委員のひとりでしたが、それはそれはとても厳格で、たいへんきびしい人でした。彼はまだどこかになにか隠していないか、家のなかの部屋という部屋はすべて徹底的にしらべていきました。それでも人びとは、家畜をかくれて屠殺しました。ごまかすためなら、いつでもなにか新しいことを思いつくものです。食糧事情は、一九四四年途中までは、なんとかがまんのできるものだったのですが、そのあとは、通貨改革〔戦後の一九四八年六月〕まで、悪化する一方でした。一九四六年から四七年がいちばんひどくて、もうなにも食べるものがありませんでした[31]。

統制経済のもとで農民たちは、作付け穀物の種類を変更したり、予想収穫量や、農場で消費する量や、販売量などについて定期的に報告することが要請されていた。戦争がはじまると、調査官が雇われ、農業生産と供給のあらゆる細部について報告されるようになった。調査官は、夜間にニワトリ小屋にやってきて、卵の数をチェックすることもあった。

この牛農家の娘の証言では、私的領域への介入が不満のもとになっている。そしてここでも、経済統制そのものより、調査官の人柄のほうに批判の目が向けられている。また食糧不足が、戦争末期から戦後にかけてつづき、戦後のほうが深刻だったと述べられている。人びとの記憶が、ナチ体制の崩壊で区切られていないのもおもしろい。悪い時代のおわりは、一九四五年ではなく、西ドイツが発足するきっかけとなった通貨改革がそのおわりとして記憶されている。

ケルレ村では、食糧の供出量をごまかすことは、家族をやしなうためであれば、やむをえないものとみなされていたようである。一九二二年生まれの牛農家の娘は、こう述べている。

> 人びとは、計量をごまかしたり、ヤミで屠殺することを、基本的には黙認していて、口裏をあわせていました。でも、うまい汁がすえるのなら、密告してやろうと思っている人もいました。……Xが実質的にはそうでした。わたしの家は、Yに子牛を売ったのですが、まだミルクを供出しないままにしていました。それを知ったXが、毎日、ミルク缶をさげて牛小屋にやってきて、半リットルずつもっていきました。それがじっさいには口止め料というわけでした。[32]

ナチスの命令によると、雌牛一頭あたり、一日六リットルのミルクを国に引きわたさなければならなかった。密告者に〇・五リットルやってもかなり残ることになる。

戦争が長期化するにつれ、とくに戦争末期には、ヤミ経済がさかんになった。当然にも、ヤミで屠殺したり、供出量をごまかしたりして、それをヤミに流してもうけることもできるようになった。しかし、牛農家や山羊農家は、自分たちの食べる分を確保するのがやっとで、ヤミに流す余裕はそれほどなかった。ところが馬農家のほうはそうではなかった。馬農家の一部は、隠匿《いんとく》しておいた農産物をヤミに流して私腹をこやしたといわれる。村では、ごまかしは「基本的に黙認」されていたが、もうけるためにごまかすのは「不道徳」とみなされていたようである。

馬農家は、それでなくともナチスと結託して、兵隊にゆかないですましているとみられていた。馬農家は、ねたみと反感のまととなった。「名誉」と「体面」の維持を軸とする村のシステムは、戦争によって決定的に動揺することになる。しかし、馬農家の権力が最終的に崩壊するのは、戦後、山羊農家や牛農家が農業をやめるようになってからである。

統制経済の裏をかいたのは、ケルレ村の農民たちだけではなかった。ホーホラルマルクの鉱夫家族たちもそうであった。炭鉱住宅にいる鉱夫たちのなかには、豚を飼っている者もいた。しかし豚を飼っていると、当局に頭数を届け出なければならなかった。一九〇三年生まれのある主婦は、豚を三頭飼っていたが、一頭しか届けでなかった。その分、肉の配給が減らされるからである。ある日、この主婦は、豚を売る許可証をもらいに役所にいった。役人が、「豚を三頭もっているんだね」と聞くから、「そうです」と答えると、彼は「一頭しか届けていない」と怒りだした。それでも彼女は、うまくいいのがれて、許可証を手にいれている。

やがて残った二頭の豚のうち、一頭を屠殺することになった。一〇〇キログラム以下の豚は、屠殺禁止になっていたが、この豚の体重はそれ以下しかなかった。役人はまた怒る。この主婦は、「この豚はえさをいくらやっても、すこしも太りません。もう、飼いつづけることができません」といって、役人を説得してしまった。この話からは、いかに当局がこまごまとしたところまで規制し、介入していたかがうかがえる。しかし同時に、主婦のいいわけは、いかにもみえすいているのに、役所があまりきびしく対応していないのも印象に残る。

肝っ玉母さんの自慢話は、まだつづく。

戦時中、わたしたちはロシアの放送を聴きました。外国放送の傍受はきびしく禁止されていました。主人はびくびくしていました。……ドイツの飛行機が、上空から監視していて、だれが傍受しているか見つけだすことができるといわれていたからです。でも、わたしは平気でした。……夜中の十二時ごろ、ロシアの放送がはじまります。わたしはおきて、それを聴きました。つぎの日の朝、父に〔放送の内容を〕話しました。父は戦局がどうなっているかを知って、喜びました。わたしは、性格が父に似てくるように思いました。わたしは、いまでも政治に興味があります。[33]

彼女の父親は、たぶん共産党員だったのであろう。ソ連の放送の傍受が、たんに戦局がどうなっているか知ること以上の政治的行為として、ここでは語られている。外国放送を聴くことは、一九三九年九月一日の「ラジオの非常措置にかんする命令」により、意識的な戦線離脱行為とされた。

一九四〇年七月十九日の『全国通報集』によれば、四〇年の前半だけで、敵国放送を聴いたかどで二一九七人が逮捕されている。そのうち、この報告の時点までに判決がだされた七四一件についてみると、禁固刑は、二年未満が二〇九件、二年以上が三二件である。懲役刑は、二年未満が二九〇件、二年以上が九二件で、無罪ないし訴訟とりさげが一一八件であった。その後、戦争末期になると、違反者には、しばしば死刑をふくむ極刑が宣告されるようになっている。

ケルレ村でも、外国放送が傍受されていた。

どんな言葉でも、口にするときには、用心しなければならなかった。またただれにたいしてでも、用心しなければならなかった。さもないと引っぱられていった。それが一九三三年から三九年までの時代になって、いちばんかわったことだった。……しかし、多くの人びとがしていたのは、外国放送をひそかに聴くことだった。わたしの母は、はじめからそれをやっていた。夕方、仕事をおえてカッセルから帰ってくると、わたしは、口をすっぱくして母に、放送を聴いたら、ダイヤルを元にもどしておくようにいわなければならなかった。もし、だれかがそれを知ったら、強制収容所送りになっただろうからだ[34]。

こう語るのは、熱狂的なヒトラー少年だった牛農家の息子である。彼は、ナチ党員なのに、母親は敵国放送を傍受しており、息子は密告をおそれてそれを隠している。彼がカッセルの軍需工場に勤労動員されていたのは、一九四二年十二月から翌年の二月までであった。この話は、たぶんそのころのことについてのものと思われる。彼は、一九四三年三月に召集されている。

疎開への抵抗

一九四三年以来、ホーホラルマルクでは、空襲警報が毎日のようにだされるようになった。その年の八月の空襲では、ついに死者が三名ほどでている。翌四四年三月の空襲では六名が犠牲になった。

一九二二年生まれの主婦は、空襲にあったときのもようを、だいたいつぎのように語っている。

わたしは当時、レクリングハウゼンの警察署につとめていました。八〇〇ワットの送信機の係でした。一九四三年八月十二日、夜勤あけで、帰宅し、一一カ月になる息子をお風呂にいれようとしていたところ、警報がなり、地下室に避難しました。家に直撃弾があたりました。地下室からなんとかして脱出して、助けを呼びました。父は負傷して、病院に運ばれました。家に間借りしていた一家は、母親と三人の娘が近くの防空壕に逃げこみましたが、五歳の女の子ひとりしか生き残れませんでした。父親は外にいて無事でした。この母子は長らく疎開していたところ、望郷心にとりつかれて八日前に帰ってきたばかりでした。空襲のあと、近所の人びとがいろいろと援助してくれました。会社が乳母車を贈ってくれ、薬局が赤ちゃん用に石鹸《せっけん》などをくれました。[35]

これまで空襲は、社会関係の切断、ミリューの解体という文脈で論じられてきた。つまり、空襲によって家が破壊されて、引っ越しをよぎなくされたり、小さな子どもをかかえる母親や学童たちの疎開が実施されて、家族や地域のつながりが、途切れるようになったというものである。

しかしこの証言では、まだ一九四三年の夏ということもあるのか、むしろ近所の人びとの結びつきのほうが記憶されている。また、たまたま夫のもとに帰郷した母子が遭難しているが、興味深いのは、ナチスの秘密民情報告書が、しばしば疎開への抵抗の動きをとりあげていることである。

たとえば、一九四三年九月三十日の保安本部の報告では、学童疎開への抵抗の理由として、(1)学童疎開を担当するヒトラー・ユーゲントにたいする不信や警戒感、(2)疎開先が自分たちとはちがう宗派で、十分な宗教教育がおこなわれないことへの不安、(3)疎開先での生活への不安、(4)労働力としての子どもがいなくなることへの抵抗などをあげている。

ホーホラルマルクのとなりのヘルネでは、一九四四年九月になっても、まだ五五〇〇人の学童が疎開せず残っていた。空襲がさらに激化しても、両親は子どもを防空壕にかくして疎開に応じなかった。ようやく連合軍の進攻がせまってきた段階で、子どもたちを近隣に疎開させたという。疎開への抵抗は、女性たちにもみられた。さきの証言のように、いったん疎開した女性たちが、残った夫が心配になったりして、帰郷したからである。当局は、こうした主婦にたいして食糧切符の交付を拒否することで対処しようとした。ルールのいくつかの町では、これに抗議する女性のデモがおきている。

なぜ、空襲が激化しているのにもかかわらず、人びとは疎開に抵抗したのか。そうまでして家族といっしょにいたいわけは、なんであったのだろうか。おそらく家族こそが、最後に残った結びつきであったのであろう。社会や秩序がますます解体していった大戦末期には、会社と家族が、秩序の砦となり、人びとの生き残り戦略のかなめとなっていた。

ある鉱夫は、それをこう述べている。「また晩のことを思うだけで身ぶるいがする。会社にいるあいだは、なにも考えないが、家に帰ると、ぞっとする。家に帰っても、家内はいないし、子どもたちの笑い声が聞けないからだ」と。[36] 仕事に逃げこむことで、状況に直面することをさけ、外部とはかかわりあわないようにしているのである。

空襲にみまわれたホーホラルマルクとは逆に、ケルレ村は、疎開者や避難民をうけいれる側であった。すでにみたように村には、開戦後すぐに疎開者がやってきている。その後、一九四三年十月二十二日に、カッセルが大空襲にあった。村に疎開してきたカッセル市民のうち、約五〇人は、戦後もそのままケルレ村にいついている。戦争がおわったあとにも、村には人びとが避難してきた。四六年初夏、ズデーテンラントからの約三〇〇人の避難民が、村にやってきたのがそれである。

そのなかのひとりで、一九五五年に村の牛農家の息子と結婚した女性は、こう語っている。

おおくの村人が、避難民や疎開者をこころよく思っていませんでした。最初に来たのはザールラントからの人たちでした。それから大都市の住民が、カッセルから村に入りこんできました。それからまた、避難民たちがやってきました。村は人口過剰になってしまいました。できることといえば、部屋を接収することしかありませんでした。たいていの人が、そのとき気持ちを傷つけられ、うらみをいだきました。だからみんなすこし疑り深くなったのです。……わたしは、当時、ケルレ村の人たちは、〔ズデーテンからやってきた〕わたしたちのことを、ポラッケン〔ポーランド野郎〕かなんかと思っているのかしらと思いました。戦争中のポーランド人捕虜かなにかのように。〔戦後〕ポーランド人捕虜が運ばれていってしまうと、ケルレ村の人びとは、わたしたちのことを、おなじようなたぐいの人間と思ったにちがいありません。安い労働力と。……わたしたちは、おおくの村人から「サンダル民族」としかよばれませんでした。仕事のときには、いつも木製のサンダルをはいていたので。村の人たちは、木製のサンダルなんてみたこともなかったのです。[37]

この証言は、疎開者や避難民をみるケルレ村の住民のまなざしについてふれている。人手不足のなか、村人は「安い労働力」を求めていた。よそから来る者は、労働力としてみられている。また村人はポーランド人を見下していて、それが戦後もかわらずにつづいていた、ということも述べられている。もっとも、そう語る避難民のドイツ人女性のほうも、ポーランド人といっしょにされることに抵抗感をもっていたようにもうけとれる。

さらにケルレ村の人びとは、よそ者にたいしては警戒心をもっていて、新参者をよろこんでうけいれなかった。避難民に土地の提供をしぶりつづけ、避難民が設立したサッカークラブをボイコットしたといわれる。内と外の区別という枠組を、そこにみることができるであろう。

ミクロの世界からなにがみえるか

ユダヤ人に象徴される人種問題も、戦争も、ナチ体制の核心をなしていて、たがいに不可分に結びついていた。ナチスは、すでにみたように、政権につくとただちに「民族の浄化」にのりだしている。いってみれば内に向けて発動された人種主義で、強制断種やユダヤ人の排除がその手段であった。ナチスは、ドイツが強国として復活することをなにより も夢みていた。ヴェルサイユ体制を打破して、ドイツ民族をやしなってゆける領土を獲得することが、その目標であった。

ヒトラーにとってみれば、第一次世界大戦は、民族の存続をかけた容赦なき生存競争であった。これに敗れたドイツが、支配民族として復活するためには、なんとしても民族を内側からも強化しなければならなかったのである。これも第一次世界大戦の経験、記憶の作用といえるかもしれない。こうして第二次世界大戦は、ナチズムにとっては人種主義と切っても切れない関係にあったのである。

しかしそうした大きな問題を、いまわれわれがみてきたような日常生活世界における「ミクロな世界」の微視的な観察から、はたして検討できるのであろうか。疑問に思う人もいるかもしれない。たしかにナチ人種主義の犠牲者であるユダヤ人は、戦争がはじまると、われわれが観察するケルレ村やホーホラルマルクの人びとの記憶には、もうまったくといってよいほど登場してこない。しかし、ユダヤ人は人びとの前から姿を消していったが、かわりに外国人労働者がケルレ村にも、ホーホラルマルクにも姿をあらわしている。

戦争末期にはドイツで七〇〇万人をこえる外国人が働いていたのである。これは途方もない数である。しかもケルレ村の証言にあったように、外国人にたいする民族的な偏見もなかったとはいえないようである。外国人労働者についての人びとの記憶をたどることで、戦争と人種主義の関係とか、戦争の性格などといった大きな問題が、どこまでミクロの世界からみえてくるであろうか。

4　いまでもそのことを恥ずかしく思う

ロシア人捕虜についての記憶

ユダヤ人のばあいとはちがって、外国人労働者については、ホーホラルマルクの人びとは、自分が見聞きしたことをかなり積極的に口にしている。たとえば、一九一三年生まれの鉱夫は、同情と反省をこめて、つぎのように語っている。

戦争中、わたしは前線にでなかった。不可欠要員に指定され、鉱山で外国人労働者や捕虜に仕事の手ほどきをする役目をおおせつかった。われわれが彼らにしたことは、とても筆舌にはつくせないほどで、今日でも恥ずかしく思わずにはいられない。

いちばんみじめだったのが、ロシア人の戦争捕虜だった。彼らは、水っぽいスープとトウモロコシ・パンで露命をつないでいた。もし、彼らになにか食べ物をめぐんでやろうとするときには、用心しなければならなかった。いたるところにスパイがいたから。……多くの鉱夫がロシア人に食べ物を運んでやっていた。……

ロシア人は、鉱山に着くとすぐに、仕事に投入された。われわれの切羽には、ドイツ人が三人しかいなかった。われわれは彼らに、掘削機の使い方を教え、くりかえし危険を注意した。

最初、ロシア人は木製のサンダルをはいてきた。急な切羽では、すべってしまい、きわめて危険なので、まず彼らにちゃんとした靴を手にいれてやることからはじめなければならなかった。二週間もたつと、彼らの大部分はもう、いっぱしの鉱夫だった。ひどい食事しか、上からあたえられていないというのに、彼らは要領をすぐにのみこんだ。

それにもかかわらず、彼らは当然にも重大な事故にみまわれた。彼らは、にぶくなっていて、疲れきっていて、体力が弱っていた。だから彼らはよく殴られたが、口でいって、状況をわからせればいいものを、どうして殴るのか、わたしには理解できなかった。……会社は、決められた量の石炭を掘りだすことを要求した。それをこなせば、仕事はおわり。そうでなければ、もっと長い時間働かねばならない。悪いことに、仕事からはやくあがれば、中身のあるスープにありつけたが、おそくなるとスープは水だけになる。

ある日、ひとりのロシア人が石炭のかたまりを胸にうけて負傷。血を吐いた。係員にそのことをつげると、彼は、「かまうな、ロシア人は作業が終了するまで、坑内にとどまらなければならない」と答えた。ロシア人はドイツ人よりも三十分前に坑内に入ることになっていた。翌朝、われわれが坑内に入ると、そのロシア人はわたしをみて、「親方、どうか証明書を書いてください」と頼んできた。しかし、一介の鉱夫にはそんなことはできない。係員に「あのロシア人がまた坑内に送りこまれてきたが、彼は病気で働けない」といったところ、やっと証明書を書いてくれた。こうしてようやくこのロシア人は、坑外にでることができた。それ以来、わたしは彼をみていない。

……朝、すこしはやめに炭鉱にくると、ロシア人がどのような扱いをうけているか、みることができた。隊列を組まされ、左右にゴムの棍棒をもったドイツ人の監視人にとりかこまれて歩いてゆく。だれか、ついてゆけずにおくれる者がいると、「そのまま、列をくずすな」という掛け声がとぶ。それどころかロシア人を打ちすえる鉱夫もいた。彼らは、頭が変になっていたんだ。怒りをぶつけて発散できる相手が、自分たちより下に突然できたものだから。

坑内には、赤や白の発破用の銅線があった。ロシア人は、それらをひろい集めて、籠《かご》をあんだ。仲間の鉱夫が、すばらしい籠だから、ぜひ欲しい、かわりになにが欲しい、とたずねると、「パン」と答えた。いまここにはないから明朝もってきてやる、といっていたところに、ひとりの鉱夫がとおりかかった。彼は、その籠をひったくって、押しまげ、足で踏みつぶしてしまった。彼は、一介の鉱夫にすぎないのだから、自分の仕事さえしていればよいのに。ロシア人は、何日もかかって銅線をひろい集めて、籠をつくったというのに。このほかにも、板きれを削って小鳥のおもちゃをつくった。……しかし、ロシア人からこの板きれをとりあげて、だめにしてしまう者もいた。

わたしは、ロシア人がドイツ人よりも戦局によくつうじているのにびっくりした。彼らは、ひそかに宿舎にラジオをもちこんで、聴いているらしい。ロシア人のひとりがやってきて、「親方、ケーニヒスベルクが陥落した。戦争はすぐにおしまいだ」「おれたちは仕返しをしてやる」と語った。[38]

この証言もまた、いろいろな手がかりをふくんでいる。まず、第一に、「いちばんみじめだったのが、ロシア人の戦争捕虜だった」というから、ホーホラルマルクの炭鉱で働かされた外国人は、ロシア人だけでなくほかにもいたらしいことがわかる。そしてさらに、外国人のあいだには人種によって、待遇に格差があり、序列のようなものが存在していたらしいこともわかる。鉱夫たちは、そうした人種階層制をどのようにうけとめていたのであろうか。ナチスの人種観と鉱夫たちの外国人観とは、どのような関係にあったのだろうか。

ナチスは、「ロシア人は生まれつき熟練労働にはむいていない」と宣伝していたが、この証言ではロシア人の「のみこみ」のはやさが注目されている。労働の場で、直接、外国人と労働をともにする機会をもったドイツ人労働者は、ナチスのプロパガンダを修正し、独自の外国人労働者像を形成していったのだろうか。

第二は、食事をめぐる問題である。ロシア人捕虜にあたえられる食事は「ひどく」、食事が能率をあげる手段として用いられている。また「多くの鉱夫がロシア人に食べ物を運んでやっていた」とされる。飢えているのは、ドイツ人ではなく、ロシア人である。ユダヤ人のときには、「もったいない」という感想はあっても、同情や連帯感をいだいたり、それを行為で示した、という回想はなかった。ところが外国人労働者にたいしては、人びとはパンや温かい食事をめぐみ、同情を直接に表明している。これはどうしてなのだろうか。ユダヤ人迫害と外国人労働者の強制労働を、別個にあつかわずに、結びつけて考えてみると、なにがみえてくるだろうか。

第三に、もともと炭鉱では、軍隊式の労務管理がはばをきかせていて、暴力をともなう規律化は鉱山軍国主義ともいわれるほどであった。しかしこの証言では、暴力は係員や監視人にかぎられていない。むしろ、一般の鉱夫をふくめて、末端における暴力がくりかえし語られているのが特徴である。一部であるにせよ、鉱夫たちの外国人労働者にたいする暴力性と偏見はきわだっている。「一介の鉱夫にすぎないのだから、自分の仕事さえしていればよいのに」、それでも暴力をふるったり、ロシア人捕虜のつくったものをこわすのは、なぜであろうか。

その一方で、この証言者のように、そうした暴力から距離をおき、外国人労働者への同情を語る人びともいることもみのがせない。『ホーホラルマルク読本』では、人びとは、こぞってロシア人捕虜への同情と理解を口にしている。しかし、「今日でも恥ずかしく思わずにはいられない」のは、彼らも偏見や差別と無関係ではなかったからなのだろうか。

第四に、この証言では、証明書を書く権限もない一介の鉱夫が、ロシア人からは「親方」とよばれている。ドイツ人鉱夫は、外国人労働者を教育、監督する役割をあたえられたことになる。「怒りをぶつけて発散できる相手が、自分たちより下に突然できた」ことは、ドイツ人の社会的地位の向上を物語っているのであろうか。もしそうだとすれば、こうした外国人労働者の登場は、鉱夫たちの世界観にどのような影響をあたえたのだろうか。まず、最初の問題から考えてみよう。

外国人労働者と人種階層制

ホーホラルマルクの人びとは、ライン・ヘルネ運河沿いにある「森の小館亭」を、遠足でよく利用していた。戦争中、そこが外国人労働者が寝泊まりする宿泊施設となった。ここに収容されたのは、ホーホラルマルクの近くにあるケーニヒ・ルートヴィヒ炭鉱の外国人労働者であった。この外国人宿泊所の炊事係として、鉱夫の娘で、一九二二年生まれの女性が働いていた。彼女によれば、ここに最初にやってきたのはフランス人とベルギー人だった。

フランス人とベルギー人の労働者は、外出が許可されていたうえに、休暇には故郷に帰ることも許されていました。彼らは、休暇からもどってくるときに、ときおり布やストッキングをお土産にもってきてくれました。とてもすばらしいことでした。フランス人とベルギー人のあとに、クロアティア人が宿泊所にやってきました。クロアティア人の一部は、意思の疎通が困難だったので、通訳がひとりついていました。彼らとは、すぐによそに移ってゆきました。わたしたちのような者は、若かったので、彼らがどこに行ったのかたずねるようなことはしませんでした。クロアティア人にかわってポーランド人労働者がやってきました。彼らが、まさにどこからやってきたのか、どのようにしてここに連れてこられたのか、わたしはいまでも知りません。ケーニヒ・ルートヴィヒ炭鉱の消防隊が宿泊所の監視にあたっていました。彼らは、黒っぽい炭鉱警備隊の制服と帽子をつけ、門のところに立っていました。宿泊所長も炭鉱消防隊員でした。

ポーランド人は、炭鉱の鉄道で炭鉱と宿泊所のあいだを往復させられました。彼らは仕事以外には、本来、宿泊所から出てこられなかったのです。

……外国人が寝泊まりさせられていた部屋は、ひどく不潔で、南京虫や蚤《のみ》がいっぱいいました。燻蒸《くんじょう》作業中に出火して、館は焼けおちてしまいました。一九四三年か四四年のことでした。火事のあと、ポーランド人とクロアティア人はここを出てゆきました。そのあと、敷地には、ロシア人の捕虜用に木造のバラックが建てられました。

……ロシア人の監視にあたったのは、炭鉱消防隊ではなく、軍隊でした。二、三人の兵士は親切でしたが、あとは殴ることしかできないような連中でした。炊事要員は、ロシア人の宿舎に出入りすることも、ロシア人と話すことも禁止されていました。それはそれは厳格なものでした。[39]

戦争中、ルール炭鉱には、じつにさまざまな外国人が、労働力として徴募され、つぎつぎと動員されてきていた。しかも、民族や国籍によって待遇に差があったことが、はっきりと述べられている。

ルール炭鉱では、労働力不足に対処するため、まずポーランド人が動員された。その数は、一九四〇年の四月に二〇〇〇人で、六月には五二〇〇人にたっしている。しかし、この段階ではまだ外国人の労働配置には反対論も多く、一時的な措置とみなされていた。ついで同年夏、西部戦線でフランスに勝利をおさめると、ナチスは、フランス人捕虜や、占領地から徴募した民間人も、労働力として用いはじめた。これが第二段階である。つぎの第三段階は、戦争が総力戦となり、ソ連から大量の捕虜と民間人が動員されるようになった一九四二年以降ということになる。

この証言にあるケーニヒ・ルートヴィヒ炭鉱のばあいには、最初にやってきたのは、ドイツが占領したフランスとベルギーからの民間人であった。彼らは、ナチ用語にしたがえば「西方労働者」ということになる。到着した時期は不明であるが、彼らの募集作戦が展開されたのは、一九四〇年の秋である。

近くのレクリングハウゼン第Ⅱ鉱には、一九四〇年八月に、イタリア人労働者がやってきている。労働戦線がまねいたもので、一四四人ほどであった。ところがイタリア人労働者は、わずか四カ月後には五二人に減り、四一年には全員がホーホラルマルクから姿を消している。彼らは、いちおう自由意志で働きにきており、炭鉱での労働条件や、生活条件に不満をもったためとされる。

一般に、西ヨーロッパからの労働者の定着率は、きわめて低かったようである。フランス人とベルギー人のばあいもそうであった。ルール炭鉱が、一九四〇年から四一年にかけて徴募したベルギー人とフランス人は、一万八四八八人にのぼる。このうち四二年三月まで残っていたのは、六一三八人であるから、全体の三分の二がルール炭鉱から去ったことになる。

一九四〇年九月の、ルール炭鉱における西方労働者の取り扱い方針によれば、ベルギー人、フランス人は、宿泊所にまとめて収容し、その世話には労働戦線があたることになっていた。ドイツ人女性との性的な接触は厳禁されていたが、それ以外の規制はゆるやかなものだったといえる。しかし、それでも彼らの流出をくいとめることはできなかったようである。

ところでこの証言では、フランス人とベルギー人は、敵国の人間であるが、比較的自由

図 32　不発弾の処理にあたるソ連兵捕虜　炭鉱では、東方労働者やソ連兵捕虜は、とくに危険できつい仕事につけるよう指令がでていた。ドイツ人鉱夫に支配民族としての自覚をうえつけるためであった。

図 33　ポーランド人の愛人　「ポーランド人の愛人」という札をかけられ、強制収容所にいれられるまえに、公衆の面前で罪状を読みあげられ、みせしめにされる女性。外国人労働者の動員にさいし、ナチスはナチ女性団など女性にたいする啓蒙、宣伝活動をとくに重視している。

にふるまっている。炊事係のドイツ人女性とのあいだには、コミュニケーションが成立し、親近感のようなものが表現されている。ところが、つぎにやってきたクロアティア人と、ポーランド人にたいしては、この証言では心理的なへだたりが表現されている。とくにポーランド人にたいしては、「どこからやってきたのか、どのようにしてここに連れてこられたのか、わたしはいまでも知りません」と、なにか不自然なもの、西方労働者のばあいとはちがう強制的なにおいが、感じとられている。

じっさい、ポーランド人にたいしては、一九四〇年三月八日に「ポーランド人令」がだされて、きびしい取り扱いが命じられていた。それによれば、ポーランド人は、ドイツの居酒屋や慰安所への出入り、夜間の外出、公共交通機関の利用などが禁止され、ドイツ人からの隔離がはかられていた。そして一目でポーランド人とわかるように、ポーランド人マークの着用が義務づけられた。翌四一年九月、ユダヤ人にダヴィデの星のマークが導入されたが、ポーランド人マークはそのさきがけとなるものであった。こうして人びとは、集団化され、しるしをつけられ、監視の対象となった。

ポーランド人のルール炭鉱への導入にさいしては、新聞やナチ機関をつうじた隔離キャンペーンが展開された。たとえば、マール市のナチ党は、七月末から各種集会で、ポーランド人の野蛮さを訴えはじめた。さらにみせしめとして、ポーランド人に酒を買ってきてやった人物を、市の広場で一時間ほどさらしものにしている。一九四〇年八月十九日の

	従業員数	捕虜をふくむ外国人労働者	ソ連人捕虜	外国人の比率
1942年 8月	2,290	366	315	16%
1943年 7月	2,418	675	410	28%
1944年 7月	2,671	1,141	868	43%
1944年12月	3,042	1,573	1,255	52%

表6　レクリングハウゼン第Ⅱ鉱における外国人労働者数の推移

（単位：人）

『レクリングハウゼン新聞』によれば、その首には、「六万人のドイツ人がポーランド人に殺害されたというのに、わたしヘルマン・トマスケは、この悪漢たちとつきあっています」と書かれたプラカードがかけられていたという。

ポーランド人が、ケーニヒ・ルートヴィヒ炭鉱に労働配置された時期は、この証言ではわからないが、レクリングハウゼン第Ⅱ鉱では一九四〇年十一月のことであった。第Ⅱ鉱のポーランド人労働者の数はそれほど多くない。四二年三月までは、だいたい八〇人から一〇〇人のあいだを前後している。しかしその後、状況は根本的に変化した。第Ⅱ鉱の外国人労働者の人数は、急増し、増加の一途をたどってゆくことになる。表6にみられるように、戦争末期の四四年十二月には、外国人のほうがドイツ人よりも多くなっている。しかも増加分の大半は、ソ連からの民間人（ナチスの用語では東方労働者）と捕虜であった。

それはルール炭鉱全体についてもいえる。ここで働く外国人の数は、一九四二年七月～八月には約一四万四〇〇〇人だった。それが、四四年八月には約三倍の四三万四〇〇〇人になった。

この増加分の四分の三はソ連人によるもので、彼らの数は、三万二〇〇〇人から二五万三〇〇〇人へと飛躍的にふえている。

食糧というキーワード

ソ連との戦争は、一九四一年六月にはじまる。対ソ戦の目標は、労働力の獲得ではなく、食糧の獲得におかれていた。そもそもナチス・ドイツにとっては、生存圏の獲得によって食糧問題を解決することが、第二次世界大戦の主要目標であった。ドイツは、ドイツ一国では国民をやしなうことができなかったからである。

戦争の継続に必要な食糧をソ連からもってくると、数千万人のソ連人が餓死するか、シベリアへ移住させなければならなくなる。国防軍と農業専門家は、事前にそう計算していた。対ソ戦は、あらかじめ相手住民の餓死を前提としてすすめられたのである。

またヒトラーをはじめナチ指導部は、ロシア人を労働力として用いるつもりはなく、ロシア人捕虜のドイツ本国への労働配置を禁止した。対ソ戦争は短期でおわると楽観していたからである。しかし予想に反して戦争が長期化しはじめると、四一年晩秋に、その方針は撤回されることになった。

こうして一九四二年三月までに、ソ連兵捕虜一六万六八八一人がドイツに労務動員された。しかし、この数は捕虜の五%にしかすぎなかった。捕虜の大半は、ドイツに移されるまえに使いものにならなくなっていたのである。対ソ戦がはじまって半年で、ソ連兵三三五万人が捕虜となったが、そのうちの六〇%、一八〇万人あまりが、収容所で飢えと病気で死亡していた。まさに食糧という問題は、対外侵略の駆動力であるとともに、人種絶滅政策の手段であったことがわかる。

ホーホラルマルクの人びとのロシア人についての記憶も、「飢え」と結びついている。ロシア人捕虜の食事については、あの「炊事係の女性」がこう述べている。

彼らは〔ロシア人捕虜は〕、パンとスープをあたえられましたが、スープは中身よりも水分のほうが多いものでした。わたしたちは三〇〇リットルの大釜に、塩を二ポンドいれ、半ツェントナー〔五〇ポンド〕のジャガイモと、たくさんのキャベツをいれて、水を注ぎました。肉はいれませんでした。ときどきラードをいれるくらいでした。

……

一度だけ、ロシア人のためにジャガイモとほうれん草を調理したことが、忘れられません。つまり、その日は、国防軍の将校が視察にやってくる日だったのです。ロシア人は例外的にいい料理にありつけたのです。[40]

ジャガイモとほうれん草の料理が「例外的にいい料理」ということは、まず、ふだんの食事がいかにひどいかを物語っている。また、証言者が、そのこと、つまりロシア人捕虜のふだんの食事がひどいものであることに、気がついていたことも示している。さらに、将校の視察にあわせてだす食事が「例外的にいい料理」であったことは、通常の食事が規定を守っていなかった可能性も否定できない。炭鉱によっては、外国人労働者の生産性を上げるために、特別に食糧を調達するところもあったが、途中で食糧が消えてしまい、配給量を下まわる企業もあった。

ところで、おなじ外国人労働者といっても、フランス人やベルギー人については、すくなくとも『ホーホラルマルク読本』では、彼らが飢えていたという証言はない。西方労働者は、ドイツ人とおなじ食糧配給量を認められていた。人種階層序列は、食糧の配給量にも反映されていたのである。配給量は、西方労働者、ポーランド人、ソ連人によって区別がつけられた。ソ連人は、「ドイツ人と同等であってはならない」とされていた。

ナチスによれば、スラヴ人は「劣等民族」であるから、ドイツ人との血の混合はぜひともさけねばならなかった。また働かせるばあいにも、できるだけ低級な仕事や、肉体労働を割りあてることとされた。そしておなじスラヴ人でも、ソ連からの人間は、ポーランド人よりもさらに一段下に位置づけられた。なにしろソ連は、「ユダヤ的ボリシェヴィズム」という言葉が示すように、ユダヤ人と共産主義者に支配された国とみられていたからである。ナチスにとってみれば、ソ連は、ナチズムとヨーロッパ文明の敵にほかならなかった。

ホーホラルマルクの人びとが、ロシア人のひどい待遇について証言し、「いちばんみじめだったのはロシア人捕虜だった」ということは、鉱夫たちが、そうした人種階層制の存在に気がついていたことを物語っている。人びとの目にはみえていたのである。

第一次世界大戦のときには、鉱夫たちが飢えに苦しんだ。今回は、外国人、それもロシア人が飢えている。ドイツ人が食糧不足に苦しむのは、ケルレ村の証言にあったように一九四四末から戦後にかけての時期である。通常のドイツ人一人あたりの食糧配給量は、対ソ電撃戦構想が破綻した一九四一年〜四二年に、一日あたり二四四五キロカロリーから一九二八キロカロリーに低下してはいる。しかしその後は、ほぼ二〇〇〇キロカロリーの水準が確保されている。

戦局が悪化するなかで、この水準を維持したことは並みたいていのことではない。いかにナチ体制が、食糧の供給を重視していたかよくわかる。食糧こそは、国民の士気を維持する重要な手段であった。だが、そのしわよせは、占領地の住民や、外国人労働者、捕虜などにまわされたのである。

ロシア人の水っぽいスープは、そうした食糧政策を示すだけではなかった。労働能率による食事の差別化をも意味している。中身のあるスープを食べたければ、仕事の能率を上げ、はやくノルマを達成せよというわけである。食事は、外国人労働者を仕事に追いてたてる手段として使われている。この方式だと、捕虜にたいする食糧の総量はふやさないですむことになる。一九四三年はじめには、こうした食事の差別化が炭鉱部門にひろがったといわれている。

外国人労働者や捕虜への食糧配給は、一九四三年にはすこし引き上げられた。スターリングラードの敗戦で、軍需生産がますます彼らの肩にかかってきたからである。ソ連兵捕虜の労務動員をめぐる問題でもそうであったが、ナチ体制の政策決定過程では、イデオロギー（人種論）重視の立場と、経済的合理性を主張する立場との対抗関係が、かならずといってよいほどみられた。この食糧問題でもそうで、戦争が長期化するにつれて、人種論的観点は後退し、経済合理派の主張が前面に出てきている。

それにともないロシア人にたいする差別規定も、しだいに撤廃されていった。一九四四年十月には、捕虜をふくむすべての外国人労働者は、おなじ食糧配給量をうけとることになった。同年十二月には、食糧以外の点でもソ連民間労働者の待遇は、ほかの外国人と同等とされるにいたっている。結局、合理派の立場が貫徹したようにみえる。このことは、ナチ体制末期に人種階層制が放棄されたことを意味しているのであろうか。もちろん、そんなことはなかった。

ひとつには、経済合理派といえども、人種的偏見から自由であったわけではなかったからである。彼らは、べつにナチ・イデオロギーに反対していたのではなかった。それに、共産主義、ユダヤ人、スラヴ人にたいする偏見と反感は、ナチズムの専売特許ではなかった。対ソ戦の立案、準備段階で、ソ連市民の餓死を当然視したのは、なにも狂信的なナチ人種主義者たちだけではなかったことが、それを如実に示している。民間の専門家たちもこれに関与していた。人種的偏見は、ナチ党や軍部だけでなく、合理派とされるテクノクラートや、経済界の専門家たちにもひろく共有されていたのである。

もうひとつは、政権をとるまえからみられたナチ運動のスタイルとも関係する。ナチスは、主張の整合性やイデオロギー的な問題は、一時、棚上げして、当面の課題に集中するというスタイルをもっていた。ナチズムについて指摘される柔軟性とか、妥協能力はこうしたスタイルと関係している。今回のばあいも、イデオロギー的なことは、戦争がかたづいてからやればよいと考えられていたと思われる。けっして人種階層制を放棄したわけではなかったのである。

ところで、ナチスの人種階層制はかなり複雑なものであった。食事や賃金など、こまごまと人種別に差をつけなければならなかったからである。賃金を例にとると、ヘルネのヒルベニア炭鉱では、給与体系は六種類に分けられていた。(1)ドイツ人、(2)西方労働者、(3)ポーランド人、イタリア人、クロアティア人、ガリツィア人、(4)西方人捕虜、(5)ソ連人捕虜、(6)ソ連人東方労働者というように。捕虜と民間人でも区別されていたのがわかる。

複雑なのはそれだけではなかった。たとえば、ドイツと友好関係にあるクロアティア人とウクライナ人は、自由時間に宿舎を離れることが許されていた。だが、おなじスラヴ系でも、ポーランド人やロシア人のばあいは禁止されたり、制限されている。このようにナチズムによる人種の序列化は、政治的な観点からも規定されていたのである。そのため国民感情と衝突するばあいもあった。よく指摘されるのがイタリア人とオランダ人のばあいである。

イタリア人は、人種的には「ゲルマン系」ではなかったが、同盟国の国民ということで優遇措置をうけていた。それなのにイタリア人は、ドイツの食べ物をまずいといって粗末にしたり、仕事をサボったりして、国民感情を逆なでしていると、ナチスの秘密情勢報告はいらだっている。そうした報告は、当局が政治的優遇と世論の評判との対立に、神経をとがらせていたことのしるしでもある。

ルール炭鉱の労働管理官などの報告によれば、いちばんよく働くのがベルギー人とフランス人で、その生産性はドイツ人の八〇〜一〇〇%にたっする。ポーランド人は六〇〜八〇%。オランダ人は反抗的で、イタリア人はせいぜい六五%とされる。オランダ人は、西方労働者であったが、ゲルマン系ということで、民間住宅への宿泊が認められたりして、人種的に優遇されていた。ところが彼らも、労働意欲は低く、横柄であると、しきりに報告されている。

このようにナチスの複雑な人種階層制は、国民感情と対立する面をもっていた。しかし人間を大きく西欧系と東欧系に分け、東欧諸民族を一段と低くみるという点では、一致していたように思われる。こうした外国人観や民族観は、ナチズムによって民衆に強制されたものなのだろうか。それとも民衆のなかにある伝統的な偏見なのだろうか。ナチズムは、そうした民衆のなかにある偏見を、人種階層制へと組織したのだろうか。

さきに引用した証言はいずれも、外国人労働者への同情という視点でまとめられていた。そうすると、人種的偏見や差別とは関係なかったようにみえる。鉱夫たちは、労働の場で直接、ポーランド人やロシア人と接することで、偏見から自由になっていったのであろうか。同情についての記憶を、もうすこしさぐってみる必要がある。

パンをめぐんでやった——同情と偏見

すでにみたように同情は、まず食糧という問題に結びついて記憶に登場する。さきほどの炊事係の女性のばあいもそうである。彼女の父は鉱夫で、動員されてきたポーランド人といっしょに働いていた。そのうちこのポーランド人が仕事に出てこなくなったので、父親は、娘に彼の消息をたずねた。彼女は、そのポーランド人労働者が病気で、病棟に入っていることを聞きだし、お見舞いにいった。

病棟とは名ばかりのもので、それは「厩舎《きゅうしゃ》のなかにもうけられていて、せいぜい一〇平方メートルしかなく、まっ暗で、空気はよごれていて、とてもがまんできるものではありませんでした」という。食べ物は、「水っぽいスープ（ヴァッサーズッペ）とパン」で、健常者のとおなじものがあたえられていた。彼は胃が悪くて、ヴァッサーズッペをうけつけないので、彼女は、料理人にたのんで、「ミルクスープ」をつくってもらっている。それが二、三週間つづいたという。別の病人はもっと悪くて、やせ細っていて、餓死寸前であったが、そのうち死亡して、かわりに別の者が入ってきた。

〔宿泊所長は、〕ある日、わたしをつかまえて、こういいました。病人はもうバラックにはいない。病院に収容したと。父は病院に行って、ポーランド人鉱夫が入院しているかと聞いたところ、外国人はいないといわれました。たぶん、宿泊所長は、われわれが彼らの世話をできないようにするために、別の厩舎を選びだしたにちがいありません。この病棟のことはショックでした。夢のなかに出てきました。それまではヒトラーをはっきりと支持していましたが、この経験で、かなり熱がさめました。ポーランド人もわれわれも、おなじ人間なのですから[41]。

ミルクスープは彼女の同情を示している。そして病人へのヴァッサーズッペは、病棟が治療のための施設ではなく、役に立たなくなった外国人労働者の隔離の場であったことを物語っている。しかし、この証言はそれ以上のものである。第一に、この女性は、たんなる同情にとどまらず、ナチズムにたいする批判を表明している。「ポーランド人もわれわれも、おなじ人間なのですから」という結論が、彼女が到達した批判の視点である。彼女にとってナチズムの核心は、人間を人種で序列づけ、「劣等民族」を非人間的にあつかう人種主義にあることになる。

第二に、彼女の同情とナチズム批判は、自分を安全地帯においての回想ではない。ある意味で自分自身にはねかえってきている。『ホーホラルマルク読本』は反ナチ的な立場から編集されているが、そのなかで彼女は自分が「ヒトラーをはっきりと支持していた」ことを認めているからである。ちなみにこの女性は、あの熱狂的なヒトラー少年たちとおなじ一九二二年生まれである。彼女が、「おなじ人間」という結論に到達するまえに、はたしてポーランド人にたいする偏見をもっていなかったかどうかは、この証言からはなんともいえない。

ホーホラルマルクでは、外国人労働者との接触は、労働の場にかぎられなかった。生活の場での外国人労働者との遭遇と、彼らへの同情についての記憶を、一九〇三年生まれのホーホラルマルクのある主婦はこう語っている。

戦時中、ホーホラルマルクでも若いクロアティア人が炭鉱で働いていました。彼らは、捕虜ではなく、外国人労働者でした。捕虜とちがって、彼らは、自由に町の中を歩きまわれました。ときどき鉱夫たちは、彼らに来てもらって、石炭運びなどをしてもらいました。そのかわりに、彼らはパンや温かい食事にありついていました。

わたしのところにも、そうしたクロアティア人の少年が、石炭を運ばせてくれと、やってきたことがあります。でも、そんなことをするにはおよびませんでした。少年はズボンと上着しか身につけてなくて、胸がはだけていました。わたしはこだわらないたちなので、上着を脱がせてこういいました。「あんた、シャツを着ていないじゃない」。すると、少年は泣きだしました。「いったい、どこからきたの」と聞くと、「むこうの宿泊所から」と答えました。外国人労働者は、バラックの宿泊所に寝起きしていました。かなりひどいところでした。「仕事をしなければいけないというのに、どうしてうろうろしているの」。彼がいうには、「うん、いま洗濯の時間なんだ。洗濯のときに肌着がなきゃいけないんだ。肌着がないというと、殴られるんだ」とのことでした。

この主婦の亭主は体が大きく、サイズがあわなかったので、いとこが肌着を自分の家からもってきてくれた。隣人も肌着をとってきてくれている。炭住街の濃密で気のおけない人間関係が、目の前に浮かんでくるようである。そして彼女はこうつづける。「新しい肌着を着ているからといって、殴られなければいいんだがね」とわたしはいってやりました。その少年が哀れでなりませんでした。家にも子どもがいたから。考えてもごらんなさい。自分の子どもたちが、当時のクロアティアの少年のように、どこか知らないところにいって、こうしたひどい扱いをされることを。[42]

同情は、肌着をめぐむという行為に示されている。この主婦は、食糧統制をごまかし、毎晩ロシアの放送に耳をすました、あの肝っ玉かあさんである。ここでは、子を思う親の気持ちという点から、同情が位置づけられているが、彼女の回想には、多少、自慢話めいたところがある。だからであろうか、さきの炊事係の女性のように、証言がわが身にはねかえってきたり、ナチ体制への批判がはっきりと表明されているわけではない。

この証言の最初の段落では、鉱夫たちが、外国人労働者に、仕事とひきかえに「パンや温かい食事」をほどこしていた。近くの炭鉱町マールの証言でも、鉱夫の家庭は、ロシア人に自家用の石炭を運ばせたり、菜園の手伝いをさせたりして、パンをあたえている。興味深いのは、こうした手伝いが、戦争のまえまでは鉱夫自身が係員に呼びつけられて、させられていた雑用そのものであることである。会社での上下関係は、生活の場にももちこまれていた。上の世界と下の世界の権力的関係は、そうした下働きという形で、だれの目にもみえるものとなっていたのである。

ところがいまや、一介の鉱夫たちが、腹をすかせた外国人労働者たちに、かつて自分たちがさせられていた下働きをさせられるようになったのである。自分たちより、一段と低い者が登場したことになる。もちろん鉱夫たちは、同情心から、雑用をあたえ、パンをめぐんでやったのであろう。でも、そうした下働きをさせることを、彼らはどうみていたのだろうか。この主婦がクロアティアの少年に石炭運びをさせなかったのは、あわれな少年だったからなのか。それともそうした行為に批判的だったからなのであろうか。この証言は、その点をはっきりさせていない。

ホーホラルマルクの鉱夫ではないが、一九一三年生まれの鉱夫の回想にはこうある。

東方労働者は、ドイツの食事をいつもほめていた。彼らは、スリッパやおもちゃを素人細工でつくり、パンと交換していた。いろんな豚野郎、とくに係員が捕虜をいじめて、いためつけていた。とくに係員のヘンケンは、することといえば殴ることだった。そして、彼は、捕虜のイコンの鎖をひきちぎって捨てた[43]。

この鉱夫は、ロシア人捕虜を虐待する人びとを「豚野郎」とよんで、彼らへの軽蔑や批判を表現している。だからこの鉱夫は、ロシア人に理解があり、彼らに同情しているとみてさしつかえないだろう。しかしよくみると、「東方労働者は、ドイツの食事をいつもほめていた」といいながら、彼らがおもちゃをつくって、パンと交換していたとも述べている。東方労働者がドイツの食事をほめたことと、パンを求めたこととのつながりに、この鉱夫はとくに矛盾を感じてはいないようだ。本当にドイツの食事がよかったのなら、なにもパンを求めて苦労する必要はないはずなのだが。

ドイツの食事をほめるという表現は、当局の秘密情勢報告にもよくでてくる。当局がこの情報を好んでとりあげたのは、捕虜や外国人労働者が、十分な待遇をうけていることをみずから認めているあかしとなるからであった。さらにいえば、ドイツの優越性を確認するためであった。つまり彼らロシア人たちは、故郷ではろくなものを食べていない人びとで、ドイツ人より一段落ちる存在であるということも表現しているからである。

ということは、この鉱夫が「東方労働者は、ドイツの食事をいつもほめていた」ということは、彼らを自分たちより一段低い者とみていたことになる。この鉱夫は、彼らに同情しながらも、彼らを文化的に劣る存在と感じていたのである。つまり同情と偏見はあいいれないものではない。相手にたいして優越感をもつことで、同情と偏見は同一人物のなかで矛盾なく共存している。よく聞かれる「パンをめぐんでやった」という行為も、無意識のうちに相手を下の者とみていたからこそ可能となったのかもしれない。

ホーホラルマルクの人びとは、外国人労働者、とくに東欧からの労働者にたいして同情を口にしてはばからない。しかし、ケルレ村の人びとをふくめて、ユダヤ人にたいしてはこうした同情の表現や行為はみられなかった。このちがいは、なにを意味しているのであろうか。ひとつ考えられるのは、東欧からの労働者が、ドイツ人より一段と低い位置にあったため、同情やめぐみの対象となっていたのではないかということである。

ホーホラルマルクの人びとにとっては、ユダヤ人といえば、商人や、経営者であるか、弁護士、医者、大学教授、音楽家などの専門職についている者たちであった。労働者のユダヤ人なんか、想像もできないことだったといわれる。さきにも述べたが、ある若者は、戦争にゆき、ロシア軍の捕虜になってはじめて、農民や労働者のなかにもユダヤ人がいることを知ったという驚きを語っている。

ホーホラルマルクにおいては、ユダヤ人は、ドイツ人を搾取する力をもつ者か、自分たちよりは上の職業についている者というイメージであった。だから、ユダヤ人は、ひそかな反感のまととはなっても、同情の対象とはならなかったといえるかもしれない。その逆に、ポーランド人やロシア人は自分たちより下と思っていたことが、同情をひきだすひとつの要因であったかもしれない。

末端における暴力

ポーランド人や、とくにロシア人にかんする記憶では、かならずといってよいほど暴力が登場する。殴ったり、棍棒で打ちすえたり、ロシア人がつくったものをとりあげて踏みつぶしたりと。それも係員や監視要員だけではない。自分の仕事さえしていればよい一介の鉱夫も、暴力をふるっている。もともと炭鉱では、暴力をともなう規律化がはばをきかせていたとはいえ、東欧からの労働者にたいする暴力的な取り扱いはきわだっている。当局のほうでも、そうした事態には気がついていた。一九四三年一月、ルール炭鉱連盟は会員に回状をだして、こう注意をうながしているからである。

国防軍および行政当局から、くりかえし以下のような苦情がもたらされている。すなわち、いまなおいくつかの炭鉱においては、ロシア人戦争捕虜の待遇について改善すべき点があり、殴打や虐待がまだ停止されておらず、坑内および坑外で非人間的な取り扱いがなされている、とのことである。委託された捕虜のためになるような公正な待遇が、およそなされていない点に思いをいたさなければならない。そうでなければ、すっかりやせ細って、死に瀕した者が、死亡したり、移送されたりして、退去してゆくのが毎日のようにおきていることを、どう説明できるであろうか。

一九四三年四月にも、ふたたび「ロシア人にたいして、収容所警察だけでなく、ドイツ人労働者によっても、依然としてかなりの虐待がおこなわれている」ことに、注意が喚起されている。[44]

普通の鉱夫たちによる外国人労働者の虐待は、人びとの記憶だけでなく、こうした当局の資料にも登場し、問題とされている。ナチズムといえば、すぐに残虐さや暴力が連想される。そうしたイメージの大部分は、アウシュヴィッツや、ゲシュタポ、突撃隊や親衛隊と結びついている。だがこうしたイメージが固定されると、ナチズムの残虐性は、強制収容所など特別な暴力装置や、例外的な人びとのせいである、という見方に傾きやすくなる。これは、ナチズムの暴力性を特殊化して、異常なものとする考え方である。

それにたいしてホーホラルマルクの証言では、「一介の鉱夫」の暴力性が指摘されている。いわば末端における「普通の人びとの暴力性」という問題が提起されている。もっとも『ホーホラルマルク読本』などの回想に共通するのは、自分はそうした暴力にはくみさなかったが、暴力をふるう者もいたという語り口である。外国人労働者にたいする接し方や対応は、人によって異なる。連帯、同情、見てみないふり、無関心、残酷なしうちと、人さまざまである。いろいろな人がいるのはそのとおりである。

しかし本節の冒頭で引用した証言には、「彼らは、頭が変になっていたんだ。怒りをぶつけて発散できる相手が、自分たちより下に突然できたものだから」という表現があった。どうやら末端の鉱夫がふるう暴力には、かならずしも個人的なものにとどまらない背景があったようである。むしろ「構造的な暴力」とでもいうべきであるかもしれない。ルール炭鉱では、すでにみたように戦前から労働力不足が問題となっていた。軍需景気による人手不足だけが原因ではなかった。鉱夫職の魅力が低下して、後継者のなり手が少なくなっていることも一因である。それだけに深刻であった。

戦争がはじまると、外国人労働者の労働配置によって、人手不足に対処しようとする考えがでてきた。しかし、ナチ指導者の多くは、それに反対している。むしろ石炭を増産するには、外国人労働者の投入よりも、ドイツ人鉱夫のステータスの向上こそが先決問題であるという意見のほうが多かった。そうしたなか、一九四〇年五月、炭鉱の生産性向上を担当する全権委員が、ポーランド人の労務動員について指針をだしている。それはつぎのような内容であったが、なによりも外国人労働者の動員とドイツ人鉱夫の地位向上とが結びつけられているのが注目されよう。

「ドイツ人鉱夫に出世の可能性をつくりだすために、ポーランド人はできるかぎり補助的な労働力として使用することを原則としなければならない」、「作業の監視は、いかなるばあいにもドイツ人の熟練鉱夫によらなければならない。ポーランド人は、坑外労働では、健康によくない仕事に優先的に配置する。たとえばコークスの製造など」危険で、身体にきつい、まさしく三K仕事につかせることがうたわれている[45]。

こうした方針は、ポーランド人だけでなく、ロシア人の労務動員のさいにもくりかえし強調されることになる。一九四二年十二月七日の「労働配置にさいしての危険防止」にかんする回状では、こう述べられている。

すなわち、ポーランド人やロシア人などの外国人労働者を投入するさいには、「ドイツ人労働者に責任感をわかちもたせることが、課題であり、また目標とされなければならない。それは、ドイツ人労働者の地位が、外国人労働者よりも下にこないばあいにのみ可能となるであろう。そしてまた外国人労働者よりもドイツ人労働者が、訓練や研修によって経営内でより高い地位につく可能性をもつときにのみ可能となるであろう」と[46]。

一年後の一九四三年十二月三十日になっても、こう指令されている。「ドイツ人鉱夫は、外国人労働者がたとえ一〇〇パーセントの仕事をしたとしても、なお自分たちのほうが、外国人よりも優れているという気持ちをもつべきであるし、またもたなければならない」と[47]。

こうしてみると、労働の場における人種階層制が、ナチ労働政策の基本原則であったことが確認できる。しかしそれ以上に、ルール炭鉱への外国人労働者の労務動員は、たんなる労働力不足の問題にとどまらないものであったこともわかる。いまあげた史料から読みとれることは、ドイツ人鉱夫の地位の引き上げと、支配民族としての自覚の形成が結びつけられていることである。外国人労働者は、ドイツ人鉱夫を支配民族にきたえあげてゆく手段でもあった。

いわば「支配民族形成論」とでもいうべき視点が、ルール炭鉱ではつらぬかれていたことになる。外に向けて発動された人種主義と、内に向けて発動される人種主義は、ここルール炭鉱でひとつに結びつき、はっきりした姿をあらわしている。ルール炭鉱こそは、ナチズムが思い描く人種社会の先どりであり、また実践の場であったのかもしれない。それでは、ドイツ人の優位をどのようにして外国人労働者に教えこむのか。その有力な手段が暴力であった。つぎにあげるヴェストファーレン炭鉱の熟練鉱夫についての証言は、それを雄弁に物語っている。

ドルトムントにあるヴェストファーレン炭鉱では、一九四二年五月には、約五〇〇人のソ連人民間労働者が就労していた。彼らの大部分はウクライナから来た者たちであった。その監督にあたったドイツ人鉱夫のモットーは、つぎのようなものであったといわれる。「ウクライナ人にたいしては、われわれが、弱腰であるとみられてはならない。さもないと、彼らは厚かましくなる。これまでの経験によれば、精力的に立ち向かうことによってのみ、ウクライナ人にいちもくおかれるようになることができる。ウクライナ人は、自分が病気だという申し出を、何度も何度も試みてきている。こうしたことには、断固として対処するのが、いちばん効き目があり、役に立つ。ウクライナ人に仕事をさせるには、殴るのがいちばんだ」と、この監督の鉱夫はいう。彼は、三人から五人のロシア人につきひとりのドイツ人が監視にあたるように命令した。そうすることで、ささいな行為も追及でき、しかも厳格に対処できるというのである。[48]

こうしてみると、東欧からの労働者にたいして行使される暴力は、個人的なものというよりは、構造的なものであったことがわかる。それはひとつには、労働の場における人種階層秩序をつくりだし、維持するためのものであった。

また、そうした暴力はおもに東欧からの労働者や捕虜に向けられていた。そのことは、東方からの人びとをおくれた存在とみなし、「野蛮で非文化的」な人びとに対処するには、きびしくしなければならないという予断と偏見の存在を物語っている。

さらに東欧からの労働者にたいして行使される暴力は、彼らの労務動員が、かならずしも自由意志にもとづくものではなかったことを暗示している。暴力は、強制労働を維持するための手段であった。

そして最初に引用した「彼らは、頭が変になっていたんだ。怒りをぶつけて発散できる相手が、自分たちより下に突然できたものだから」という鉱夫の発言からみれば、末端の鉱夫がふるう暴力は、ドイツ人鉱夫が炭鉱で係員から味わわされる屈辱をうめあわせ、自分たちの社会的地位の向上を確認するためにふるう暴力であった可能性も否定できない。

あの炊事係の女性は、証言の最後の部分で、「外国人労働者の報復」というエピソードを語っている。彼女は、あのあと、ロシア人少年をかばったため宿泊所を首になっていた。彼女は、労働奉仕団に入り、ハノーファー市の近郊に派遣され、高射砲の補助要員になった。探照灯の係である。戦争がおわると、この鉱夫の娘は、レクリングハウゼンにもどってきた。そこで、かつて宿泊所で通訳をしていたロシア人のボリスと再会したという。

わたしはボリスに、ロシア人はどうなったのかたずねてみました。ロシア人たちは、リューネブルガーハイデまで徒歩で移動させられて、そこから別の収容所に行くことになっていたそうです。しかし、リューネブルガーハイデまで行きついた者は、それほど多くなく、行進についてゆけずに脱落した者は、射殺されたとのことでした。……ポーランド人は、戦争終了時に、彼らを手ひどくあつかった消防隊員を何人か血祭りにあげたとのことです。[49]

こうした報復の話は、けっして例外的なものではない。むしろ外国人労働者についての人びとの記憶には、かならずといってよいほどでてくる。本節の最初に引用した鉱夫の証言でも、ロシア人捕虜が「おれたちは、仕返しをしてやる」といっていた。なぜ、こうした復讐のエピソードを語るのだろうか。自分は仕返しの対象ではなかった、自分は外国人に悪いことはしていないということを言外に示す必要があったからであろう。いってみればアリバイの役目があるのだろう。ところが報復のエピソードは、ドイツ人が仕返しを気にしていたこと、つまり捕虜や外国人労働者の虐待に十分気づいていたということも、物語ってしまうことになるのである。

支配民族への上昇

歴史的にみれば、ルールの炭鉱は、さまざまな国から多くの人びとを引きつけてきた。だから外国人労働者の存在そのものは、めずらしいものではなかった。しかし、これほど多数の外国人が動員され、職場によっては彼らが従業員の半数をしめるようになったのは、それまでにない経験であった。しかもそれだけではなかった。労働者は、国籍や人種によって、こまかく序列づけられていたのである。労働の場における人種階層制こそは、ナチ労働政策の基本原則であった。

とくに興味深いのは、ルール炭鉱への外国人労働者の労務動員が、たんなる労働力不足への対策にとどまらなかったことである。いまみてきたように外国人労働者の動員と、ドイツ人鉱夫の地位向上とは結びつけられていた。外国人労働者は、ドイツ人鉱夫に自信と自覚をあたえ、ドイツ人を支配民族にきたえあげてゆく手段でもあった。格差はつくりだされなければならなかったのである。そのため東欧からの労働者には、きつくて、危険な労働が割り当てられた。逆にドイツ人は、外国人労働者を監視し監督する役に上昇した。いまや一介の鉱夫でも、外国人労働者からは「親方」と呼びかけられるようになったのである。かつて炭鉱は、比較的高い賃金と、短い労働時間で人びとを引きつけてきた。それが、一九二〇年代の末からナチ時代にかけて、そうした優位性は失われていった。鉱夫の息子たちも、できれば鉱夫とは別の仕事につき、炭鉱からの脱出を考えるようになってった。なにしろ証言にあったように、仕事が鉱夫だと、女の子がふりむいてくれなかったからである。こうして鉱夫たちは、自分たちの社会的地位の低下を身にしみて感じるようになっていた。ところが、いまや自分たちよりも下に、もっと社会的に差別された労働者層が登場したのである。

そうした変化は、労働の場にかぎられなかった。肝っ玉かあさんの証言にあったように、ドイツ人鉱夫は、生活の場でもステータスの上昇を実感することができたのである。いまや外国人労働者が、鉱夫の家の石炭運びや庭の手入れなどをするようになった。そうした雑用は、鉱夫たちが係員のためにさせられていた仕事でもあった。こうして鉱夫家庭でも人を使えるようになっただけでなく、外国人がドイツ人にかわって汚れ仕事や、肉体労働をしてくれるようになったのである。

問題は、ナチズムのもとで出現したこうした状況を、鉱夫やその家族たちはどのようにみていたのかである。ホーホラルマルクの証言では、外国人労働者にたいする同情が、こぞって口にされていた。しかしほかのインタヴュー記録などをみると、「見てみないふり」や、「無関心」という態度がよくでてくる。おそらくそうした反応や対応が一般的であったと思われる。とくに戦争が長期化して、空襲が日常化した段階で、そうした回想が目につく。人びとは、その日その日のルーティン・ワークに没頭することで、精神のバランスをたもつようになっている。ほかのことは頭からふりはらい、他人のことなどかまってはいられなかったというのが本当のところであろう。

もっとも、みながみな見てみないふりをしていたわけではない。多くの鉱夫たちがロシア人捕虜の状況をみかねて、こっそりパンを運んでやっていたと記憶されている。そうした行為は、見つかれば厳罰に処されることになっていた。それでもパンをめぐんだのは、「おなじ階級と境遇にある」人びとへの連帯という気持ちからであろうか。鉱夫たちの世界をみる目は、まえにもみたように、「上」と「下」の世界の断絶という考え方にあった。ドイツ人鉱夫は、自分たちを東欧からの労働者たちとおなじ「下」の世界の一員であると考えて行動したのであろうか。パンを運ぶことは、外国人労働者と連帯して「上」の世界に対抗するためであったのだろうか。

この節の最初にとりあげた鉱夫の証言では、かならずしも同情は「下」の世界の連帯とは位置づけられていなかった。彼は、ロシア人たちから「親方」と呼びかけられているが、そのこと自体への後ろめたさのようなものは口にしていない。そこからこの鉱夫も、ドイツ人労働者の地位の向上そのものには否定的ではなかった、といったらいいすぎであろうか。炭鉱では「親方」という呼びかけは、対等の立場に立った協力関係がむずかしかったということを象徴しているようにも思える。

そもそもホーホラルマルクの鉱夫たちは、彼らの「上」と「下」の世界の断絶という考え方では、ナチズムをうまくとらえることができなかった。そうした論理がナチズムにたいしては有効に機能しないことを、われわれはナチスの権力掌握などの問題をつうじて分析してきた。そして鉱夫たちの二分化的な社会観は、外国人の労務動員に直面して、またもや大きな挑戦をうけたのである。ドイツ人労働者の下に、さらに下層労働者が登場し、ドイツ人鉱夫たちの地位が引き上げられたからである。

いったいホーホラルマルクの鉱夫たちは、どちらの世界に属することになるのだろうか。「上」だろうか、それとも「下」の世界だろうか。経営者にたいしては「下」であるが、外国人労働者にたいしては「上」ということになるのだろうか。いずれにしても、鉱夫の生活世界に根ざした世界観では、現実をとらえることがむずかしくなってしまった。

この二分化的な社会観にかわって力をえたのが、出世志向など個人主義的な対応である。そうした動きは、一九二〇年代の合理化の時代や、世界恐慌期に表面化していた。失業が長期化するなか、鉱夫たちは仕事を手にいれるためには、悪魔とも手を結ぶことをためらわないと語っていた。いままた外国人の労務動員によって、個人的な出世の道がひらけてきたのである。外国人の監督や教育係の役割を引きうけることがそれである。

さらにナチスはまた、外国人労働者の投入にさいして、ドイツ人が外国人よりすぐれているという気持ちをもつことを重視した。そしてナチスは、そのためにドイツ人が訓練や研修によって経営内でより高い地位につくことができるように主張している。支配民族への上昇は、鉱夫たちに個人的な出世の可能性をひらくものであったといえる。そうした上昇感が、戦争をがまんし、ナチ体制への抵抗をおさえてゆくことにつながっていったのであろう。

ナチ体制においては、外国人労働者の労務動員は、人種主義の問題でもあった。はからずもルール炭鉱は、「支配民族形成のための戦争」というナチズムの中心的な戦争目的を体現する場となった。そして支配民族の形成が、外に向けた人種主義だけではなく、内に向けた人種主義でもあることを示す場ともなった。そういえば第二次世界大戦は、この二つの人種主義が不可分の関係にあることを最初から明らかにしていた。

一九三九年九月、ポーランドに侵攻したナチス・ドイツがしたことは、特務部隊によるポーランド人知識人や支配層の抹殺であり、残ったポーランド人をドイツの労働力にすることであった。そしてドイツ国内では、障害者や「反社会的分子」にたいする安楽死が実施に移されるようになった。ヒトラーがこの安楽死計画を発動させたのは、三九年の十月とされる。しかしそれを命令する文書の日付は、開戦の日にさかのぼって、九月一日と記されている。わざわざこの日付を選んだことは、戦争と人種主義の結合をあらためて確認し、象徴するためであった。

こうして第二次世界大戦は、ポーランド人エリートの殺害と、ドイツ国内での障害者などへの安楽死計画の発動としてはじまったのである。ホーホラルマルクの人びとは、そうした地域をこえる、大きな動きについては、直接には語っていない。しかし外国人労働者は、彼らの目の前にいた。そして彼らについての証言からは、普通の人びととナチスの人種主義とのかかわりがすこしみえてくるのである。

あとがき

これまで、ナチズムといえば、立錐の余地もない集会やパレードが象徴するように、人びとをたえず政治的に動員してゆく運動であり、体制であるとイメージされてきた。しかし、ナチズムを人びとの日常生活からみてきていえることは、それとは正反対の非政治化という側面である。一九二〇年代の「すっきりしない状況」から、ナチ体制下の歓喜力行団、大戦末期のあの「ハンドバッグの広告」にいたる系列の重要性である。非政治的領域、あるいは私的領域こそは、ナチ体制が人びとを統合するルートであった。しかし同時に、人びとが、もっとも執拗かつ、いろいろ手だてをつくして抵抗したのも、この私的領域へのナチズムの介入であった。

人びとが、ナチズムの介入にさからったり、もっと正確にいえば「はぐらかしたり」するやり方をみると、たとえば村の論理のようなものが利用されていた。しかし、そのおなじ村の論理が、ユダヤ人への理解と反感を共存させる論理としても機能していたのである。つまり、ナチ体制に距離をおく論理が、体制をささえる論理としても用いられていたのである。

これまでナチズムについては、その「異常性」や「狂気」に、大きな関心が向けられてきた。それが人間性や歴史にたいする深い洞察を導いてきたことは否定できないことである。しかし、ユダヤ人迫害などが、ひと握りの狂気にかられた人びとがやったことであるならば、問題はむしろ簡単であろう。われわれには関係ないこと、過去の出来事としてすますことができるからである。だが、人びとの証言や記憶の分析からいえることは、むしろごく平凡で、普通の人びとが、おおくのばあいナチズムとは距離をおきながらも、ナチスの政策を支持したり、ナチ体制に統合されていったという点にある。平凡な結論ではあるが、そこにこそナチズムの問題とこわさがあるように思われる。

本書を書くにあたっては、歴史研究の最前線を展望するというこの叢書のねらいにそうように、いくつかの工夫をこころみた。まず、第一に、人びとは、ナチズムをどのようにうけとめて、どのように対応したのか、という問題にテーマをしぼってみた。普通の人びとの目の高さからみると、ナチズムや第三帝国はどうみえてくるのだろうか。はたしてこれまでのヒトラーや、政・官・軍・実業界の大立者、抵抗運動の闘士、亡命作家など、いってみればエリートを手がかりにするナチズム像とは、ちがった風景がみえてくるだろうか。

第二に、その手がかりとして、人びとの「記憶」に注目した。一九八〇年代のドイツでは、地域の歴史を掘りおこす運動がさかんになって、ナチスの時代にかんするインタヴュー記録や、回想、証言がかなり出版されるようになった。ようやくこうした資料をつかって、第三帝国の日常生活を考えなおすことが可能になったといえる。ただ、そうした記録や回想録のたぐいは、体験やメッセージを伝えることに重きがおかれていたこともあってか、十分に分析されることなく、そのまま出版されることがおおかった。本書では、そうした回想や証言を、例証や傍証としてつかうだけでなく、むしろそれらを「ナチズムについての記憶」ととらえなおして、徹底的に分析することで、あらたな視点を引きだすようにつとめた。

第三に、ある特定の町なり村なりをえらんで、ナチスの政権獲得から、第二次世界大戦のおわりまで、一貫して人びとの日常生活を観察すること。そして人びとの回想や証言を、そうしたコンテクストのなかにおいて分析することを試みた。ただし、ここまでなら最近の欧米の研究ではそうめずらしくない。本書の特徴は、よくばって、「親ナチ的な村」と、「反ナチ的な町」の両方をとりあげてみた点にある。厳密な意味では、資料の関係から比較研究はできなかったが、それぞれの事例をつきあわせることで、なにかおもしろいことがでてくるかもしれないと思ったからである。いってみれば著者を仲立ちにして、農村と炭鉱町、二つの地域を対話させることである。こちらではこういうことがあったが、そちらではどうだい、というように。

第四に、人類学的手法をナチズムに応用しようとしたことである。といってもナチズムが「野蛮」だから、未開社会を分析する文化人類学のやり方を応用したらおもしろいだろう、というわけではない。一定の人びとに共有される、考え方の枠組や、規範、行動様式など、文化人類学でいう広い意味での文化に注目したかったからである。

たとえば本書では、農村と炭鉱町の二つの文化をとりあげている。ひとつは、悪いことは外の世界からやってくるとか、内と外をつかいわけたり、体面を重視する文化である。もうひとつは、金持ちと貧乏人とか、「やつらの世界」と「われらが世界」というように、上と下の断絶を強調する文化であった。文化や枠組みというと、固定的なイメージがあるが、人びとの証言を読んでいると、人びとは、いつも、こうしたパターンにもとづいて行動したり、状況を解釈しているわけではなかった。これらを加工して自分なりに手をくわえたり、まったく新しいパターンを採用したりしていた。また、ナチスの「たてまえ」を勝手に利用して、べつの目的につかったりしている。本書の一一四頁で述べたように、こうした行為者による状況の構造化や再構築は、社会的実践とよぶことができるであろう。実践はなによりも主体的な行為であった。

つぎに、本書で用いた資料について、簡単にふれておきたい。われわれは二つの自治体を舞台にすえたが、まず親ナチ的な村としては、ヘッセン州の北部にある小さな農村、ケルレ村をとりあげた。そして反ナチ的な自治体としては、ルール工業地帯にある炭鉱町のホーホラルマルクをとりあげている。この二つの自治体にしたのは、たまたま住民のインタヴュー記録をかなり豊富にふくむ文献があったからである。

ケルレ村については、農村社会学を専攻するクルト・ヴァーグナーによる調査がある。彼は、ケルレ村の出身で、第三世界の農村を研究したあと、あらためてドイツの農村に目を向け、自分の生まれ故郷について博士論文を書いた。それが一九八六年に出版された『産業化の過程における農村生活』である。工業化や都市化が進展するなかで、農村住民はそうした変化にどのように対応したかを分析したものである。あつかっている時期は、十九世紀なかばから一九七二年までで、方法的には、農民たちの考え方、感じ方を、聞き取り調査にもとづいて、内側から明らかにしようとしている。

社会学者による農村調査であるが、農村共同体を牧歌的なうるわしい助けあいの世界、同質的な共同体、とみるのではなく、対立をはらんだ階層化された社会ととらえ、村内の紛争解決システムの形成とその展開に注目している。この視点は、歴史研究にとって、とても刺激的である。彼がインタヴューしたのは、合計四〇人（女九人、男三一人）にのぼる。質問項目をあらかじめ限定しないで、自由に語ってもらう方法をとっている。このやり方では、厳密な比較はできないが、ヴァーグナーは、階層によって記憶のあり方が異なるケースに着目しており、いろいろ興味深い事例を引きだすことに成功している。また証言者のなかに、いまでもナチズムを支持している確信的な元ナチスが二名いることが、なんといっても貴重である。

ヴァーグナーの研究書には、こうした聞き取り調査の記録が、かなり大量に引用文の形で記載されている。われわれは、それを資料として利用させてもらった。ヴァーグナーの研究は、村の内側からのとらえ方に力点がおかれているからなのか、また社会学者の研究ということもあるのか、事件史や年代記的な要素、社会経済的なデータが手うすになっている。そのため村の歴史のアウトラインがかならずしも鮮明になっているとはいえない。また、ケルレ村の事例だけが孤立してとりあげられていて、それと周辺の地域の事例とのつきあわせがなされていない。本書では、できるかぎり他の事例を参照することで、ケルレ村の事例を同時代の文脈のなかで考えるようにつとめた。

ホーホラルマルクについては、『ホーホラルマルク読本』を主要な材料とした。これは、素人の市民サークルの手によるもので、炭鉱がさびれ、閉鎖されてゆくなか、炭鉱労働者とその家族が、彼らの生活を中心に、町の歴史を回顧したものである。このサークルは、写真や、資料、日記などの収集をはじめたのをきっかけとして、組合や若手研究者の助けをえて、本格的な聞き取り調査をおこなった。その内容をまとめたのが『ホーホラルマルク読本』である。

インタヴューはあらかじめ設定した項目にそって、六〇回の個別インタヴューと、二〇回の討論会がおこなわれたとされる。ただ、討論会もそうであるが、聞き取り調査の編集方針が、個人的なことよりはルールの鉱夫に典型的なもの、共通するものを引きだす点におかれていることが気になる。良くいえば、「共有された記憶」ともいえるが、材料としての鮮度は落ちている。また、ナチズムへの抵抗という視点がつよく、確信的なナチスと思われる人物がインタヴューに登場しないのも、物足りない。このサークルを指導した若手史家のミヒャエル・ツィマーマンは、『炭鉱と炭住街　一八八〇年から一九八〇年にいたる、ある労働者団地における生活、労働、政治』という博士論文を一九八七年に出版している。方法がややオーソドックスで、聞き取り調査の結果についてつっこんだ分析がないのが惜しまれる。

いうまでもなく、ヴァーグナーとツィマーマンの研究は、それぞれ独立したものである。視点も方法もだいぶちがっており、二つの自治体の比較を念頭において書かれたものでもない。本書は彼らの研究成果に依拠したものだが、できるかぎり彼らとはちがう論点をだそうとしたつもりである。しかし、長いこと読みこんできたので、おもわず彼らの意見を自分のものとしてしまっているところがあるかもしれない。しかし、くりかえしていえば、ナチズムの深刻なところは、むしろごく平凡で、普通の人びとが、おおくのばあいナチズムとは距離をおきながらも、ナチスの政策を支持したり、ナチ体制に統合されていった点にある。本書は、そのプロセスとメカニズムを考えてみたものだが、読みおわって、ナチズムが「けっして他人事とは思えない」という感想をもたれたならば、本書の意図は達成されたことになる。

本書ができるまでには、恩師の先生方をはじめとして、研究会のみなさん、留学の機会をあたえてくれたドイツ学術交流会、それに同僚の諸先生やわが家族など、じつにたくさんの人びとのおかげをこうむっている。なによりも、講義を聴いて、あいづちで励まし、いねむりで批判してくれた学生諸君には、心よりお礼を申しあげる。また、著者の健康を気づかいつつ、仕事を形にすべく心をくばってくれた山川出版社の山岸美智子さんには、感謝の言葉もない。

一九九五年五月

山本　秀行

ちくま学芸文庫版　あとがき

一　記憶の不思議

今回、文庫化するために、あらためてはじめから読みなおしてみました。執筆からもう三〇年ちかくたっているのに、ケルレ村やホーホラルマルクの登場人物は、みな当時のままで、若者や女性たちは、若いままでした。とても懐かしくなりました。あたりまえといえば、あたりまえですが、すこし不思議な気がします。

ケルレ村などの人びとが懐かしかったのは、かれらが、いまここにいて、ぼくに語りかけてくるように、感じたからでしょう。記憶は、過去のものでありながら、現在のものでもあるようです。そこに不思議さがあります。過去を思い出すのが記憶ですが、言葉にし、表現するには、「現在の自分」がかかわっています。主観や、主体、実践をふくみこんでいるのが、記憶の秘密ではないでしょうか。記憶を手がかりにして、ナチズムとその体制に分けいったのが、『ナチズムの記憶』です。

本書は、山川出版社の〈歴史のフロンティア〉シリーズの一冊として、一九九五年七月に出版されたものです。この叢書は、一九五〇年代から六〇年代にかけて規範となっていた、「戦後史学」にたいして、若い世代の研究者が、「歴史学の最前線」について自由に書くという企画でした。民衆運動史や、社会運動史、社会史がまだ渾然一体となって、若手の熱気がうずまいていた時代といえば、おおげさにすぎるでしょう。当時は、まだ定職がみつからない者も多く、先がみとおせない暗い時代に、みな半分消耗していたというのが本当のところです。若手といっても、この本がでたとき、ぼくはちょうど五〇歳の誕生日をむかえていました。まだ若いつもりでしたが、自分なりの歴史学をさがすのに、ずいぶん回り道をし、道草を楽しんでしまい、時間がかかっていたのです。ちなみに、そのシリーズの一冊、近藤和彦さんの『民のモラル』は、すでに、このちくま学芸文庫に収められています。

『ナチズムの記憶』は、ぼくにとっては、ひとりで書く、最初の本でした。それだけに、それまでにはないナチズム像を、どうしたら打ち出せるのか、いろいろ考えました。ひとつは、ナチズムをできるだけ、ヒトラーやユダヤ人から説明しない方法を工夫することでした。もし、自分があの時代に生まれついていたとしたら、どうしただろうか。これが出発点となった問いです。ナチズムや第三帝国を、ごく普通の人びとの日常生活からみたら、どうみえてくるだろうか。いわば普通の人びとに自分をかさねあわせて、かれらの目をつうじてナチズムを観察し、体験することです。そうすることで、われわれとは関係のない野蛮な出来事とみられていたナチズムを、もっと身近な、リアルなものとして、とらえなおすことができるのではないか。ナチスの暴力的な支配についても、普通の人びととのやりとりのなかで、その特徴がみえてくるのではないか、と考えたわけです。

もうひとつは、英米でおもしろい研究を生み出しはじめている、歴史人類学の手法を応用して、ナチズムとその支配体制を分析してみることでした。それには、伝統的な史料や公文書だけでなく、もっと住民の肉声や、考え方がとりだせるものが必要になります。戦後の西ドイツでは、ナチスはタブーとされてきましたが、七〇年代にはいると、ナチズムを知らない若者たちがふえたことが問題となり、ホロコーストについての映像がテレビで放送されたことをきっかけに、祖父母からナチズムについて聞き取り調査をする活動が活発になりました。ぼくとおなじ世代の研究者がかかわったルール炭鉱の聞き取り調査なども出版され、利用できるようになったのです。

こうした人びとの証言や回想を「記憶」ととらえなおすことで、たとえば「ナチスは外からやってきた」という記憶が、事実とは反していることがわかり、それを糸口にして、いろいろなことがわかってきました。まるでミステリを読み解くような感じがしてきます。

二　ヒトラーの世代　世代でくくりきれない世界戦争の時代

本書のもととなった回想や証言を残した人びとには、ある共通点がみつかりました。生まれた年が、だいたい一八九〇年ごろから、一九二〇年代の前半までで、この約「三〇年」間にすっぽりとおさまることです。日本では、親の代から息子の代に家督が継承されるまでの期間を基準にして、かつては「一世代三〇年」という見方が定着していました。ドイツと日本、これは偶然でしょうか。

ちなみに、あのヒトラーが生まれたのは一八八九年ですから、みなおなじ時代に生まれた「ヒトラー世代」といえるかもしれません。しかし、回想や証言を読んでいくと、どの家でももめごとがおきているように、親子の考え方のちがいや、対立が目につきます。とても「ヒトラー世代」とひとくくりにはできません。第一次世界大戦後のドイツは、敗戦、植民地の喪失、革命、インフレ、経済危機、そして世界恐慌と、目まぐるしく社会や経済、政治が転換し、変容してきました。短期間で、共有する経験が変化したことになります。

現在の日本でも、世代の幅はどんどん短くなっているようです。これはなにを物語っているのでしょうか。

ところで、第一次世界大戦がはじまったのは一九一四年で、第二次世界大戦が終わったのは一九四五年です。これも四捨五入すれば「三〇年」となり、三〇年というのは、歴史のくくり方として、なにか意味があるのかもしれません。そういえば「三〇年戦争」というのもありました。二〇世紀の「三〇年戦争」は世界戦争の時代といっていいでしょう。第一次と第二次の世界大戦は、別々のものではなく、ひとつづきの戦争ととらえることで、いろいろなことがみえてくるでしょう。

この世界戦争の時代は、大衆文化や大衆消費文化が花開いた時代でした。この時代はまた、若者と女性の時代でした。かれらはゲルマン民族の育成をめざすナチスの、標的であり、ナチ教育の対象となります。少女たちも、民族共同体思想のもとで教育され、職業としての家事を身につけていきますが、戦後はそれをよりどころとして、より「私的」に一九五〇年代のあたらしい状況にたちむかっていきます。ナチ的なものが、ナチ的なものをのりこえていく武器となったのです。

三　本書の表紙の写真について

この写真をみて、いやに静かだなあ、とか、ハーケンクロイツの旗がなければ、とてもナチスの時代とは見えない、どこにもありそうな普通の日常風景だ、と思われた方も多いかと思います。

この町は、ルールの炭鉱都市ゲルゼンキルヒェンで、一九三八年のものです。

ナチズムといえば、レーニ・リーフェンシュタールの『意志の勝利』を思い浮かべる人も多いかと思います。彼女が制作したあの宣伝映画は、一九三四年のナチ党大会を撮影したものです。ニュルンベルクの市内を、道いっぱいに隊列を組んで行進する突撃隊や親衛隊、とりわけヒトラーに歓呼し、手を振り、腕をかかげてハイル・ヒトラーと連呼する市民たち。一糸乱れぬ隊列と旗の波、大群衆からわきおこる歓呼。決然とした指導者ヒトラーというイメージは、この映画がもとになっているのかとおもえるほどです。

そうしたヒトラーを頂点にした一枚岩的な支配というナチズム像では、人びとは巧妙な宣伝によって洗脳され、操作される対象でしかありません。トップの命令が末端にまで貫徹するという全体主義論では、肝心なのは権力の中枢にいる人びとで、末端の人びとに目をむける必要はなかったわけです。普通の人びとは、ナチズム研究の盲点だったといえるかもしれません。

ルールの炭鉱の労働者たちは、世の中を、「お偉方たちの上の世界」と「われら労働者の世界」、上と下の世界の対立ととらえていました。最初こそ労働者はナチスに抵抗力をしめしましたが、失業に耐えきれず、仕事とひきかえに突撃隊に入るものもでてきます。ナチスは「上」の世界に属するのか、それとも「下」の世界なのか。鉱夫たちの世界観では、うまくとらえられなくなっていきます。

非政治的とおもわれた領域にも、ナチズムは浸透してきます。ナチスに抵抗する人びとでさえも、フォルクスワーゲンの開発に感激し、行ってもいない夢の海外旅行に自分も行ってきたように語るようになるのです。そのメカニズム、回路の解明が本書のテーマのひとつです。

四　学生たちから学んだこと

本書は、山川版の「あとがき」でふれたように、大学の授業のなかから生まれたものです。今回、読みなおしていて、「懐かしくなった」のは、ケルレ村やホーホラルマルクの登場人物に再会できたからだけではありません。講義に出ていたみんなの顔が浮かんできたからです。当時は、東西ドイツが再統一し、ソ連が崩壊したものの、湾岸戦争やユーゴ内戦など、地域戦争の時代がはじまり、日本ではバブルがはじけて、出口のみえないデフレの時代に突入していました。大学を卒業しても、就職先がなかなかみつからない、就職氷河期のさなかでした。授業をしながら、この学生たちの将来はどうなるのだろうかと、気になりました。

ところが、学生たちのほうは教師の心配とは逆に、くったくがなく、デフレ不況の時代が自分たちの時代で、いってみればあたりまえの環境とうけとめていたようでした。だから、このなかで、希望をみつけ、生きていこうというのです。それがヒントになりました。

ナチスの時代にいあわせた若者たちも、外からみれば、時代の犠牲者であることはまちがいないのですが、もっとかれらのなかにはいりこんでいけば、別の姿や世界が開けて、みえてくるのではないかと、教えてくれました。あらためて感謝する次第です。

いまの日本は、少子高齢化がすすみ、生活に不可欠な仕事の担い手が不足するという事態が急速に進行しています。すでに日本の農業や産業は外国人労働者にささえられていますが、これからは、難民や移民のうけいれがすすむでしょう。ナチスの時代は、外国人労働者や、ユダヤ人、移民や難民とどうむきあっていたのか。そうした観点からも、読むことができるでしょう。困難な時代がやってきていますが、くじけず、生きぬいてほしいと願っています。

最後に、初版で見逃してしまったミスや誤植を、丁寧に訂正し、さらに読みやすくしていただいた編集者の天野裕子さん、校閲者の方に、こころからお礼を申し上げます。

二〇二四年一月三〇日　ゼミ生との懇親会の日

山本　秀行

表3，4　Eike Hennig (Hg.), *Hessen unterm Hakenkreuz*, Frankfurt am Main 1983, S. 101/ Wagner, *Leben auf dem Lande*, S. 299/Michael Zimmermann, *Schachtanlage und Zechenkolonie. Leben, Arbeit und Politik in einer Arbeitersiedlung 1880–1980*, Essen 1987, S. 153, 175より作成。ただしケルレ村の1932年7月選挙のデータは欠如。

表5　Dietmar Petzina u.a., *Sozialgeschichtliches Arbeitsbuch III*, München. 1978, S. 85より作成。

表6　Zimmermann, *Schachtanlage und Zechenkolonie*, S. 205

カヴァー表（1938年，ルールの炭鉱町ゲルゼンキルヒェン）Heinz-Jürgen Priamus /Stefan Goch, *Macht der Propaganda oder Propaganda der Mackt? Inszenierung nationalsozialistischer Politik im "Dritten Reich" am Beispiel der Stadt Gelsenkirchen*, Essen 1992, S. 78

中扉下（シュテュルマー掲示板をみる子どもたち）Hans Mommsen/Susanne Willems (Hg.), *Herrschaftsalltag im Dritten Reich. Studien und Texte*, Düsseldorf 1988, S. 264

S. 176

図17　Gerd Wysocki, *Arbeit für den Krieg. Herrschaftsmechanismen in der Rüstungsindustrie des "Dritten Reiches". Arbeitseinsatz, Sozialpolitik und staatspolizeiliche Repression bei den Reichswerken "Hermann Göring" im Salzgitter-Gebiet 1937/38 bis 1945*, Braunschweig 1992, S. 26

図18　Wagner, *Leben auf dem Lande*, S. 359

図19　Zentner/Bedürftig, *Das grosse Lexikon des Dritten Reiches*, S. 328

図20　Schäfer, *Das gespaltene Bewußtsein*, S. 173

図21　Schäfer, *Das gespaltene Bewußtsein*, S. 190

図22　Wagner, *Leben auf dem Lande*, S. 349

図23　Zentner/Bedürftig, *Das grosse Lexikon des Dritten Reiches*, S. 312

図24　Zentner/Bedürftig, *Das grosse Lexikon des Dritten Reiches*, S. 256/257

図25　Anke Schiller-Mertens, *Frauen vor Ort*, S. 25

図26　Broszat/Frei, *Ploetz. Das Dritte Reich*, S. 54

図27　Broszat/Frei, *Ploetz. Das Dritte Reich*, S. 54

図28　Günther Bernd Ginzel, *Jüdischer Alltag in Deutschland 1933–1945*, Düsseldorf 1993, S. 138

図29　Broszat/Frei, *Ploetz. Das Dritte Reich*, S. 206

図30　Norbert Westenrieder, *"Deutsche Frauen und Mädchen!" Vom Alltagsleben 1933–1945*, Düsseldorf 1984, S. 96

図31　Frank Grube/Gerhard Richter, *Alltag im Dritten Reich. So lebten die Deutschen 1933–1945*, Hamburg 1982, S. 196

図32　Peukert, *Volksgenossen und Gemeinschaftsfremde*, S. 176/177

図33　*Deutschland im Zweiten Weltkrieg*, Bd.4, Berlin 1984, S. 336/337

表1　Wagner, *Leben auf dem Lande*, S. 136–144, 509–512 より作成。

表2　Wagner, *Leben auf dem Lande*, S. 249

図表出典一覧

図1　著者作図

図2　Aero-Bild-Verlag 社の絵はがき

図3　Kurt Wagner, *Leben auf dem Lande im Wandel der Industrialisierung*, Frankfurt am Main 1986（以下，Wagner, *Leben auf dem Lande* と略）, S. 137

図4　Wagner, *Leben auf dem Lande*, S. 296

図5　Wagner, *Leben auf dem Lande*, S. 222

図6　*Hochlarmarker Lesebuch. Kohle war nicht alles. 100 Jahre Ruhrgebietsgeschichte*, hrsg. v. Stadt Recklinghausen 1981（以下，HML と略）, S. 32

図7　Anke Schiller-Mertens, *Frauen vor Ort. Lebenserfahrungen von Bergarbeiterfrauen. Bilder und Texte aus der Kolonie der Zeche Westfalen in Ahlen*, Essen 1990, S. 64

図8　Detlev Peukert, *Volksgenossen und Gemeinschaftsfremde. Anpassung, Ausmerze, und Aufbegehren unter dem Nationalsozialismus*, Köln 1982, S. 176/177

図9　HML, S. 38

図10　Martin Broszat/Norbert Frei（Hg.）, *Ploetz. Das Dritte Reich. Ursachen, Ereignisse, Wirkungen*, Freiburg/Würzburg 1983, S. 34

図11　Broszat/Frei, *Ploetz. Das Dritte Reich*, S. 33

図12　Wagner, *Leben auf dem Lande*, S. 344

図13　*HML*, S. 162

図14　Christian Zentner/Friedemann Bedürftig, *Das grosse Lexikon des Dritten Reiches*, München 1985, S. 176/177

図15　Zentner/Bedürftig, *Das grosse Lexikon des Dritten Reiches*, S. 199

図16　Hans Dieter Schäfer, *Das gespaltene Bewußtsein. Deutsche Kultur und Lebenswirklichkeit 1933–1945*, München/Wien 1981,

27 Wagner, *Leben auf dem Lande*, S. 384

28 Wagner, *Leben auf dem Lande*, S. 384

29 *HML*, S. 175

30 *HML*, S. 161

31 Wagner, *Leben auf dem Lande*, S. 387

32 Wagner, *Leben auf dem Lande*, S. 388

33 *HML*, S. 171ff.

34 Wagner, *Leben auf dem Lande*, S. 391

35 *HML*, S. 176f.

36 Heinz Boberach (Hg.), *Meldungen aus dem Reich. Die geheimen Lageberichte des Sicherheitsdienstes der SS 1938–1945*, 17Bde., Herrsching 1984, Bd. 15, S. 6033

37 Wagner, *Leben auf dem Lande*, S. 409

38 *HML*, S. 180/181

39 *HML*, S. 182/183

40 *HML*, S. 183

41 *HML*, S. 182/183

42 *HML*, S. 174

43 Ulrich Herbert, "Apartheid nebenan", in: *Die Jahre weiß man nicht*, S. 248

44 Ulrich Herbert, *Fremdarbeiter. Politik und Praxis des "Ausländer-Einsatzes" in der Kriegswirtschaft des Dritten Reiches*, 2. Aufl., Bonn 1986（以下 *Fremdarbeiter* と略）, S. 225f.

45 Herbert, *Fremdarbeiter*, S. 91

46 Herbert, Apartheid nebenan, S. 264 Anm. 31

47 Herbert, Apartheid nebenan, S. 252

48 Herbert, *Fremdarbeiter*, S. 225–226

49 *HML*, S. 184

3 Kieserling, *Faschisierung*, S. 179ff.

4 *Die Lageberichte*, S. 81

5 *Die Lageberichte*, S. 111

6 *Der Regierungsbezirk Kassel*, S. 773

7 Falk Wiesemann, "Juden auf dem Lande: die wirtschaftliche Ausgrenzung der jüdischen Viehhändler in Bayern", in: Detlev Peukert und Jürgen Reulecke (Hg.), *Die Reihen fast geschlossen. Beiträge zur Geschichte des Alltags unterm Nationalsozialismus*, Wuppertal 1981, S. 381-396

8 *Der Regierungsbezirk Kassel*, S. 389

9 *Der Regierungsbezirk Kassel*, S. 502-503

10 Wagner, *Leben auf dem Lande*, S. 368

11 Wagner, *Leben auf dem Lande*, S. 269

12 Wagner, *Leben auf dem Lande*, S. 369

13 Wagner, *Leben auf dem Lande*, S. 369

14 Wagner, *Leben auf dem Lande*, S. 371

15 Hans Mommsen/Dieter Obst, "Die Reaktion der deutschen Bevölkerung auf die Verfolgung der Juden 1933-1943", in: Hans Mommsen und Susanne Willems (Hg.), *Herrschaftsalltag im Dritten Reich. Studien und Texte*, Düsseldorf 1988. S. 391f.

16 デートレフ・ポイカート『ナチス・ドイツ―ある近代の社会史』木村靖二・山本秀行訳（三元社 1991）81 頁

17 *HML*, S. 159/160

18 Brack, *Herrschaft und Verfolgung*, S. 223ff.

19 Brack, *Herrschaft und Verfolgung*, S. 233ff.

20 *HML*, S. 153

21 *HML*, S. 151

22 Zimmermann, *Schachtanlage und Zechenkolonie*, S. 85

23 *Deutschland-Berichte*, 6.Jg. 1939, S. 978

24 *Deutschland-Berichte*, 6.Jg. 1939, S. 983

25 *HML*, S. 152

26 Wagner, *Leben auf dem Lande*, S. 385

40 Wagner, *Leben auf dem Lande*, S. 352

41 Wagner, *Leben auf dem Lande*, S. 353

42 *Deutschland-Berichte*, 2.Jg. 1935, S. 1287

43 *Der Regierungsbezirk Kassel*, S. 41

44 たとえば *Die Lageberichte*, S. 110

45 *Der Regierungsbezirk Kassel*, S. 742

46 *Der Regierungsbezirk Kassel*, S. 650

47 *Der Regierungsbezirk Kassel*, S. 738

48 Wagner, *Leben auf dem Lande*, S. 353

49 *HML*, S. 154

50 Wagner, *Leben auf dem Lande*, S. 365

51 Jill Stephenson, "Widerstand gegen soziale Modernisierung. Am Beispiel Württembergs 1939–1945", in: Michael Prinz und Reiner Zitelmann (Hg.), *Nationalsozialismus und Modernisierung*, Darmstadt 1991, S. 93–116

52 Wolfgang Zollitsch, *Arbeiter zwischen Weltwirtschaftskrise und Nationalsozialismus*, Göttingen 1990, S. 66

53 Einfeld, Zwischen alten Werten S. 155

54 *HML*, S. 152

55 *HML*, S. 126/127

56 *HML*, S. 149

57 *HML*, S. 102

58 Anke Schiller-Mertens, *Frauen vor Ort*, Essen 1990, S. 38

59 *Zwischen Feld und Fabrik*, S. 37/38

60 Wagner, *Leben auf dem Lande*, S. 357

61 *HML*, S. 175

62 Einfeld, Zwischen alten Werten S. 159

63 Einfeld, Zwischen alten Werten S. 160ff.

第4章

1 Wagner, *Leben auf dem Lande*, S. 367–368

2 Wagner, *Leben auf dem Lande*, S. 366

21 *Deutschland-Berichte der Sozialdemokratischen Partei Deutschlands (Sopade) 1934–1940*, 6.Aufl., Frankfurt am Main 1982（以下 Deutschland-*Berichte* と略）, 5.Jg. 1938, S. 1105, 1109

22 Zimmermann, *Schachtanlage und Zechenkolonie*, S. 192/193

23 Michael Zimmermann, 'Ausbruchshoffnungen.Junge Bergleute in den Dreißiger Jahren', in:Lutz Niethammer (Hg.) "*Die Jahre weiß man nicht, wo man die heute hinsetzen soll*", Berlin/Bonn 1983（以下，*Die Jahre weiß man nicht* と略）, S. 101

24 *HML*, S. 144

25 Wagner, *Leben auf dem Lande*, S. 358

26 Klaus Wisotzky, *Der Ruhrbergbau im Dritten Reich*, Düsseldorf 1983, S. 102f. このほか Stefan Goch, *Sozialdemokratische Arbeiterbewegung und Arbeiterkultur im Ruhrgebiet. Eine Untersuchung am Beispiel Gelsenkirchen 1848–1975*, Düsseldorf 1990, S. 412 も同様。

27 *Der Regierungsbezirk Kassel*, S. 487

28 Wagner, *Leben auf dem Lande*, S. 357

29 *Deutschland-Berichte*, 6.Jg. 1939, S. 478

30 *Der Regierungsbezirk Kassel*, S. 707

31 *Deutschland-Berichte*, 2.Jg. 1935, S. 1375

32 *Deutschland-Berichte*, 6.Jg. 1939, S. 881ff.

33 *Inszenierung der Macht. Ästhetische Faszination im Faschismus*, Berlin 1986, S. 260. Peter Reichel, *Der Schöne Schein des Dritten Reiches*, München 1991, S. 248

34 *Deutschland-Berichte*, 6.Jg. 1939, S. 488f.

35 Anne-Katrin Einfeldt, 'Zwischen alten Werten und neuen Chancen', in: Lutz Niethammer (Hg.), "*Hinterher merkt man, daß es richtig war, daß es schiefgegangen ist*", Berlin/Bonn 1983, S. 157

36 *HML*, S. 147

37 Wagner, *Leben auf dem Lande*, S. 348

38 Zimmermann, Ausbruchshoffnungen, S. 99

39 Brack, *Herrschaft und Verfolgung*, S. 239

30 *HML*, S. 136–140
31 *HML*, S. 135/136
32 *HML*, S. 156–158
33 *HML*, S. 136
34 *HML*, S. 163–166

第3章

1 Thomas Klein (Hg.), Der *Regierungsbezirk Kassel 1933–1936. Die Berichte des Regierungspräsidenten und der Landräte*, 2Teile, Darmstadt/Marburg 1985（以下 *Der Regierungsbezirk Kassel* と略）, S. 302
2 *Der Regierungsbezirk Kassel*, S. 41
3 Thomas Klein (Hg.), *Die Lageberichte der Geheimen Staatspolizei über die Provinz Hessen-Nassau 1933–1936*, 2Teile, Köln/Wien 1986（以下 *Die Lageberichte* と略）, S. 102/103
4 *Der Regierungsbezirk Kassel*, S. 40
5 *Der Regierungsbezirk Kassel*, S. 67
6 *Die Lageberichte*, S. 147
7 *Der Regierungsbezirk Kassel*, S. 135
8 *Der Regierungsbezirk Kassel*, S. 381
9 *Der Regierungsbezirk Kassel*, S. 272
10 *Die Lageberichte*, S. 199/200
11 *HML*, S. 156
12 *Der Regierungsbezirk Kassel*, S. 461
13 *HML*, S. 144
14 *HML*, S. 157
15 Zimmermann, *Schachtanlage und Zechenkolonie*, S. 191
16 Wagner, *Leben auf dem Lande*, S. 354/355
17 *HML*, S. 146
18 *HML*, S. 159
19 Wagner, *Leben auf dem Lande*, S. 345
20 Wagner, *Leben auf dem Lande*, S. 355

1991（以下 Kieserling, *Faschisierung* と略）, S. 309

7 Wagner, *Leben auf dem Lande*, S. 325

8 Ulrich Brack（Hg.）, *Herrschaft und Verfolgung. Marl im Nationalsozialismus*, 2.Aufl., Essen 1987（以下 Brack, *Herrschaft und Verfolgung* と略）, S. 33/34

9 Gerhard Paul, *Aufstand der Bilder. Die NS-Propaganda vor 1933*, Bonn 1990

10 Kieserling, *Faschisierung*, S. 314　引用部分は，筆者が大意をまとめたもの。

11 *HML*, S. 144

12 *HML*, S. 136

13 *HML*, S. 159

14 *HML*, S. 157

15 Helmuth Trischler, *Steiger im deutschen Bergbau. Zur Sozialgeschichte technischen Angestellten 1815–1945*, München 1988, S. 294/295

16 Brack, *Herrschaft und Verfolgung*, S. 59

17 *HML*, S. 156

18 Brack, *Herrschaft und Verfolgung*, S. 21, Uwe Rennspieß, *Aufstieg des Nationalsozialismus. Eine vergleichende Lokalstudie der Bergbaustädte Ahlen und Kamen i. W.*, Essen 1993, S. 275

19 *Zwischen Feld und Fabrik*, S. 40

20 Wagner, *Leben auf dem Lande*, S. 328

21 Wagner, *Leben auf dem Lande*, S. 327

22 Wagner, *Leben auf dem Lande*, S. 329

23 Wagner, *Leben auf dem Lande*, S. 335

24 Wagner, *Leben auf dem Lande*, S. 335

25 *HML*, S. 134/135

26 *HML*, S. 145

27 *HML*, S. 136

28 *HML*, S. 158

29 *HML*, S. 136

15 Wagner, *Leben auf dem Lande*, S. 316

16 Wagner, *Leben auf dem Lande*, S. 316

17 Wagner, *Leben auf dem Lande*, S. 316/317

18 Wagner, *Leben auf dem Lande*, S. 322

19 Michael Zimmermann, *Schachtanlage und Zechenkolonie. Leben, Arbeit und Politik in einer Arbeitersiedlung 1880–1980*, Essen 1987（以下 Zimmermann, *Schachtanlage und Zechenkolonie* と略）, S. 36

20 Lorenz Pieper, *Die Lage der Bergarbeiter im Ruhrrevier*, Berlin 1903, S. 218

21 *HML*, S. 97

22 *HML*, S. 98

23 *HML*, S. 75

24 *HML*, S. 116

25 *HML*, S. 117

26 Zimmermann, *Schachtanlage und Zechenkolonie*, S. 122f.

27 *HML*, S. 117

28 *HML*, S. 116

29 *HML*, S. 141

30 *HML*, S. 118

31 *HML*, S. 142

32 *HML*, S. 122

33 *HML*, S. 123

第２章

1 Wagner, *Leben auf dem Lande*, S. 320/321

2 Wagner, *Leben auf dem Lande*, S. 340

3 Wagner, *Leben auf dem Lande*, S. 340

4 *Zwischen Feld und Fabrik*, S. 40

5 Wagner, *Leben auf dem Lande*, S. 325

6 Manfred Kieserling, *Faschisierung und gesellschaftlicher Wandel. Mikroanalyse eines nordhessischen Kreises 1928–1935*, Wiesbaden

本文引用史料・文献一覧

第１章

1 インタヴュー記録は，つぎの文献による。ケルレ村については，Kurt Wagner, *Leben auf dem Lande im Wandel der Industrialisierung*, Frankfurt am Main 1986（以下，Wagner, *Leben auf dem Lande* と略）。ルールの炭鉱町ホーホラルマルクについては，*Hochlarmarker Lesebuch. Kohle war nicht alles. 100 Jahre Ruhrgebietsgeschichte*, hrsg. v. Stadt Recklinghausen 1981（以下，*HML* と略）。

2 Wagner, *Leben auf dem Lande*, S. 174

3 Gerhard Wilke, "The Sins of Fathers: Village Society and Socila Control in the Weimar Republic", in: *The German Peasantry*, ed. by Richard J. Evans and W. R. Lee, London 1986, pp. 185-188.

4 Wagner, *Leben auf dem Lande*, S. 304

5 Lutz Hoffmann, Uwe Neumann, Wolfgang Schäfer, *Zwischen Feld und Fabrik. Arbeiteralltag auf dem Dorf von der fahrhundertwende bis heute*, Göttingen 1986（以下 *Zwischen Feld und Fabrik* と略）, S. 19

6 *Zwischen Feld und Fabrik*, S. 26

7 Wagner, *Leben auf dem Lande*, S. 292

8 Wagner, *Leben auf dem Lande*, S. 292

9 Siegfried Weichlein, "Politische Kultur und Wählerverhalten. Das Beispiel hessischer Kreise am Ende der Weimarer Republik", in: *Sozialwissenschaftliche Informationen*, H.2/1991, S. 137

10 Wagner, *Leben auf dem Lande*, S. 290

11 Wagner, *Leben auf dem Lande*, S. 301

12 Wagner, *Leben auf dem Lande*, S. 301

13 Wagner, *Leben auf dem Lande*, S. 309

14 Wagner, *Leben auf dem Lande*, S. 309

巻4号　1993

Ⅷ　ナチズムと現在

人びとの記憶は，ときにはナチズムにたいする現在の気持ちも表現していたが，ナチズムは現在でもアクチュアルな問題であり，とりわけドイツにとっては，重い問題でありつづけている。こうしたなか，1986年には「ナチズムの過去」の相対化をめぐる「歴史家論争」がおきた。つぎの後藤(1)と佐藤(2)が，この論争にかんするものである。このほか，ナチズムと戦後のドイツとのかかわりについては，以下の文献がある。

(1)　後藤俊明「西ドイツにおける歴史意識とナチズム相対化論」『商学研究』（愛知学院大学）33巻1号　1988

(2)　佐藤健生「ナチズムの特異性と比較可能性」『思想』758号　1987

(3)　M. ミッチャーリヒ，山下公子訳『過去を抹殺する社会』新曜社　1989

(4)　R. ジョルダーノ，永井清彦・片岡哲史・中島俊哉訳『第二の罪』白水社　1990〔新装版　2005〕

(5)　望田幸男『ナチス追及』講談社　1990

(6)　望田幸男『ネオナチのドイツを読む』新日本出版社　1994

(7)　足立邦夫『ドイツ　傷ついた風景』講談社　1992〔文庫版　1994〕

(8)　野村二郎『ナチス裁判』講談社　1993

この芝氏と永岑氏，それに労働戦線を研究する井上茂子氏，安楽死問題を追究する木畑和子氏，外国人労働者などを扱う矢野久氏による論文集が，

(9)『1939　ドイツ第三帝国と第二次世界大戦』同文舘出版 1989

である。戦時体制については(10)が，大戦中のルール炭鉱や鉱夫については(11)があるが，外国人労働者については，ヘアベルト（4—43）（4—44）が不可欠である。わが国では，(12)の矢野久氏の一連の研究が重要である。

(10) Ludolf Herbst, *Der Totale Krieg und die Ordnung der Wirtschaft. Die Kriegswirtschaft im Spannungsfeld von Politik, Ideologie und Propaganda 1939–1945*, Stuttgart 1982.

(11) Wolfgang Franz Werner, *"Bleib Übrig!" Deutsche Arbeiter in der nationalsozialistischen Kriegswirtschaft*, Düsseldorf 1983.

(12) 矢野　久「ナチス期におけるルール労働市場」『三田学会雑誌』78巻5号　1985,「外国人強制労働への道——『電撃戦』構想下のドイツにおける労働力動員」『三田学会雑誌』81巻2号　1988,「第二次世界大戦下ドイツ民衆の外国人労働者像」『三田学会雑誌』83巻3号　1990,「外国人労働者の強制連行・強制労働——1941／42年を中心に」『1939　ドイツ第三帝国と第二次世界大戦』,「大戦期ナチス・ドイツにおける女性労働動員（上）（下）」『三田学会雑誌』83巻1号　1990，83巻4号　1991,「第二次世界大戦期ドイツにおけるソ連人労働者政策の転換（上）（下）」『三田学会雑誌』84巻3号　1991，84巻4号　1992,「第二次世界大戦期ドイツの東部占領地域での労働力調達（Ⅰ）（Ⅱ）（Ⅲ）」『三田学会雑誌』85巻2，3号　1992，85

Ⅶ　ユダヤ人・戦争・外国人労働者

現在の第三帝国研究の特徴は，第二次世界大戦期の研究がすすんでいる点にある。そしてナチズムやナチ体制の個々の側面が，戦争と結びつけられて再解釈されている点にある。これまでの多頭制的理解や，白でもあり黒でもあるという研究状況から，ナチ人種イデオロギーやヒトラーにもう一度目を向けられつつある。つぎの業績はそうした動向を示している。

⑴　栗原　優『第二次世界大戦の勃発』名古屋大学出版会　1994

⑵　永岑三千輝『ドイツ第三帝国のソ連占領政策と民衆　1941-1942』同文舘出版　1994

いずれも，反ユダヤ主義について新しい解釈を試みているのが注目される。ユダヤ人迫害にかんしては，無数の文献があるが，さしあたり，

⑶　栗原　優「ヒトラーとユダヤ人絶滅政策」『文化学年報』（神戸大学大学院文化学研究科）8号　1989

⑷　大野英二『ナチズムと「ユダヤ人問題」』リブロポート　1988

⑸　H-J. デッシャー，小岸　昭訳『水晶の夜』人文書院　1990

⑹　Michael Burleigh/Wolfgang Wippermann, *The Racial State: Germany 1933-1945*, Cambridge and so on 1991.

⑺　Helma Kaden/Ludwig Nestler（Hg.）, *Dokumente des Verbrechens. Aus Akten des Dritten Reiches 1933-1945*, 3Bde, Berlin 1993.

などがある。ナチスの暴力組織については，最近つぎの研究をえた。

⑻　芝　健介『武装ＳＳ』講談社　1995

は，いわゆる「旅行の民主化」の実態を検証しようとしたもの。

青少年，ヒトラー・ユーゲントについては，ポイカート『ナチス・ドイツ』が若者の徒党などを分析している。このほかに，つぎのものがある。

(2) H. W. コッホ，根本政信訳『ヒトラー・ユーゲント』サンケイ出版　1981

(3) 原田一美「日常的『解放』の罠　ヒトラー・ユーゲントとドイツの若者たち」谷川　稔他『規範としての文化』平凡社　1990〔新装版，ミネルヴァ書房　2003〕

(4) 望田幸男・田村栄子『ハーケンクロイツに生きる若きエリートたち』有斐閣　1990

教会闘争については，わが国でも研究が多い。

(5) 宮田光雄編『ドイツ教会闘争の研究』創文社　1986

(6) 雨宮栄一『ドイツ教会闘争の展開』日本基督教団出版局　1980

(7) M. ガイガー，佐々木悟史・魚住昌良訳『ドイツ教会闘争』日本基督教団出版局　1971

(8) 河島幸夫『戦争・ナチズム・教会』新教出版社　1993

(9) Kurt Meier, *Kreuz und Hakenkreuz. Die evangelische Kirche im Dritten Reich*, München 1992.

女性についても，最近は研究や翻訳が多くなっている。概説としては，つぎの(10)が信頼できる。(11)は論文集であるが，テーマの広がりを知ることができる。

(10) U. フレーフェルト，若尾祐司・原田一美・姫岡とし子・山本秀行・坪郷　實訳『ドイツ女性の社会史』晃洋書房　1990

(11) R. ブライデンソール・A. グロスマン・M. カプラン編著，近藤和子訳『生物学が運命を決めたとき』社会評論社　1992

⑻ H. フォッケ・U. ライマー，山本　尤・鈴木　直訳『ヒトラー政権下の日常生活』社会思想社　1984〔新装版1989〕

⑼ H. フォッケ・U. ライマー，山本　尤・伊藤富雄訳『ナチスに権利を剝奪された人びと』社会思想社　1992

⑽ M. マイヤー，田中　浩・金井和子訳『彼らは自由だと思っていた』未來社　1983

⑾ 中井晶夫『ヒトラー時代の抵抗運動』毎日新聞社　1982

などがあるが，シェーンボウム⑴は，「意図せざる近代化」という議論や，ナチ体制への民衆の統合という問題へ道をひらくものとなった。⑵はヒトラーとナチ党を切断した点でおもしろく，村瀬⑶は，わが国におけるパイオニアであり，バイエルンの史料を用いている。シェーファー⑷は，大衆消費社会とナチズムを結びつけた点で注目され，村瀬⑸はそれをとりいれている。⑹は第一線の若手史家の論考を多くふくみ，訳者の解説もていねいである。井上⑺は，本書でも利用したニートハマーらによる聞き取り調査（3—23）（3—35）などを紹介している。⑻⑼は読本で，⑽は本書でもふれたが，戦後まもなくのヘッセンでのインタヴューにもとづくものである。抵抗運動では，白バラなどが有名だが，全体を概観するには⑾が便利である。

Ⅵ　余暇・若者・教会闘争・女性

労働戦線の余暇組織，歓喜力行団は有名なわりには研究が少ない。

⑴ Hasso Spode, “Der deutsche Arbeiter reist: Massentourismus im Dritten Reich”, in: Gerhard Huck（Hg.）, *Sozialgeschichte der Freizeit,* 2. Aufl. Wuppertal 1982, S. 281–306.

としたかを分析したのが⒀で，⒁は宗教とのかかわりを論じたものである。なお，世代論など社会史研究の成果をとりいれたものとして，つぎの翻訳がある。

⒂ D. ポイカート，小野清美・田村栄子・原田一美訳『ワイマル共和国』名古屋大学出版会 1993

V ナチズム体制下の日常生活

ナチズム研究は，1970年代にそれまでのイデオロギーやナチ政権成立への関心から，統治や社会のあり方にも目が向くようになった。全体主義論にかわって，多頭制的競合構造が注目されたり，近代化論が登場したことによる。そして1980年代には「下からの社会史」などにより，日常生活や地域の具体的な事例がほりおこされるようになった。主要な文献には，

(1) D. シェーンボウム，大島通義・大島かおり訳『ヒットラーの社会革命』而立書房 1978〔新装版 1988〕
(2) I. ケルショー，柴田敬二訳『ヒトラー神話』刀水書房 1993
(3) 村瀬興雄『ナチス統治下の民衆生活』東京大学出版会 1983
(4) Hans Dieter Schäfer, *Das gespaltene Bewußtsein. Deutsche Kultur und Lebenswirklichkeit 1933–1945*, München/Wien 1981.
(5) 村瀬興雄『ナチズムと大衆社会』有斐閣 1987
(6) R. ベッセル編，柴田敬二訳『ナチ統治下の民衆』刀水書房 1990
(7) 井上茂子「西ドイツにおけるナチ時代の日常史研究——背景・有効性・問題点」『教養学科紀要』（東京大学教養学部教養学科）19号 1987

ナチズムの展開は，最近は都市史の枠内で研究されているが，ルール全体における動向を分析しているのに，つぎのものがある。

⑻ Wilfried Böhnke, *Die NSDAP im Ruhrgebiet 1920–1933*, Bad Godesberg 1974.

政権獲得期のナチ・宣伝については，パウル（2―9）が，宣伝万能神話を解体し，選挙ポスターの分析により新しい論点をだしている。このほか，

⑼ 佐藤卓己『大衆宣伝の神話』弘文堂　1992〔ちくま学芸文庫（増補，2014）〕

⑽ W．ミュンツェンベルク，星乃治彦訳『武器としての宣伝』柏書房　1995

があるが，⑼は，ヘッセンにおける選挙戦にもふれている。ナチスの支持基盤分析と選挙統計分析とを総合し，ナチ党＝国民政党説をとるのが，

⑾ Jürgen Falter/Michael Kater, "Wähler und Mitglieder der NSDAP. Neue Forschungsergebnisse zur Soziographie des Nationalsozialismus 1925 bis 1933", in: *Geschichte und Gesellschaft*, 19（1933）H. 2. S. 155–177.

である。ナチズム体制の成立をあつかったわが国の個別研究では，

⑿ 栗原　優『ナチズム体制の成立』ミネルヴァ書房　1981〔新装版　1997〕

⒀ 中村幹雄『ナチ党の思想と運動』名古屋大学出版会　1990

⒁ 野田宣雄『教養市民層からナチズムへ』名古屋大学出版会　1988

などが注目されるが，⑿はナチスの政権獲得と産業界の関係を分析した大著であり，ナチ党がどの社会グループを獲得しよう

Ⅳ　ヒトラー政権の成立前後

ケルレ村とほぼおなじ地域にある地方都市ノルトハイムを舞台にした,

(1)　W. S. アレン, 西　義之訳『ヒトラーが町にやってきた』番町書房　1973

は, 具体的でおもしろい。そこでもクラブや協会が重要な役割をはたしていたが, その歴史的な背景については, つぎの(2)がふれている。

(2)　G. L. モッセ, 佐藤卓己・佐藤八寿子訳『大衆の国民化』柏書房　1994〔ちくま学芸文庫　2021〕

農村におけるナチズムの台頭については, つぎのものがある。

(3)　R. ヘベルレ, 中道寿一訳『民主主義からナチズムへ』御茶の水書房　1980〔新装版　1989〕

(4)　G. プリダム, 垂水節子・豊永泰子訳『ヒトラー　権力への道』時事通信社　1975

(5)　豊永泰子『ドイツ農村におけるナチズムへの道』ミネルヴァ書房　1994

(3)は北ドイツ, (4)は南ドイツを対象にしている。ルールの炭鉱町では, 独特のミリューが形成されていた。つぎの(6)(7)がそれを扱っている。

(6)　拙稿「ルール鉱夫の生活空間と社会的ネットワーク」『社会運動史』10号（1985）

(7)　H. マルヒヴィッツァ, 上野　修訳『クミアク家の流転』三友社出版　1990

(7)は小説であるが, 鉱夫の経験をもとに, インフレ期の炭鉱のようすを描写している。ツォリチュ（3—52）は, 合理化からナチ体制初期の炭鉱業を他産業と比較し, トリシュラー（2—15）は, 炭鉱職員層のナチ化にもふれている。ルールにおけるの情勢報告集（3—1），カッセルのゲシュタポの情勢報告集（3—3）のほか，亡命社会民主党の『ドイツ通信』（3—21），親衛隊の秘密報告『全国通報集』（4—36）などがある。

本書では，日常生活を微視的に観察し，行為者による状況の構造化に注目したが，最近の社会史の方法や動向については，つぎのものがある。

(3) 二宮宏之『歴史学再考』日本エディタースクール出版部 1994

(4) 竹岡敬温・川北　稔編『社会史への途』有斐閣　1995

(5) Alf Lüdtke, *Eigen-Sinn. Fabrikalltag, Arbeitererfahrungen und Politik vom Kaiserreich bis in den Faschismus*, Hamburg 1993.

(6) R. シャルチエ，松浦義弘訳『フランス革命の文化的起源』岩波書店　1994

(7) 北原　敦「日常的実践の歴史学へ——喜安朗氏の近業によせて」『思想』848号　1995

(8) 宮島　喬『文化的再生産の社会学』藤原書店　1994〔増補新版　2017〕

(9) 近藤和彦『民のモラル』山川出版社　1993〔ちくま学芸文庫　2014〕

このうち(4)の第8章「方法としての日常生活」では，社会的実践としての行為者による状況の構造化についてふれている。これは，リュトケ(5)のアイゲンジン（我意，勝手な自己主張）とか，シャルチエ(6)のいう「表象」「実践」「独自の摂取＝利用」とおなじく，ブルデューのプラティックという考え方の影響をうけている。微視的な観察，ミクロストリアについては，北原(7)がわかりやすい。なおブルデューの入門としては，宮島(8)がある。シャリヴァリについては近藤(9)が具体的である。

III　本書の舞台と史料，それに方法

本書では農村と炭鉱町をとりあげたが，ケルレ村については，ヴァーグナー（1—1）のほか，ヴィルケ（1—3），および両者連名によるものがある。

(1) Gerhard Wilke/Kurt Wagner, "Family and Household: Social Structures in a German Village between the Two World Wars", in: Richard Evans/W. R. Lee (eds.), *The German Family*, London 1981, pp. 120-147.

(2) Gerhard Wilke/Kurt Wagner, "Dorfleben im Dritten Reich: Körle in Hessen", in: D. Peukert/J. Reulecke (Hg.), *Die Reihen fast geschlossen. Beiträge zur Geschichte des Alltags unterm Nationalsozialismus*, Wuppertal 1981, S. 85-106.

また村瀬興雄『ナチズムと大衆社会』有斐閣　1987　の第8章「ナチス治下の農村生活(2)——ヘッセン州ケルレ村」は，この(2)の論文に依拠したもので，詳しい紹介である。さらに簡略化したものが，リチャード・ベッセル編，柴田敬二訳『ナチ統治下の民衆』刀水書房　1990　の第2章のゲルハルト・ヴィルケ「ナチ時代の農村生活——ヘッセン州ケルレ村の場合」として翻訳されている。ルールのホーホラルマルクについては，『ホーホラルマルク読本』（1—1），ツィマーマン（1—19）（3—23）がある。

史料とした聞き取り調査の記録については，本書の「あとがき」を参照されたい。なお，この二つの舞台を相対化するため，ヘッセンでは，リポルツベルク村（1—5）とフリッツラー郡（2—6），ルールでは炭鉱町マール（2—8）を副次的な舞台として設定した。

おもに利用した公刊史料集としては，カッセル県知事と郡長

帝国事典』三交社　1993

II　ナチズム，および本書全体にかんする参考文献

ナチズムは，すでに1920年代から，各時代の最先端の考え方で分析されてきたが，ファシズムという概念のもとに議論を整理したのが，

(1)　山口　定『ファシズム』有斐閣　1979〔岩波現代文庫　2006〕

(2)　山口　定『ヒトラーの抬頭』朝日新聞社　1991

で，(2)は1933年までの通史であると同時に，内外の研究文献案内ともなっていて便利である。第三帝国の通史には，なかなか手ごろなものがないが，最近のものとしては，つぎのものがある。

(3)　N. フライ，芝　健介訳『総統国家』岩波書店　1994

(4)　D. ポイカート，木村靖二・山本秀行訳『ナチス・ドイツ――ある近代の社会史』三元社　1991〔改装版　2005〕

(5)　J. P. スターン，山本　尤訳『ヒトラー神話の誕生』社会思想社　1983〔新装版　1989〕

(6)　宮田光雄『ナチ・ドイツの精神構造』岩波書店　1991

フライ(3)はコンパクトではあるが，最近の研究動向にもとづいており，ポイカート(4)は，論点がおもしろく，刺激的である。スターン(5)は，文学者によるものだが視点が参考になり，宮田(6)は，言語や祭儀にふれている。しかし，政治や事件については，いぜんとしてつぎの二つが古典である。

(7)　W. L. シャイラー，井上　勇訳『第三帝国の興亡』東京創元社　1961

(8)　K. D. ブラッハー，山口　定・高橋　進訳『ドイツの独裁』全2巻，岩波書店　1975

文献案内

＊本文引用史料・文献一覧にあげた文献は，たとえば第3章注の12ならば，3—12のように略記する。

I　文献目録・文献案内・事典

ナチズムにかんしては膨大な文献がある。研究動向や詳細については，

(1) 西川正雄編『ドイツ史研究入門』東京大学出版会　1984
(2) K. ヒルデブラント，中井晶夫・義井　博訳『ヒトラーと第三帝国』南窓社　1987
(3) 望田幸男他編『西洋近現代史研究入門』名古屋大学出版会　1993
(4) Ian Kershaw, *The Nazi Dictatorship. Problems and Perspectives of Interpretation*, 2nd edition, London 1989.

などにゆずり，ここでは邦語文献を中心に，本書に関するおもなものに限定する。なお海外における最近の研究動向については，村瀬興雄氏が，つぎの(5)で詳しく紹介している。(6)は簡単なコメントがついていて，内容を知る手がかりとなり役に立つ。

(5) 村瀬興雄「ナチズムについての新しい考察」『ソシオロジカ』（創価大学社会学会）17-1（1992），「ナチズムについての新しい考察（続）」『ソシオロジカ』17-2（1993），「ナチズムについての新しい考察(3)ナチス体制についての労働者の態度」『ソシオロジカ』18-1（1993）
(6) 阿部良男編著『ヒトラーを読む3000冊』刀水書房　1995
(7) J. テーラー・W. ショー，吉田八岑監訳『ナチス第三

●マ　●ヤ

●ナ

●ハ

索　引

本書は一九九五年七月、山川出版社より刊行された。

中国の歴史 岸本美緒

中国とは何か。独特の道筋をたどった中国社会の変遷を、東アジアとの関係に留意して解説。初期王朝から現代に至る通史を簡明かつダイナミックに描く。

大都会の誕生 喜安朗 川北稔

都市型の生活様式は、歴史的にどのように形成されてきたのか。この魅力的な問いに、碩学がふたつの都市の豊富な事例をふまえて重層的に描写する。

兵士の革命 木村靖二

キール軍港の水兵蜂起から、全土に広がったドイツ革命。軍内部の詳細分析を軸に、民衆も巻き込みながら帝政ドイツを崩壊させたダイナミズムに迫る。

女王陛下の影法師 君塚直隆

ジョージ三世からエリザベス二世、チャールズ三世まで、王室を陰で支えつづける君主秘書官たち。その歴史から、英国政治の実像に迫る。（伊藤之雄）

共産主義黒書〈ソ連篇〉 ステファヌ・クルトワ／ニコラ・ヴェルト 外川継男訳

史上初の共産主義国家〈ソ連〉は、大量殺人・テロル・強制収容所を統治形態にまで高めた。レーニン以来行われてきた犯罪を赤裸々に暴いた衝撃の書。

共産主義黒書〈アジア篇〉 ステファヌ・クルトワ／ジャン＝ルイ・マルゴラン 高橋武智訳

アジアの共産主義国家は抑圧政策においてソ連以上の悲惨を生んだ。中国、北朝鮮、カンボジアなどでの実態は我々に歴史の重さを突き付けてやまない。

ヨーロッパの帝国主義 アルフレッド・W・クロスビー 佐々木昭夫訳

15世紀末の新大陸発見以降、ヨーロッパ人はなぜ次々と植民地を獲得できたのか。病気や動植物に着目して帝国主義の謎を解き明かす。（川北稔）

民のモラル 近藤和彦

統治者といえど時代の約束事に従わざるをえなかった18世紀イギリス。新聞記事や裁判記録、ホーガースの風刺画などから騒擾と制裁の歴史をひもとく。

台湾総督府 黄昭堂

清朝中国から台湾を割譲させた日本は、新たな統治機関として台北に台湾総督府を組織した。抵抗と抑圧と建設。植民地統治の実態を追う。（檜山幸夫）

ちくま学芸文庫

ナチズムの記憶《きおく》
――日常生活《にちじょうせいかつ》からみた第三帝国《だいさんていこく》

二〇二四年三月十日　第一刷発行

著　者　山本秀行（やまもと・ひでゆき）

発行者　喜入冬子

発行所　株式会社　筑摩書房
東京都台東区蔵前二―五―三　〒一一一―八七五五
電話番号　〇三―五六八七―二六〇一（代表）

装幀者　安野光雅

印刷所　株式会社精興社

製本所　株式会社積信堂

ISBN978-4-480-51235-2 C0122